풀타임 크리스천

"나의 심장을 주님께 드립니다. 지금 즉시 그리고 신실하게."

장 칼뱅(Jean Calvin, 1509-1564)

풀타임 크리스천

지은이 | 김상수
초판 발행 | 2023. 1. 18
등록번호 | 제1988-000080호
등록된 곳 | 서울특별시 용산구 서빙고로 65길 38
발행처 | 사단법인 두란노서원
영업부 | 2078-3352 FAX | 080-749-3705
출판부 | 2078-3331

책값은 뒤표지에 있습니다.
ISBN 978-89-531-4383-8 03230

독자의 의견을 기다립니다.
tpress@duranno.com www.duranno.com

두란노서원은 바울 사도가 3차 전도여행 때 에베소에서 성령 받은 제자들을 따로 세워 하나님의 말씀으로 양육하던 장소입니다. 사도행전 19장 8-20절의 정신에 따라 첫째 목회자를 돕는 사역과 평신도를 훈련시키는 사역, 둘째 세계선교(TIM)와 문서선교(단행본·잡지) 사역, 셋째 예수문화 및 경배와 찬양 사역, 그리고 가정·상담 사역 등을 감당하고 있습니다. 1980년 12월 22일에 창립된 두란노서원은 주님 오실 때까지 이 사역들을 계속할 것입니다.

민음으로
가득 채우는 삶

풀타임
크리스천

김상수 지음

두란노

목차

1부 파트타임 크리스천

《풀타임 크리스천》은 저자의 깊은 고민과 숙고 속에서 나온 보배로운 작품이다. 저자는 이 책에서 참된 제자의 삶이 무엇인지를 보여 준다. 우리를 예수님의 주 되심을 인정하는 진정한 크리스천의 삶으로 초청한다. 또한 말씀과 삶이 하나 되는 것이 무엇인지를 알려 준다. 일상 속에서 크리스천의 향기를 드러내는 삶의 원리를 알려 준다. 일상 속에서 선교적 삶을 살도록 도전한다. 주님의 교회를 잘 섬길 뿐 아니라, 교회 담장을 넘어 세상의 빛과 소금의 사명을 감당하기 원하는 사람들에게 추천하고 싶다. 교회를 걱정하고 있는 세상에, 세상을 걱정하고 변화시키는 그리스도의 제자가 되기를 원하는 사람들에게 추천하고 싶다.

강준민 새생명비전교회 담임목사

오늘 한국 사회에서 일어나고 있는 거센 변화의 바람은 탈종교화, 세속화, 다원주의, 초고령화 사회로의 전환 등으로 결코 만만하지 않다. 하지만 정진규 시인의 외침처럼 "별의 바탕은 어둠"이다. 이 어두운 시대에 "지금 어둠인 사람들에게만 별들이 보인다 / 지금 어둠인 사람들만 별들을 낳을 수 있다"고 외치는 시인이 고맙다. 본서에서 저자는 주님만 의지하는 절대 믿음과 절대 제자의 정체성을 회복하는 것이 얼마나 중요한지를 일깨워 준다. 이는 마치 어둠 속에서 별을 달아 놓는 것과 같다. 하나님의 자녀로서 우리가 누구인지 바로 아는 그 지점에서 하늘의 위대한 힘이 나타날 수 있기 때문이다. 이 시대 모든 크리스천에게 이 책의 일독을 권한다.

김운용 장로회신학대학교 총장

이 책은 매우 창의적이고 도전적으로 내게 다가온다. 구원을 믿음의 여정이라는 넓은 스펙트럼에서 생각하는 것도 그렇고, 마치 순례의 길을 걷다가 잠시 항로 없는 비행을 하고 있는 방황하는 크리스천들을 예수님께로 인도하는 듯하기에 또 그렇다. 특히 세상의 유혹에 신앙의 정체성이 흔들리고 있는 이들이라면 꼭 이 책을 사서 읽어 볼 것을 권하고 싶다. 왜냐하면 파트타임, 하프타임 크리스천으로 살면서 하나님을 제대로 경험하지 못한 이들에게 이 책은 훌륭한 길라잡이가 되기 때문이다. 곧 하나님의 백성이 풀타임 크리스천으로 살아갈 때, 일상의 삶이 선교지인 것을 알게 함과 동시에 일상에서 하나님 나라를 누리는 가운데 거룩한 영향력을 미치며 살아가는 방법을 성경적으로 가르쳐 주기 때문이다.

손경민 목사, 찬양 사역자

김상수 목사님의 《풀타임 크리스천》은 한국 교회의 영적 상태를 예리하게 분석하면서도 따뜻하게 격려하는 귀한 책이다. 세속주의와 인본주의 그리고 무신론이 쓰나미처럼 밀려오는 이때 한국 교회는 풍전등화에 놓여 있다. 마이너스 성장 30년째이고 팬데믹 3년 만에 1만 개의 교회가 문을 닫았다. 그리스도의 통치하심을 온전히 인정하는 풀타임 크리스천의 길을 걸어가야만 우리는 이 시대의 영적 반전을 꿈꿀 수 있다. 적절한 스토리텔링과 깊이 있는 통찰로 우리의 영적 재건의 열정을 자극하는 《풀타임 크리스천》을 꼭 일독하기를 추천한다.

이상준 1516교회 담임목사

참으로 신선한 감동을 주는 책이다. 신앙을 파트타임, 하프타임, 풀타임이라는 프레임으로 구분해서 더 깊은 신앙을 추구하는 여정으로 나누어 기록한 점도 그러하고, 자신의 경험과 독서와 영감을 하나의 용광로에 녹여 예수 그리스도를 향하게 했기 때문에도 그러하다. 김상수 목사는 《풀타임 크리스천》이라는 제목으로 매우 폭넓은 독서와 묵상을 통해 삶의 모든 순간을 믿음의 눈으로 관찰하여 도전하고 있다. 우리는 삶의 모든 영역에서 신앙인으로 사는 '생활 신앙인'이 되지 못하고, 예배당 안에만 머무는 '교회 생활인'에 머물기 쉽다. 진정한 생활 신앙을 체험하기 위해서는 이 책이 제시하는 프레임을 깊이 생각해 보아야 한다. 이 책을 읽어야 하는 독자는 분명하다. 삶의 모든 영역 속에서 그리스도의 주권이 이루어지는, 곧 풀타임 크리스천이 되기 원하는 사람이다. 이 책이 한국 교회 성도들을 세상의 소금과 빛으로 변화시키는 소중한 통로가 되기를 기도하며 추천한다.

이재훈 온누리교회 담임목사

"왜 이 시대 교회가 더 이상 세상과 구분되지 않는가?" 저자의 탄식과 함께 흘리는 눈물이 보인다. "이토록 아름다운 이야기를 교회 이외에 어디서 들을 수 있단 말인가?" 그의 빨라진 심장의 고동소리가 들린다. 《풀타임 크리스천》은 교회 문제가 파트타임과 하프타임 크리스천의 문제임을 일러 준다. 어느 한두 사람 직분의 문제가 아니라 교회가 제자도를 벗어나 제도의 길로 들어선 때문임을 드러낸다. 여전히 교회를 사랑하는 형제자매들과 꼭 함께 읽고 싶은 책이다.

조정민 베이직교회 목사

"한 번 죽는 것은 쉽다. 그러나 매일 죽는 것은 어렵다." 책 중에 소개된 이 말이 한국 교회, 아니 우리 믿음의 현주소가 아닐까 생각해 본다. 우리가 받은 구원이 값싼 은혜가 되지 않기 위해서 우리는 이제 치열한 삶으로 그것을 증명해 내야 한다. 이 책은 교회 안뿐 아니라 교회 밖에서 그것을 삶으로 살아 내는 것이 진정한 풀타임 크리스천의 모습이라 힘주어 이야기한다. 또 이 책은 세상의 소금이 되어 그 세상의 부패를 막는 것이 크리스천 본연의 모습임을 일깨우도록 돕는다. 바라기는 이 책을 통해 날마다 자기 십자가를 지고 자기를 부인하는 삶이야말로 풀타임 크리스천의 모습인 것을 깨달아, 우리 삶의 전 영역에서 그리스도 예수의 피 묻은 십자가만이 오롯이 드러나기를 원한다. 여전히 갈팡질팡하며 세상의 유혹에 흔들려 뿌리내리지 못한 이들, 주님과 내밀하고 친밀한 관계를 맺고자 하는 이들, 하나님의 통치에 순종하려 힘쓰는 모든 이들 그리고 선장 없는 배를 풍랑 가운데 항해하는 것 같은 현시대의 리더들에게 김상수 목사님의 이 책이 성경적이고 복음적인 이정표의 역할을 감당할 것이라 확신하며 강력히 추천한다.

최성은 지구촌교회 담임목사

혼자 있는 시간의 힘

로버트 저메키스(Robert Zemeckis) 감독이 만든 〈캐스트 어웨이〉(Cast Away)
라는 영화에는 척 놀랜드라는 주인공이 나온다. 그는 일중독자며 세상
에서 가장 바쁜 사람인 듯 살아간다. 페덱스(Fedex)의 직원인 그는 회사
의 연락을 받으면 만사를 제쳐놓고 현장으로 달려간다. 그러던 어느
날, 여자 친구 캘리와 오붓한 시간을 보내던 중 회사의 갑작스러운 호
출에 급히 현장으로 이동해야 했다. 하지만 탑승한 비행기가 고장이 나
면서 바다에 빠지게 되고, 며칠 후 그의 의식이 돌아왔을 때는 그곳이
무인도라는 것을 직감한다. 그를 둘러싸고 있는 것은 오직 해변과 나
무, 파도와 암벽뿐. 그곳은 여태껏 그가 살아왔던 세계와는 전혀 다른
세상이었다. 몰골은 초췌하고 마음은 힘들었지만, 그곳에 적응해 가며
무려 4년간(약 1,500일)을 버티어 낸다. 오로지 돌아가고야 말겠다는 일념
으로 말이다. 하지만 외딴섬에 고립된다는 것은 너무나 버티기 힘든 일
이었다. 지독한 외로움 탓에 배구공을 '윌슨'이라는 친구로 만들어 대화
를 시도해 보기도 한다. 하지만 독백에 지나지 않을 뿐, 그는 필사적으로

무인도에서 벗어나 다시 옛 생활로 돌아가고 싶어 한다. 그러던 중 알루미늄 합판을 발견한 그는 배를 만들어 탈출해 보려 하지만 이마저도 실패하고야 만다. 모든 것이 물거품이 되려는 순간, 뜻밖에 지나가던 배 한 척이 그를 발견해 구해 준다. 그리고 마침내 그렇게 꿈꾸던 생환에 성공하게 된다. 다시 살아 왔다는 것이 믿기지 않던 놀랜드는 가장 먼저 여자 친구에게 달려가 보지만 그녀를 만나고 적지 않은 충격에 빠진다. 그녀는 이미 다른 사람과 결혼해서 가정을 이루고 있었기 때문이다. 살아서 돌아갈 수만 있다면 여자 친구와 재회하려 했으나 한순간에 상황이 변해 버리고 만 것이다. 그는 자신이 과거에 무엇을 위해 살았는지 심한 정체성의 혼란을 경험하게 된다. 그는 결국 자신의 현실을 받아들이고 새로운 인생을 출발하고자 길을 나선다. 그러면서 자신에게 자조 섞인 어투로 질문을 한다. "자, 그러면 나는 이제 어디로 가야 하지? 나의 미래는 대체 어디에 있는 거지?" 지나가던 행인에게 자신의 위치를 물으며 영화는 마무리된다.

사이토 다카시(Saito Takashi)는 《혼자 있는 시간의 힘》이라는 책에서 "혼자 있는 시간은 결코 무의미한 것이 아니다"라고 말했다. 왜냐하면 혼자 있는 시간은 자신을 정직하게 볼 수 있도록 만들어 주기 때문이다. 예수님도 혼자 있는 것을 어려워하지 않으셨다. 규칙적으로 무리들을 벗어나 한적한 곳으로 가서 기도하는 습관이 있으셨다(막 1:35). 여기서 '한적한 곳'이라는 말은 영어로 'solitary place'로서 '외로운 곳', '고독한 장소'를 의미한다. 사람은 가끔 익숙한 곳을 벗어나 고독한 장소에 이르러서야 비로소 자신이 누구인지 정확하게 인식할 때가 있다. 그 속에서 자신의 새로운 모습을 발견한 사람은 인생의 폭풍이 몰려오더라도 쉽게 흔들리지 않는다고 이 책은 일갈한다. 그러므로 인생은 현대인들처럼 무조건 높이 올라가는 것보다 아래로 뿌리 내리는 것이 더 중요하다. 왜냐하면 현대인들의 관심을 빼앗고 분주하게 만드는 무리와 군중, 파묻혀 버릴 것 같은 일상생활의 크고 작은 사건들, 매일 홍수처럼 쏟아지는 미디어의 뉴스와 정보들은 진정한 내가 누구인지 생각해 보는 성찰의 시간을 모두 빼앗아가 버리기 때문이다. 이런 의미에서 사이토 다카시는, 사람은 진정으로 "혼자 잘 설 수 있을 때 [공동체가] 함께 잘 설 수 있게 된다"고 주장한다.[1]

우리는 인생을 살면서 자주 감당할 수 없는 재난과 조우하곤 한다. 그 고난이 우리의 가던 길을 멈추어 서게 하고, 과거 걸어온 길을 뒤돌아보게 할 때가 있다. 그 시간 안에서 자신을 직면하는 것은 아주 고통스러우며 외로움을 느끼게 만든다. 하지만 이런 일련의 과정을 통해 고난은

---

1 사이토 다카시, 《혼자 있는 시간의 힘》(고양: 위즈덤하우스, 2015), p. 54.

우리를 더 단단하게 만들며, 연단된 금처럼 영혼을 빛나게 한다. 그 시간이 아니었다면 우리는 그저 피상적인 인생만 즐기고 낭비하며 살았을 테니 말이다. 이런 의미에서 다음과 같은 성경 구절은 우리의 영혼을 아름답게 만든다고 생각된다.

> "하나님께서 행하시는 일을 보라 하나님께서 굽게 하신 것을 누가 능히 곧게 하겠느냐 형통한 날에는 기뻐하고 곤고한 날에는 되돌아보아라 이 두 가지를 하나님이 병행하게 하사 사람이 그의 장래 일을 능히 헤아려 알지 못하게 하셨느니라"(전 7:13-14).

이 말씀은, 우리의 삶은 모두 하나님의 계획 안에 있다는 내용과도 같다. 아니, 하나님은 잘되는 일과 잘 안되는 일을 통해 하나님 당신의 뜻을 성취하신다는 뜻과 일맥상통하기도 한다. 이것은 우리가 익히 아는 하나님의 모습과는 다르다. 거룩한 하나님은 우리가 좋아하는 성공뿐 아니라 어려운 시간을 통해서도 우리를 선하게 인도하실 수 있다는 것을 의미한다. 부끄럽지만 나의 삶 또한 그러했다. 나는 목사이면서 분주하고, 쫓기고, 정신없이 살아가던 때가 많았다. 나의 평범한 일상과 하루의 삶이 얼마나 소중한지 그 가치를 알지 못하면서 말이다. 하지만 교회가 제공한 지난 2개월의 안식 기간을 통해 질주하던 내 모습을 내려놓고 모처럼 혼자 있는 시간을 갖게 되었다. 그 시간 동안 나의 삶을 다시 생각하면서 크리스천의 삶에 대해 정리해 보기 시작했다. 그리고 다음과 같은 결론에 도달할 수 있었다. "크리스천의 삶이란 디지털이 아니라 아날로그 시계와 같은 것이다." 다시 말해, 구원의 삶이란 결과가 아니라 과정이며, 교리가 아니라 삶이며, 구원은 '하나님에 대한 정보'가 아니라 '하나님과의 인격적인 관계성'임을 새삼 느끼게 되었다. 이런 의미에서 우리의 구원은 하나님이 시작하고 모두 완성해 가시는 드라마와 같은 것이 틀림없다.

> "너희 안에서 착한 일을 시작하신 이가 그리스도 예수의 날까지 이루실 줄을 우리는 확신하노라"(빌 1:6).

그러나 이러한 구원의 감격에도 믿음과 행함이 서로 일치하지 않을 때가 많다. 왜 하나님을 믿는데 이러한 괴리 현상이 나타나는 것일까? 아마도 그것은 과거의 내 모습처럼 믿음을 교리나 지적인 동의로만 인식하고 있었기 때문이 아닐지 모르겠다. 예컨대, 다음 두 사람 가운데 누가 진짜 배고픈 자인지 생각해 보자. A는 "나는 배가 고프다"라고 말만하고 아무 행동도 하지 않는다. 반대로 B는 "나는 배가 고프다"라고 말하고는 그 자리에서 일어나 가까운 식당으로 가서 밥을 사 먹는다. 이 두 사람 중 과연 누가 진짜 배가 고팠던 것일까? 답은 자명하다. 앞의 사람도 배가 고프긴 했겠지만, 실제로 배고픈 사람이라 믿기는 어렵다. 왜냐하면 머리와 입으로만 배고픔을 느끼고 있었기 때문이다. 심리학적으로는 이런 사람을 일종의 '리플리 증후군'(Ripley Syndrome)이라 분석하기도 한다.[2] 오늘날 크리스천들에게서도 이러한 리플리 증후군이 많이 나

---

2   본래 이 용어는 미국의 소설가 패트리샤 하이스미스(Patricia Highsmith)가 지은 소설 《*The talented Mr. Ripley*》의 주인공 이름에서 가져온 것으로서, 자신의 현실을 모른 채 자신이 꿈꾸는 허구 세계가 있다고 가정해서 거짓말로 자신을 세뇌시키며 계속 그 속에서 살아가려는 '과대망상' 내지 '반인격적 장애'를 가리킨다.

타나고 있기에 주의할 필요가 있다. 분명 머리와 입술로는 크리스천이라고 하지만, 실제의 삶에서는 믿음의 모습이 전혀 나타나지 않는다. 이러한 사람들은 언제나 자기중심적이고, 너무 고집이 세서 하나님의 뜻에 우선순위를 맞추지도 못하며, 자신의 삶을 하나님께 온전히 맡겨 드리지도 않는다. 결국 하나님의 뜻과 상관없는 삶을 살아가거나, 교회 안에서와 세상의 삶이 서로 일치하지 못하거나, 혹은 구원을 천국의 보험 내지 자기만족쯤으로 생각하는 '구원의 사사화(私事化)'가 일어나 버리고 만다. 즉 하나님을 안 믿는 것이 문제가 아니라, 내 맘대로 믿고 싶은 것이 오늘날 신앙의 취약점이라 할 수 있다.

1부

"그가 우리를 흑암의 권세에서 건져 내사
그의 사랑의 아들의 나라로 옮기셨으니"

(골 1:13).

파트타임
크리스천

01 나는 파트타임 남편이었습니다

꽤 오래전, 부부 학교 세미나에 등록한 적이 있다. 사실 프로그램 내용을 잘 알고 지원한 것은 아니었다. 내 의지와 상관없이 부족한 수를 채우기 위해 지원했을 따름이었다. 하지만 이렇게 등록한 세미나 가운데 뜻밖의 은혜가 임했다. 나는 울고 웃다가 강의 속으로 더 깊이 빠져들었고, 그 안에서 하나님이 나를 깊이 만지시는 것을 느낄 수 있었다.

세미나 가운데 가장 인상적이었던 것은 〈휴먼다큐 사랑〉을 시청한 뒤 소감을 나누는 시간이었다. 진행 팀은 우리도 서로 역할극을 해 보자며, 나에게 임종을 앞둔 자의 역할을 요구했다. 실제 죽음을 코앞에 둔 사람처럼 역할극을 하라니, 잘될지 모르겠으나 순종했다. 그런데 이게 끝이 아니었다. 그다음에는 마지막 삶의 유서도 작성해 보라고 했다. 그뿐 아니라 관에도 들어가 누워 보라고 했다. 그때 내 나이 고작 서른여섯 살이었다. 큰아이가 갓 세 살이 될 무렵이었는데, 나의 장례식을 치르고 아내 앞에서 유서를 읽는 순간 눈물이 왈칵 쏟아지고 말았다. 아니, 더 솔직히 말하면 지친 결혼 생활의 감정이 북받쳐 올랐는지도 모르겠다. 창피하기도 하고 부끄럽기도 했다. 폭풍 눈물을 흘리며 유서를 차마 읽지 못하고 있을 때, 주변 사람들이 다가와 나에게 손을 얹고 기도해 주기 시작했다. 그때 내 몸과 영혼은 상한 감정의 치유를 경험했다.

솔직히 말해서, 결혼 후 얼마 안 되어 나는 무척이나 지치고 힘들었었다. '남편 노릇', '아빠 노릇', '목사 노릇', '자녀 노릇', '형제 관계'에 있어 제대로 하는 것이 하나도 없었기 때문이다. 가장 뼈아픈 후회는 육아에 찌든 아내를 진정 위로해 주지도 못하고 나 중심적으로 살아온 것이었다. 한마디로 사역 따로, 가정생활 따로였다. 교회의 안과 밖, 사람이 있을 때와 없을 때가 서로 다른 나의 내면과 외면의 모습에 내 자아는 분열되고 있었다. 늘 시간의 횡포에 쫓겨 몸은 본능적으로 움직이고 있었지만, 사람들은 이 은밀한 내용을 눈치 채지 못했다. 겉모습은 착한 목사처럼 보였기 때문이다. 그저 착한 아들과 문제없는 목사로 알고 속아온 것이다.

부분적인 남편 역할, 자녀 양육과 가사 일만 도와주면 내 역할은 다 끝났다고 착각했다. 목사로서 성도들에게 '이 정도면 월급에 준하는 만큼 다 했다'는 식으로 생색내기에 바빴다. 부모와 형제에게 자식으로서 할 만큼 다 했다고 성토할 때도 있었다. 하지만 교회 일과 사역으로 늘 바쁘겠지 하고 믿어 준 아내에게만큼은 만병통치약 같은 목사라는 타이틀이 잘 통하지 않았다. 사역 현장에서 교회 일을 핑계로 집에 늦게 들어가는 날이면 혼자 남겨진 아내는 독박 육아로 지쳐 있는 경우가 많았기 때문이다. 그렇다 보니 사소한 일로 다투거나 싸우는 날도 많았다. 그런데 그때 부부 학교 세미나가 먼저 나에게 찾아온 것이다. 기막힌 하나님의 간섭이라고 말할 수밖에 없다. 진행 팀은 가족사와 가계도의 이해를 통해 내 안에 있는 어릴 적 상처와 거절감을 보게 한 후 사랑과 용서의 방법을 가르쳐 주었다. 심지어 분노에 싸인 나에게 '용서는 곧 치유'라고 말해 주었다. 그리고 그다음 날, 나는 퉁퉁 부은 눈으로 아내와 두 번째 결혼식을 올려야 했다. 주례자는 고(故) 김중원 목사님이셨는데 (그날 목사님의 설교는 '정체성'에 관한 것이었다), 연거푸 세 번이나 "잘 살아야 해" 하며 강조하시는 말씀에 나는 고개를 주억거리고는 "네"라고 대답하며 다짐하고 또 다짐했다.

물론 한 번의 세미나로 나의 모든 삶이 변했다고 할 수는 없다. 그러나 분명한 것은, 그날 이후 무엇인가가 변해 있었다. 무엇이 변했는지를 묻는다면, 나는 더 이상 '파트타임 남편'이 아니라 '풀타임 남편'으로 부름 받았다는 점을 새롭게 인식했다는 것이다. 누군가는 그게 무슨 대단한 변화냐고 물을 수도 있다. 하지만 나에게는 엄청난 변화였다. 부끄럽지만 그때까지만 해도 결혼을 하면 저절로 가정이 이루어지고, 자녀가 생기고, 부부가 되는 줄 알았다. 그러나 결혼을 했음에도 가정이 저절로 행복해지지는 않았다. 가정에는 부부의 제자도가 필요했기 때문이다.

성경에서 이런 부부 관계와 가장 유사한 것이 믿음 생활이라 생각한다. 하나님은 놀랍고 신비한 구원을 우리에게 선물로 주셨다. 우리는 믿음으로 그 신비한 언약 관계 안에 들어가게 되었다. 그런데 하나님을 믿는 것만으로 올바른 언약 관계를 맺었다고 할 수 있을까? 결혼식도 중요하지만, 진정한 부부 관계는 결혼식 이후가 더 중요한 부분을 차지한다. 그런데 우리는 결혼식에 목숨을 걸고 결혼 후에는 아무렇게나 사는 부부들을 목격할 때가 있다. 그런 부부는 결코 행복한 삶을 살아갈 수 없다. 진정한 사랑은 반드시 서로에게 헌신과 값비싼 책임을 요구하기 때문이다. 만일 그러한 상호 책임이 없다면, 그 사랑은 오래가지 않거나 변질돼 버리고 말 것이다. 하지만 하나님의 사랑은 이미 엄청난 대가가 지불되었다. 하나님은 우리를 위해 당신의 아들을 내어 준 엄청난 사랑을 보여 주셨다.

> "자기 아들을 아끼지 아니하시고 우리 모든 사람을 위하여 내주신 이가 어찌 그 아들과 함께 모든 것을 우리에게 주시지 아니하겠느냐"(롬 8:32).

그러므로 믿음 생활이란 예수 믿고 구원받았다고 해서 마음대로 살 수 있는 것이 아니다. 사랑하는 이를 위해 좋아하는 것을 행하고, 싫어하는 것을 하지 않는 관계가 되어야 성숙해 갈 수 있다. 하지만 안타깝게도 오늘날 크리스천에게는 이것이 잘 지켜지지 못할 때가 더 많다. '나만 행복하면 되지'라는 이기적인 생각 때문에 상대방의 마음을 아프게 할 때가 너무도 많다.

누군가를 진짜 사랑해 본 적이 있는가? 사랑하는 대상에게 푹 빠지면 정말 그 사람만 보이게 된다. 이것은 틀린 말이 아니다. 아주 오래전에 두 눈으로 목격한 적이 있다. 신학교에 다닐 때였는데, 나와 아주 가까운 대머리 총각이 있었다. 그의 머리는 숱이 없는 정도가 아니라, 머리카락이 한 올도 없었다고 해야 옳다. 그런데 그것이 그에게는 콤플렉스였을지 모르나, 사랑하는 여자가 생기자 상대에게는 그것이 매력 덩어리가 되었다.

한번은 기숙사에 있던 어느 날, 여자 친구를 소개시켜 준다고 불러서 그 집으로 몇몇 친구들과 함께 만나러 갔을 때 진담 반, 호기심 반으로 여자 친구 분에게 얄궂은 질문을 던져 보았다.

"정말 축하드려요. 그런데 대체 우리 선배의 어느 면모가 그렇게 좋았나요? 어디가 제일 멋져서 결혼하기로 했어요?"

그때였다. 그녀는 서슴없이, 다른 사람은 몰라도 자신은 머리카락 한 올 없는 대머리가 가장 큰 매력으로 느껴졌다고 말해 주위를 놀라게 했다. 이 남자의 머리에서 흘러나오는 지성이 너무 멋지게 보였기 때문이라는 것이다. 사실 그 선배는 공부를 잘했다. 아니, 공부밖에 몰랐다고 하는 것이 옳다. 사랑은 정말 사람을 이렇게 맹목적이게 만드는 것 같다. 마치 콩깍지가 씌워진 것처럼 말이다.

건강하고 행복한 부부도 마찬가지가 아닐까? 결혼했다면 일평생 배우자 외의 다른 사람에게 한눈을 팔아서는 결코 안 된다. 혹 결혼 후 다른 이성에게 마음을 빼앗겨 버리거나 계속해서 많은 관심을 주려 한다면 그것은 진정한 사랑이라 할 수 없다. 부분적인 사랑일 뿐, 온전한 사랑이라 할 수 없기 때문이다. 하지만 크리스천이 되었음에도 불구하고 우리는 세상에서 얼마나 쉽게 이 경계선을 허물어뜨리고 있는가?

한번은 우연히 TV에서 청문회가 진행되는 것을 본 적이 있다. 재미없는 청문회에서 인사 후보자가 답변하는 장면을 보다가 나도 모르게 계속 시청하게 되었다. 그는 믿음이 좋기로 소문난 한 크리스천 후보였기 때문이다. 국민의 눈높이가 점점 높아지고 있는데다 그 후보자는 인사 검증이 진행될수록 사방에서 집요한 공격을 받게 되었다. 결정적으로 한 정치인이 과거 그의 신앙의 행적을 문제시할 줄은 꿈에도 몰랐다. 후보자는 매우 당혹스러워하는 것 같았다. 청문회는 후보자의 업무 적격 심사가 아니라, 후보자의 인신공격과 신앙 검증 시간이 되어 버리고 말았다. 끝까지 후보자의 개인적 신앙을 물고 늘어지는 바람에 장내는 아수라장이 되었다. 검증 공세에 지쳤는지, 후보자는 이내 그 단체에서 나오겠다며 신앙 백기를 들고 말았다. 하지만 며칠 뒤, 최선을 다했음에도 그는 마지막에 낙마하고 말았다. 나를 포함한 대부분의 사람들이 너무 안타까워했다. 그럼에도 불구하고 그에 대한 한 가지 아쉬운 마음은 지울 수가 없다. 차라리 장관직을 포기하고 믿음을 쿨하게 밀고 나갔더라면 어땠을까 하는 아쉬움이 남는다.

사실 위와 같은 상황은 어느 특정 인물에 한정된 것이 아니다. 나의 일상생활에도 비일비재하게 나타난다. 언젠가 지인들과 함께 식당에 밥을 먹으러 간 적이 있다. 식당에 가면 일반적으로 목사인 내가 대표 기도를 한 후 먹곤 했는데, 그날따라 갑자기 일행 중 한 명이 나를 만류했다.

"오늘은 그냥 조용히 각자 기도하고 먹읍시다"(일명 더치 프레이[Dutch Pray]).

나는 "왜요?"라고 물었다. "내가 대표로 기도할게요"라고 말하자 다음과 같은 대답이 돌아왔다.

"아휴, 아직도 몰라? 요즘 크리스천 이미지가 너무 안 좋잖아. 식당에 가서 크게 기도하면 실례가 된다고. 여러 사람 있는 데서 크게 기도하면 우리가 교회 다니는 사람인 게 다 드러나요. 요즘 크리스천들이 무례해서 얼마나 욕을 많이 먹고 있는데. 심지어 어떤 크리스천은 종업원들에게 막말하고 열두 번도 더 반찬 심부름을 시켜서 짜증을 내기도 한대. 게다가 고깃집에서는 어떻고? 팁도 제일 야박하고, 수차례 반찬 갖다 달라며 고래고래 소리 지르는 사람은 죄다 크리스천이래."

순간 할 말을 잃었다. 그리고 속이 상했다. 혹시 나도 식당에서 무례하게 한 적은 없었는지 스스로를 돌아보며, 어쩔 수 없이 그날은 속으로 기도하고 먹었다. 하지만 돌아오는 차 안에서 다시 생각해 보았다. 요즘 교회의 이미지가 나쁜 것은 인정하지만, 속으로 기도하고 먹는다고 호감도가 더 나아질까? 솔직히 나의 대답은 '아니오'였다. 그건 너무 소극적이라는 생각이 들었다. 오히려 크리스천임을 당당하게 밝힌 후 더 친절하고 매너 있게 행동한다면 더 멋진 관계성이 만들어지지 않을까 싶다.

02 누가 내 삶의 주인인가

크리스천은 공히 하나님을 사랑하고 그분의 성품을 자랑하는 자들이다. 물론 여전히 부족한 점은 많지만, 그래도 하나님을 닮아 가기 위해 최선을 다한다. 그럼에도 불구하고 사회는 크리스천에게 후한 점수를 주지 않는다. 물론 크리스천이 되었다고 모든 삶에서 올바른 행동만 하는 것은 아니다. 하지만 하나님이 내 삶에 주인으로 오시면 근본적인 변화가 일어나는 것은 사실이다. 그분은 세상의 다른 신들과는 달리 사랑이 많고 인격적이며, 나와 함께하는 하나님이시기에 그 사랑을 체험하게 되면 나 중심의 세계에서 하나님 중심의 세계로 옮겨 가는 경험을 하기 때문이다. 그래서 성경은 우리의 구원을 '주권 교체' 내지 '주권 전이'(Lordship Transfer)라고 말하기도 한다.

"그가 우리를 흑암의 권세에서 건져 내사 그의 사랑의 아들의 나라로 옮기셨으니"(골 1:13).

이것을 설명하기 위한 성경의 가장 적합한 인물은 누구일까? 아무리 찾아보려 해도 아브라함만큼 최적의 인물은 없다. 성경이 그를 '믿음의 조상'이라 부르고 있기 때문일지 모른다. 어떻게 그는 하나님 앞에서 '신실한 믿음의 모델', '최초의 크리스천'이 되었을까? 어떻게 그는 남다른 신앙의 인물이 되었던 것일까? 남들보다 하나님 앞에서 특별한 삶을 살았기 때문일까? 아니면 특별한 행위나 조건으로 하나님을 감동시켰기 때문일까? 그것도 아니라면 외모나 스펙이 남달랐기 때문일까?

역설적이게도 그에게는 일반 사람보다 나은 구원받을 만한 행위나 조건이 전혀 없었다. 그도 우리처럼 죄와 허물, 연약함이 매우 많은 사람에 불과했다. 그런데도 그를 믿음의 조상이라 굳이 말하는 이유는, 구원이 인간이 아닌 하나님으로부터 나옴을 알게 하기 위해서다. 뒤에서도 말하겠지만, 이스라엘도 이런 이유 때문에 동일한 방법으로 선택받았고, 성경의 모든 믿음의 사람 또한 이와 같은 방법으로 구원을 받게 된다.

그렇다면 아브라함은 어떻게 하나님을 믿게 되었는지 살펴보도록 하자.[3] 이와 관련한 내용을 성경은 여러 곳에서 언급하고 있다. 먼저 사도행전 7장은 이렇게 시작한다.

---

3 크리스천의 구원과 믿음의 본질을 이해하는 데 있어 박영선 목사의 책보다 더 유익한 설명을 지금껏 만나 보지 못했다. 구원과 믿음에 대한 많은 부분은 사실 박영선 목사의 책에 빚을 지고 있음을 미리 밝혀 둔다. 한 예로, 다음과 같은 책들을 통해 믿음의 본질과 구원의 이해에 대한 실질적인 도움을 얻을 수 있었다. 박영선, 《하나님의 열심》(서울: 무근검, 2017), pp. 13-141, 《믿음의 본질》(서울: 낮은울타리, 2001), pp. 11-92, 《구원 그 즉각성과 점진성》(서울: 새순출판사, 1992), pp. 11-147. 위의 책들을 읽다 보면 모세 오경에서 아브라함의 갈대아에서의 부르심은 이스라엘의 애굽의 압제로부터의 부르심에 서로 상응함과 동시에 선순환적인 구조로서 구원의 모티브이자 중요한 신학적 장치임을 알 수 있다.

"우리 조상 아브라함이 하란에 있기 전 메소보다미아에 있을 때에 영광의 하나님이 그에게 보여"(행 7:2).

스데반 집사가 아브라함의 믿음을 묘사한 내용이다. 즉 메소포타미아에 있을 때 하나님이 그에게 나타나 삶의 주인이 되어 주셨다고 증언한다. 하지만 같은 내용을 창세기 11장 31-32절에서는 약간 다른 관점으로 조망한다. 갈대아 우르가 아닌 하란에서 아브라함의 아버지 데라가 죽음으로써 가나안 땅으로 이주하게 되었다고 설명한다. 그리고 가나안 땅으로 이주했을 때 하나님이 아브라함에게 나타나셨다(창 12:1-2)고 증언한다. 이 부분은 사도행전의 설명과는 달리 약간의 시간이 지난 후에 아브라함이 하나님을 믿게 된 것으로 묘사한다.

여호수아의 증언은 어떤가? 여호수아 24장 2-3절에 따르면, 아브라함의 가족은 강 저쪽에 거주하며 다른 신들을 섬겼는데 하나님이 그를 가나안 땅으로 이끌어 내셨다고 말한다. 여기서 '강'은 메소포타미아 인근의 강을 말할 것이다.

왜 이 세 본문은 아브라함의 믿음에 대해 서로 다르게 묘사하고 있는 것일까? 아브라함은 과연 언제 하나님을 믿게 되었을까? '갈대아 우르'에서일까, '하란'에서일까, 아니면 '가나안'에서일까? 성경은 어느 날 이미 메소포타미아의 갈대아 우르에서 아브라함의 삶에 어떤 변화가 일어났다고 전제하고 있다. 하지만 그때는 즉각적으로 하나님께 순종할 수 없었다. 가부장적 세계에서 혼자 신앙생활을 할 수는 없었기 때문이다. 역사적으로 조선에 복음이 처음 전래될 때도 이와 유사한 경우들이 많았다. 초기 한국 교회의 믿음의 1세대들은 아브라함처럼 신앙의 갈등이 매우 극심했다. 가족들의 종교가 다르고 신앙 가치관이 서로 달랐기 때문이다. 아무리 믿음이 좋아도 어른들이 있는 한 하나님을 믿는 것은 쉽지 않았다. 마찬가지로 아브라함도 혼자서 하나님을 믿기는 어려웠을 것이다. 고대 세계에서는 가정의 주도권이 아버지인 데라 한 사람에게 있었기 때문이다. 아버지 데라의 허락 없이는 하나님을 믿을 수 없는 상황이었을 것이다. 게다가 그의 가족은 갈대아 우르에서 우상 공장을 경영하고 있었다고 한다. 그러니 아브라함이 제아무리 영광의 하나님을 체험했다 한들 혼자 믿음 생활을 하기란 녹록지 않았을 것이 자명해 보인다.

이때부터 아브라함은 내적인 갈등이 심했을 것이다. '나는 앞으로 어떻게 살아야 하는가? 아버지를 따를 것인가, 아니면 하나님만 신뢰할 것인가?' 한동안 아버지에게 말하지 못했으나, 그렇다고 자신이 경험한 믿음의 사건을 사실이 아니라고 할 수도 없는 노릇이었다. 그래서 어느 날 아브라함이 용기를 내어 말했을 때, 그의 가정에는 엄청난 충격이 찾아왔을 것이다. 당시 고대 세계에서 강을 건너고 신을 바꾼다는 것은 자신의 운명을 바꾸는 행위와 같은 것이었기 때문이다. 하지만 가족들은 마침내 하나님을 믿기로 결정했다. 그의 가족 전체가 갈대아 우르를 떠나 강을 건넜다는 것은 그의 가정에 복음이 들어간 것으로 해석할 수 있다. 이렇게 그의 가족은 모두 하나님이 지시하시는 땅으로 유목민처럼 이동하고 있는 중이다. 하나님 나라를 상징하는 약속의 땅으로 말이다.

물론 이 길이 맞는지 중간에 여러 차례 머뭇거렸을지 모른다. 의심과 두려움도 몰려왔을 것이다. 하란 땅에 머물러 있었다는 것이 그것을 보여 주지 않는가? 이처럼 인생의 주인을 바꾸고 주권 교체를 한다는 것은 그만큼 쉬운 일이 아니었을 것이다. 그런데 하란에서 데라가 죽자 아브라함은 기다렸다는 듯이 마침내 가나안 땅으로 발을 옮기고 있다. 나 중심적인 세계에서 하나님 중심적인 세계로 말이다.

그렇다면 여기서 질문이 생길 수 있다. 아브라함이 하란에 머물렀다는 것만 가지고 그에게 믿음이 없었다고 말할 수 있을까? 그렇지 않다. 아무리 겨자씨만 하고 어린아이 같은 믿음이라 할지라도 생명은 생명이다. 구원을 수학 능력 커트라인 내지 점수 정도로만 이해해서는 안 되는 이유가 여기에 있다.

그렇다면 하나님은 왜 아브라함을 선택해서 부르셨던 것일까? 그를 통해 한 나라를 만들어 온 인류를 구원하고자 하는 계획이 있으셨기 때문이다. 그래서 아브라함의 언약에서 하나님은 그에게 그 나라와 관련된 세 가지 약속을 주시는데, 이는 모두 하나님 나라와 관련이 있다.[4] 제일 먼저는 '나라'의 근간이 되는 땅을 주고, 그다음에는 약속의 자녀를 주며, 그 후손들을 통해 온 세상에 복을 나눠 주는 자로 살게 될 것이라는 믿음을 심어 주신 것이다.

하지만 아무리 비전이 훌륭해도 믿음의 걸음을 막 시작한 아브라함이 그것을 순종하기란 쉽지 않아 보인다. 이를 증명이라도 하듯 그는 하나님과의 관계에서 좌충우돌하며 자주 넘어지곤 했다. 예컨대, 창세기가 그것을 증언하고 있다. 그를 선택하는 창세기 12장 이후부터 모든 아브라함의 일상생활 이야기가 하나님과의 믿음의 관계성을 보여 주고 있

---

4 박영선 목사의 설명과 함께 창세기에 나타난 하나님 나라의 복음에 대해 다음의 두 책을 참조한다면 더 많은 유익을 얻을 수 있을 것이다. 아더 핑크, 《창세기 강해》(고양: 크리스천다이제스트, 2015), pp. 148-240; 마틴 로이드 존스, 《창세기에 나타난 복음》(서울: 복있는사람, 2010), pp. 225-247.

다. 이를테면 '우상 숭배', '기근', '걱정과 염려', '애굽의 바로와 그랄 땅의 아비멜렉 앞에서의 거짓말', '롯과의 재산 갈등', '세상 문화와 상속자 문제', '전쟁', '변화의 두려움' 등 하나님과의 관계에서 하나님보다 앞서고자 하는 모습을 자주 목격하게 된다. 그는 하루가 멀다 하고 우선순위에서 잘못된 결정을 내려 인생의 소유권을 하나님께 다 맡겨 버리지 못하는 모습을 보인다. 이로써 그는 심각한 믿음의 갈등을 경험해야 했다. 이러한 갈등으로 그는 벼랑 끝에서 다시 하나님을 만나고 돌아오게 된다.

한때는 자신의 믿음 때문에 대가족을 이끌고 여기까지 왔는데, 다시 돌아가야 하는지, 아니면 하나님만 의지하고 계속 더 머물러 있어야 하는지 하루에 열두 번도 더 마음이 흔들렸을지 모른다. 그래서 자신을 의지하다가 인생의 쓴맛을 볼 때도 많았다. 그러나 하나님은 그를 기다리고 인내해 주셨다. 믿음이란 아브라함에게서가 아니라 하나님에게서 온 것임을 은혜로 알게 하셨다. 이러한 사랑으로 아브라함은 하나님을 신뢰하며 더 성숙해지게 되었다. 이를 통해 점차 서서히 세상의 사고방식에서 멀어지고 하나님 중심적으로 생각하는 훈련을 하게 되었다.

이처럼 창세기에 나타난 아브라함의 생애는 계속해서 구원의 주도권이 인간이 아닌 하나님에게 있음을 보여 주고 있다. 하지만 믿음의 조상으로서 여전히 그의 삶은 부족한 것이 많았다. 그럼에도 그의 믿음이 온전해지기까지 하나님은 포기하지 않으셨다. 벼랑 끝으로 몰고 가서라도 그에게 남아 있던 갈대아 우르에서의 옛 습관을 버리게 만들고, 마침내 당신의 사랑을 알게 하는 은혜를 베푸셨다. 팽팽한 삶의 주도권 싸움을 통해서 말이다.

이러한 하나님의 은혜는 마침내 언약 체결을 통해 드러나게 된다. "아브람이 여호와를 믿으니 여호와께서 이를 그의 의로 여기시고"(창 15:6)라는 구절에서 그 사랑이 절정을 이루게 된다.[5] 나는 이 장면이 신구약 전체를 통틀어 가장 멋지고 아름답다고 생각한다. 그런데 이는 아브라함의 컨디션이 좋았던 때가 아니었다. 오히려 두려움이 가장 많았을 때였다. 그런데도 하나님의 주권을 인정하면 그분이 우리의 구원과 반석이 되신다는 것을 경험으로 알게 된 것이다. 그때는 조카 롯을 구하기 위해 다른 부족들과 자신의 사병 318명을 데리고 큰 전쟁을 치른 이후였기에 보복을 매우 두려워하고 있었다. 게다가 그에게는 자녀가 없어 미래가 불투명해 보였다. 창세기 15장에 보면 아브라함은 믿음의 세계를 살면서도 여전히 내려놓지 못하는 것이 '자녀'(씨, 후사) 문제였다. 다른 것은 양보해도 자녀 문제만큼은 하나님이 아닌 자신의 힘으로 해결하고자 했다.

여기서 아브라함 인생의 우상이 바로 자녀 문제였다는 것을 엿볼 수 있다. 다른 것은 모두 주님의 것이라고 하면서도 유독 자녀 문제에서 자주 넘어지는 그를 보게 된다. 자녀 문제만큼은 하나님과 타협할 여지가 없었다. 결국 하나님의 뜻을 벗어나 하갈의 몸을 통해 이스마엘을 낳는 불상사까지 일어나 버리고 만다. 이것은 아브라함의 삶의 여정 가운데 가장 치욕적인 사건이었다. 그러나 이러한 허물에도 불구하고 하나님은 먼저 아브라함에게 당신의 손을 내밀어 주셨다. 다시 하나님의 때에 약

---

5 아브라함의 믿음의 특징과 기원에 대해서는 아더 핑크(Arthur Pink)와 마틴 로이드 존스(Marthyn Lloyd Jones)의 창세기 본문 해석을 주로 의존했음을 미리 밝혀 둔다. 구약의 내용이 구속사적인 하나님 나라의 성취임을 보여 준다는 설명을 자세히 이해하고 싶다면 마틴 로이드 존스, 《구약에서 찾은 복음》(서울: 생명의말씀사, 2014)을 참조하라.

속의 자녀인 이삭을 낳게 하시고, 하나님 나라의 비전을 보게 하신 것이다. 믿음으로 이삭을 낳은 뒤 아브라함은 하나님이 하실 일을 기대하게 된다.

아브라함은 창세기 22장에서 이삭을 바치는 사건을 계기로 옛 사람을 벗어나 완전히 새사람이 되었다. 자녀의 문제를 내려놓자 그의 믿음은 몰라보게 달라졌다. 이 사건을 본회퍼(Dietrich Bonhoeffer)는 이렇게 묘사하고 있다.

> 아브라함의 믿음은 모리아 산 이전과 이후로 나누어지는 것 같았다. 즉 아브라함은 이삭과 함께 산을 내려왔다. 산을 오를 때와 똑같이 말이다. 그러나 모든 상황은 근본적으로 변화되었다. 신약성서의 용어로 표현한다면 아브라함은 이삭과 갖는 자기의 관계를 그리스도의 주권 밑으로 가져간 것이었다. 그 순간은 그리스도가 아버지와 아들 사이에 서 있었던 것이다. 아브라함은 모든 것을 버리고 하나님만 의지하는 삶을 살게 되었다. 외형적으로는 현상이 변하지 않았지만 옛것은 지나갔다. 그러고 보니 모든 것이 새로워졌다.[6]

위대한 순종 이후 아브라함은 하나님에 의해 놀랍게 쓰임 받게 된다. 다음의 성경 구절이 그것을 잘 나타내고 있다.

> "내가 네게 큰 복을 주고 네 씨가 크게 번성하여 하늘의 별과 같고 바닷가의 모래와 같게 하리니 네 씨가 그 대적의 성문을 차지하리라 또 네 씨로 말미암아 천하 만민이 복을 받으리니 이는 네가 나의 말을 준행하였음이니라"(창 22:17-18).

---

6 데이빗 왓슨, 《제자도》(서울: 두란노, 2004), p. 332. 데이빗 왓슨(David Watson)의 본회퍼 창세기 해석을 재인용.

03 ｜ 슈니발렌

옛 자아가 죽고 하나님의 뜻에 순종할 때 비로소 그분은 내 삶에 주인으로 오신다. 그런데 문제는, 아브라함의 삶에서 보았듯 옛 자아는 쉽게 죽지 않는다는 사실이다. 옛 자아를 죽이기 위해서는 어떻게 해야 하는가? 가장 중요한 태도는 하나님 앞에서 나의 연약함을 솔직히 인정하는 것이다. 아브라함처럼 말이다. 그때마다 하나님은 당신 안에서 나를 변화시켜 나가신다. 어느 찬양의 가사처럼 주 안에서 나의 약함은 자랑이 되고, 나의 실패는 간증이 되고, 나의 아픔은 영광으로 변하게 된다. 믿음으로 주께 나아갈 때 하나님은 부족한 나를 책망하는 대신 나의 옛 자아가 죽고 부서지는 경험을 하게 만들어 주신다. 그리고 당신의 뜻대로 살아갈 수 있도록 훈련시켜 주신다.

믿음의 세계에 들어오고 나서도 여전히 하나님의 뜻대로 살지 못하는 것은 내가 강하기 때문이다. 하나님과의 사랑을 체험하려면 세상의 지배를 받던 죄의 자리에서 용기를 내어 돌아서야 한다. 죄의 자리를 떠나 새로운 영적 세계로 과감하게 나아가야 하는 것이다. 하지만 자기중심적인 사람일수록 워낙 고집이 세서 옛 사람을 쉽게 벗어 버리지 못한다. 그래서 하나님은 은혜를 주시기 전에 높아진 자아를 낮아지게 만든 다음 자기를 비워 주님 앞에 나아오게 하신다.

오래전 한 지인에게 과자를 선물 받은 적이 있다. 과자 이름이 무척 생소했는데, 포장지에는 '슈니발렌'(Schneeballen)이라고 적혀 있었다. 슈니발렌이라는 이름이 너무 독특해서인지 시간이 지나도 잘 잊히지가 않는다. 선물 포장을 뜯으니 상자 속에는 코코넛 같은 딱딱한 과자들이 들어 있었다. 그 안에는 작은 설명서도 있었는데, 순서에 따라 먹으라는 가이드가 적혀 있었다. 소프트크림도 따로 담겨 있었다. 충격적인 것은, 과자 안에 '망치'도 들어 있었다는 것이다. '과자 선물에 웬 망치?' 호기심 반, 재미 반으로 설명서를 따라 먹어 보기 시작했다. 순서는 이랬다. 우선 포장지를 편 후 망치를 들고 과자를 꺼내어 도마나 쟁반 위에 놓아 세게 내리쳐 잘게 부순 다음 그릇에 담아 크림과 함께 범벅을 만들어 비빔밥처럼 먹으라고 적혀 있었다. 이 모든 경험이 나에게는 생소했다. 망치로 과자를 부수어 먹는다는 번거로움이 있었지만, 결과적으로 맛은 일품이었다. 유럽 사람들은 이렇게 과자를 먹는다고 하니, 모든 것이 신기하기만 했다.

그런데 과자를 먹던 중 문득 이런 생각이 들었다. '하나님을 만나기 전의 내 완악한 마음도 이와 같지 않았을까? 길가에 뿌려진 씨앗이나 말씀을 듣지 못하는 고장 난 영혼처럼 말이다.' 하나님이 아무리 확성기를 가지고 말씀하셔도 제대로 듣지 못하는 영혼은 청각 장애인과 같다. 그래서 하나님은 당신 앞으로 나아가기 전에 우리의 높아진 교만과 자아를 분쇄시키신다. 딱딱하게 굳어 있는 논바닥 같은 영혼을 완전히 갈아

엎어 버리시고야 만다. 창조주 앞에서 겸손하지 않으면 안 되기에 모든 크리스천을 슈니발렌과도 같이 만드시는 것 같다.

나는 목회를 하면서 크리스천의 삶에 구원 이후에 잘 변하지 않는 것들이 의외로 많다는 것을 깨달았다. 이는 교리를 외운다고 저절로 해결될 문제가 아니었다. 보다 근원적이며 심층적인 이유가 따로 있었다. 특히 하나님을 부분적으로 사랑하는 자들에게서 이러한 현상이 두드러지게 나타나는 것을 보았다. 나는 이러한 사람을 편의상 '파트타임 크리스천'이라고 불러 보고자 한다.

파트타임 크리스천을 하나님을 전혀 모르는 사람이라고 생각하면 큰 오산이다. 오히려 그는 하나님을 알되 자기 방식으로 더 열심히 믿는 사람일 수 있다. 그것은 마치 자기 열심을 가지고 하나님을 사랑하는 어린아이 같은 신앙이다. 이제 막 구원의 첫걸음을 떼고 이제 갓 약속의 땅으로 여행을 떠난 걸음마 신앙과 같다고 할 수 있다. 새로운 출발과 함께 그 나라의 새로운 질서와 언어 및 문화를 익히며 적응해 나가야 할지도 모른다.

크리스천은 어떤 의미에서 볼 때 세상과 죄가 도사리는 '장망성'(존 버니언[John Bunyan]의 《천로역정》에서 '멸망의 도시', '장차 망할 세상'을 의미)에서 이제막 하나님 나라로 진입한 사람과 같다. 그러다 보니 삶에 두 주인이 존재하는 것과 같은 착시 현상을 일으키기도 한다. 그렇다면 파트타임 크리스천은 주권 교체 과정에서 일어나는 일시적인 가치 전이의 시간이라 볼 수도 있다. 이 일시적인 과도기와 중간기에는 미숙한 행동과 연약한 모습이 많이 남아 있을 수도 있다. 그래서 세상과 사탄은 이러한 연약한 점을 파고들며 우리를 집요하게 공격한다. 하나님의 절대 주권을 인정하지 못하는 부분만을 노려 우리를 호시탐탐 먹잇감으로 삼고자 하는 것이다.

> "근신하라 깨어라 너희 대적 마귀가 우는 사자같이 두루 다니며 삼킬 자를 찾나니"(벧전 5:8).

이제 막 크리스천의 삶에 들어섰다면 이 같은 죄와 유혹을 지혜롭게 다루는 법을 배워야 한다. 내 힘이 아닌 하나님의 능력으로 말이다. 사탄은 이미 영적 전쟁에서 패했지만, 하나님의 말씀을 철저하게 의지하지 않는 한 우리는 죄를 이길 수 없다. 구원의 시작과 완성은 모두 하나님으로부터 나오기 때문이다. 언제, 어느 때든 하나님의 은혜를 벗어날 경우 우리는 이중적인 크리스천 생활을 다시 할지 모른다.

04 믿음은
과거의 나와 결별하는 것이다

　　지금까지 나 중심적으로 살던 사람이 믿음의 세계로 나아가기 위해서는 어떤 자세가 필요할까? 과거와 헤어지는 과감한 모험이 필요하다. 그것도 내 힘이 아니라 하나님의 능력만 의지하면서 말이다.

　　강원도 정선에 가면 패러글라이딩으로 유명한 장소가 있다. 그곳은 바람세기도 좋고 지대가 높아 사람들에게 무척 인기가 많다. 하지만 패러글라이딩을 처음 타 보는 사람들은 지레 겁을 먹는다. 타기 전부터 '혹시 잘못돼서 떨어지면 어떡하지?', '내가 레버를 잘못 조작해서 먼 곳으로 가 버리면 어떡하지?', '내가 저 높은 곳까지 올라갈 수 있을까?', '중간에 사고라도 나면 어떡하지?' 등등 이런저런 걱정들이 몰려온다. 그때 패러글라이딩 조교가 이렇게 말한다. "자, 무서워하지 마세요. 아무 걱정하지 말고 마음을 편안히 가지세요. 제가 리드할 테니 제 말만 잘 따르면 됩니다. 모든 조종은 위에서 제가 다 하니 맡기세요."

　　패러글라이딩을 처음 타 보는 사람들은 한결같이 겁을 먹지만, 몇 번 타 보면 금세 익숙해진다. 내가 하는 것이 아무것도 없기 때문이다. 그렇다. 패러글라이딩을 잘 탈 수 있는 비결은 베테랑 조교를 신뢰하는 것밖에 방도가 없다. 바람세기도, 방향 조정도, 고도와 높이 또는 풍향 환경도 문제가 되지 않는다. 그것은 그 분야의 권위자인 전문 조교가 다 알아서 도와준다.

우리의 믿음 생활도 패러글라이딩을 타는 것과 비슷하다. 하나님 한 분만을 바라보고 가야 하니 말이다. 혹시라도 하나님보다 앞서가거나 하나님의 권위에 순종하지 못하면 믿음으로 사는 것에 실패하게 된다. 아직도 하나님보다 나를 더 신뢰하기 때문이다. 과거의 나와 결별하지 못하고 나를 더 사랑하기 때문에 하나님께로 나아갈 수 없는 것이다.

한번은 크리스천의 정체성에 대해 고민할 때 비전향장기수에 관한 다큐멘터리 프로그램을 본 적이 있다. '비전향장기수'란 한국전쟁 당시 북한에서 징집되어 소년병으로 내려왔다가 포로로 잡힌 자들이다. 거제도 포로수용소에 오랫동안 붙잡혀 있다가 휴전이 되어 하루아침에 이산가족이 된 사람들을 뜻한다. 전쟁이 끝난 후 인도주의적 차원에서 남한 사회는 자유 민주주의로 전향하면 삶의 터전을 제공하기로 약속했다. 많은 포로가 사회주의 이념을 포기하고 자유 민주주의로 전향하기로 해서 그들 대다수는 남한의 삶을 선택했다. 하지만 그러지 않은 자들도 있었다. 그 다큐멘터리는 바로 자신의 신념을 죽을 때까지 포기하지 않았던 사람을 조명하고 있었다.

남한 사회에서 전향하지 않고 살아갈 경우 사회 생활하는 데 제약이 따르는 것은 물론, 주홍글자처럼 낙인찍힌 상태로 최소한의 인간적인 삶마저 누리기가 어렵게 된다. 그런데 문제는 죽음을 코앞에 둔 비전향장기수 노인들이다. 인도주의적 차원에서 리인모 씨처럼 판문점을 통해

북송(1993년 3월 19일)되는 경우도 있지만, 대부분은 고독하게 죽어 간다. 그래서 비전향장기수의 장례식은 매우 슬프고 비참하다. 마침 내가 보던 부분은 임종 직전 지인들이 마지막까지 그를 지켜보는 장면이었다. 그는 끝까지 자신의 신념을 포기하지 않고 "조선민주주의인민공화국 만세!"를 외치며 죽어 갔다.

나는 그때 하나님을 떠난 인간의 본성은 변할 수 없음을 깨달았다. 성령의 능력이 아니고는 변하고 싶어도 도저히 불가능함을 알게 되었다. 그렇다. 사람의 본성은 잘 안 변한다. 그런데 영적인 세계도 그와 비슷하다. 하나님을 주인으로 모시고도 비전향장기수로 남아 있는 자들이 많다. 그들은 변할 듯하면서도 좀처럼 잘 변하지 않는다.

어떤 의미에서 '믿음'이란 영적인 전향과도 같다. 세상의 말이나 다른 신을 추구하던 것에서 하나님만을 사랑하는 것으로 말이다. 과거 보이는 세계가 전부라고 생각하며 살다가 하나님을 알게 되면서 보이지 않는 세계를 더 소중히 여기며 살아가는 쪽으로의 방향 전환인 셈이다. 한 번도 가 보지 않은 미지의 세계에서 살아가려면 제일 중요한 것이 첫발을 내딛는 용기다. 그 길은 넓은 길이 아니라 좁은 길이다. 비록 과거에 살아왔던 방식과는 많은 차이가 있다 할지라도, 믿음의 눈으로 첫발을 내딛는 것이 중요하다. 익숙해진 세상의 방식이 아닌 전혀 새로운 방식으로 세상을 바라보는 것이 중요하다.

크리스천의 믿음이란 결국 익숙하던 세상의 문화와 결별하는 것이다. 내가 주인이라고 착각하던 삶을 과감히 청산해 버리는 것이다. 그리고 그 영역에 하나님만을 주인으로 인정하며 사는 것이다. 세상은 자신을 믿으며 살라고 회유하지만, 복음은 내 힘과 노력을 포기하는 것이라고 말한다. "내 힘으로 살 수 없으니 하나님께 항복합니다" 하며 백기 투항하는 것이다. 그렇게 하려면 하나님께 자신을 맡길 수 있는 신뢰가 중요하다. 이런 의미에서 폴 투르니에(Paul Tournier)는 크리스천의 삶을 하나님과 '모험으로 사는 것'이라고 표현하기도 했다. 처음 타 보는 패러글라이딩에 오르는 기분처럼 말이다. 하나님께 모든 것을 맡기며 온전히 순종해 보는 것이다.

내 생각과 방법을 내려놓으면 하나님이 내 삶을 인도하며 나의 모든 것을 책임져 주신다. 예수님이 말씀하시지 않았던가?

> "수고하고 무거운 짐 진 자들아 다 내게로 오라 내가 너희를 쉬게 하리라 나는 마음이 온유하고 겸손하니 나의 멍에를 메고 내게 배우라 그리하면 너희 마음이 쉼을 얻으리니"(마 11:28-29).

그러나 오늘날 현대인들은 자신을 지나치게 사랑하는 문화 속에서 살고 있다. 세상은 인간의 무한한 성장 가능성을 예찬하기도 한다. 사람 안에는 놀라운 잠재력이 있기에 그것을 어떻게 해서든지 계발해서 사용해야 한다고 야단법석을 떤다. 그러다 보니 우리 시대는 하나님보다 자기를 더 의지하는 파트타임 크리스천들로 넘쳐나고 있다. 이러한 자들은 자신의 삶은 자신이 책임질 수 있다고 확신하기에 하나님을 온전히 따르지 못한다. 주일을 제외한 거의 대부분의 시간을 자신의 노력과 힘으로 살아가고자 한다. 24시간 가운데 1시간만 하나님의 주권을 인정할 뿐, 나머지 시간은 자신을 위해 사용하고 싶어 한다. 교회에서는 하나님을 믿는 척하지만, 사회에서는 돈과 자신의 힘을 더 의지하며 살아간다.

단적인 예로, 돈과 시간 관리를 어떻게 하는지를 통해 내가 의지하는 대상을 체크해 볼 수 있다. 현대인들은 자신의 빡빡한 시간과 스케줄 그리고 무엇인가를 기획하는 일에 매우 익숙하다. 그들에게 시간은 곧 돈이고, 돈은 곧 시간이다. 그래서 그들은 시간을 아까워하며 24시간도 부족하다고 투덜대기도 한다. 그러나 확실하게 짚고 넘어가 보자. 시간이 없고 부족하다고? 엄밀히 말해 우리에게는 시간이 부족한 것이 아니라, 자기를 위한 스케줄과 일정들이 빼곡해서 하나님을 위해 단 1퍼센트의 시간도 드리고 싶은 마음이 없는 것은 아닐까?

이처럼 현대인들은 자신이 시간의 주인이 되고 싶어 한다. 시간의 창조자이신 하나님을 자신의 시간 속에서 관리하면서 말이다. 그러니 이러한 자들에게 하나님이 개입하실 시간조차 없다는 것은 당연한지도 모른다. 나의 스케줄을 지우고 적어도 하나님의 스케줄로 리셋하기 전까지는 말이다. 이러한 사회적 영향 탓인지, 크리스천들도 그렇게 살지 않으면 세상에서 낙오될 것이라는 두려움과 불안감에 쫓기며 살아간다. 그것이 하나님을 왕으로 인정하면서도 말씀에 순종하지 못하는 주된 이유가 되기도 한다. 하지만 이러한 사고는 믿음이라기보다 인본주의적 신앙에 가깝다.

어느 날 길을 가다가 편의점 문 앞에 붙은 다음과 같은 내용을 본 적이 있다.

- 모집 분야: 편의점 아르바이트
- 모집 인원: 0명
- 근무 기간: 근무 시작일 즉시(3개월 이상 근무 가능자), 스케줄 근무 가능, 근무 시간 협의
- 근무 시간: 면접 시 세부 스케줄 협의 가능
- 시급: 9,000원
- 근무 형태: 주휴 수당, 야근 연장 및 휴일 근무 시 별도 수당 지급, 유니폼, 식사 제공, 4대 보험 가입
- 자격 요건: 관련 업무 유경험자 우대
- 접수 방법: 전화 혹은 방문, 홈페이지를 통한 지원서 등록

혹시 '시간제 크리스천'이 있다는 말을 들어 본 적이 있는가? 우리가 교회에서 파트타임처럼 신앙생활을 한다면 어떤 일이 벌어질까? 하나님을 계획과 스케줄에 따라 믿으며 외적인 형식과 조건을 따지기 시작한다면 우리는 어떤

크리스천으로 남게 될까?

사실 세상에는 파트타임 크리스천이란 존재하지 않는다. 그러나 역설적이게도 우리 시대에는 파트타임 크리스천이 넘쳐나고 있다. 그들은 하나님을 믿되 제한하면서 믿으려고 한다. 겉으로 보기에는 하나님을 사랑하는 것처럼 행동할 수 있다. 열심히 예배드리고, 기도하고, 말씀 공부도 한다. 그러나 목사인 나처럼 하나님을 놓치고 정신없이 살아갈 때가 많다. 그러다 보니 믿음이 있는 척하지만 몸과 마음이 따로 움직일 때가 있다. 내 진짜 마음이 어디로 가 있는지 정확히 알 수도 없다. 혹시 당신이 어떤 사람인지 궁금하다면 아래 내용을 체크해 보자.

■ 파트타임 팩트 체크

☐ 나는 주일 예배 외에는 주 중에 갖는 하나님과의 교제 시간이 별로 없다.

☐ 나는 사실 하나님의 말씀보다 내 경험을 더 의지하는 편이다.

☐ 나는 하나님도 좋지만 친한 사람과의 교제 때문에 교회에 다니기도 한다.

☐ 나는 하나님을 믿으면서도 결정적인 순간에는 내 소신대로 살아간다.

☐ 나는 기도할 때 하나님의 뜻보다 나의 뜻을 중요시 여긴다.

□ 나는 주일에는 예배드리고 봉사하지만, 평일에는 내 마음대로 살아가는 편이다.

□ 나는 다른 사람의 말을 경청하지 않고 내 주장만 고수할 때가 많다.

□ 나는 과거의 성공한 경험 때문에 뭐든지 해낼 수 있다는 자신감이 있다.

□ 나는 평소 주변 사람들에게 바쁘다는 말을 자주 하는 편이다.

□ 나는 내 화려한 과거와 스펙, 내 자랑을 하고 싶을 때가 많다.

□ 나는 소그룹 모임에서 실수나 약점보다 강점만 드러내기를 좋아한다.

□ 나는 예배드릴 때 하나님보다 내가 느끼는 감정을 더 중요하게 여길 때가 있다. 그것이 종종 예배의 실패로 이어지기도 한다.

위의 체크리스트를 볼 때 당신은 어떤 유형의 크리스천이라 할 수 있는가? 당신은 하루에 몇 시간, 일 년 중 며칠을 하나님을 생각하며 살아가고 있는가? 참고로 소설가 알랭 드 보통(Alain de Botton)은 일생의 시간을 다음과 같이 설명한다. "80세를 산다고 가정할 때 보통 사람은 잠자는 데 20년, 직장 생활 20년, 식사 시간 6년, 빈정대고 잡담하고 노는 데 7년, 비행기나 자동차로 이동하는 데 6년, 씻고 목욕하고 화장하는 데 5년, 전화 거는 데 1년(여자는 남자보다 평균적으로 더 많은 시간을 할애할지도 모른다), 술, 담배 하는 데 2년 6개월, 미디어 보는 데 5년(현대인들은 스마트폰이나 태블릿 PC 같은 데 소모하는 시간이 매년 더 기하급수적으로 늘어나고 있는 실정이다)[7], 누군가 만나고 기다리는 데 3년 6개월, 옷 입고 신발을 고르는 데 6개월을 소비하고 있다."

영원히 죽지 않고 천년만년 살 것 같은 우리의 일생이 얼마나 속절없이 지

---

7 미디어에 대한 중독과 병폐의 심각성에 대해서는 옥성호, 《노모포비아》(수원: 테리토스, 2016), pp. 30-49를 참조하라.

나가는가? 야속하기만 할 뿐이다. 이렇게 짧은 시간 속에서 크리스천들은 얼마나 하나님께 집중하며 온전히 주를 위해 살아간다 말할 수 있을까? 안타깝지만 세속화된 세상에는 점점 명목상의 크리스천이 많아지고 있는 상황이다. 이들은 하나님을 자기 식으로 제한하면서 믿고 있다. 머리와 입술로는 하나님이 주인이라 하지만 자기 편리한 대로 살아가고 있다. 왜냐하면 하나님과 동행하는 것은 불편할뿐더러 하나님보다 나를 더 사랑하기 때문이다. 다시 말해, 하나님을 안 믿는 것이 문제가 아니라, 하나님을 제한하면서 믿는 것이 문제라는 것이다. 그래서 파트타임 크리스천들은 사랑을 할 때도 온 마음을 다 주님께 드리지 못한다. 머리와 입술로는 하나님을 사랑한다고 하지만 마음의 동기는 하나님보다 물질에 더 관심이 있는 부자 청년처럼 말이다(눅 18:18-23). 그렇기 때문에 가난한 자들에게 물질을 나누어 주고 나를 따르라는 말씀에 근심하여 떠나는 것이다.

이러한 신앙의 가치관 중심에는 하나님보다 '나'라는 거짓 자아가 숨어 있다. 그래서 이들은 어떻게 하면 좀 더 실용적이고 편리하게 하나님을 믿을까, 어떻게 하면 세상과 하나님을 동시에 만족하며 사랑할 수 있을까를 우선시하게 된다. 겉으로는 하나님이라 말하지만, 마음으로는 나를 더 중심에 놓고 '나', '나', '나'만 강조하며 살아간다. 그래서 하나님도 좋지만 내가 더 소중하고, 내가 이 땅에서 물질적인 성공을 보장받는 것이 더 중요하다고 느낀다. 그러다 보니 이러한 사람들은 하나님의 말씀을 자기 편향적으로 듣는다. 그리고 자신이 선택한 설교자의 설교를 많이 들을수록 자신의 믿음이 좋아진다고 착각한다. 이들에게는 왜 하나님이 완전한 주인이 되지 못하는 것일까? 이러한 기독교적 변종이 언제부터 우리 시대에 출현하게 된 것일까?

05 | 소비 사회와 초개인주의

　　　언제부터인지 자고 일어나는 순간부터 내 스마트폰에는 쉴 새 없이 수북한 문자가 쌓이고 있다. 그 내용은 온통 '소비'라는 문구로 가득 차 있다. '한정 수량, 신 메뉴 출시 기념, 단독 특가, 추가 할인 마지막 날, 이번 기회를 놓치면 절대 안 됨' 등 자극적이고 감각적인 내용들로 매일 비슷한 문자 세례를 받곤 한다.

　우리가 사는 세상은 온통 '소비 사회'로 물들어 가고 있다. 소비 사회란 대량으로 생산해서 대량으로 소비하게 만드는 '과잉 공급 시대'를 의미한다. 그렇다면 왜 소비 사회가 우리의 신앙에 해로운 것일까? 그것은 우리의 의사와 상관없이 모든 사람을 상품의 소비자로 만들어 버리기 때문이다. 즉 공장들은 수요가 없는데도 무한대로 상품을 만들어 소비시켜 버리고자 한다. 이를 위해 기업은 인간의 숨은 욕망을 부추기기 위해 매 시간 광고를 만들어 낸다. 어떻게 해서든 구매력을 끌어올리고 소비를 극대화시키기 위해 수단과 방법을 가리지 않는다. 이를 위해 가짜 이미지와 소비 광고가 동원되기도 한다. 이미지화로 사람을 속이는 행위를 일삼고 있는 것이다. 실제 상품이 아닌 '연예인'이나 '스포츠 인기 스타' 같은 멋진 모델로 우리의 구매력을 자극하고 있는 것이다. 이러한 세상에서 잠깐이라도 정신 줄을 놓고 산다면 우리 모두는 광고 홍수에 휩쓸려 떠내려가 버릴지도 모른다.

과거 어떤 시대도 오늘 우리처럼 많은 광고를 접해 보지 못했다. 한마디로 우리 모두는 아무도 모르게 탐욕과 욕망의 노예가 되어 버린 것이다. "나는 소비한다. 그러므로 존재한다"는 슬로건은 오늘날 전혀 이상한 말이 아니다. 이러한 비정상적인 소비 사회의 구조는 하나님의 형상으로 지음 받은 인간에게 상대적인 박탈감과 소외감을 느끼게 한다는 데 심각한 문제가 있다. 빈부의 차이가 한 영혼을 하나님의 형상대로 바라보지 못하게 만드는 원인이 되고 있다. "현대인의 욕망은 타인의 욕망"이라는 표현도 전혀 이상한 말이 아니다. 게다가 개인의 권리를 강조하는 현대인들은 더 자기만족의 소비 사회를 추구하고자 한다. 결국 이러한 소비 행위는 소비 생활의 주체인 인간보다 매개체인 돈을 더 우선시하게 만들어 인간관계를 파괴시켜 버린다.

돈이면 뭐든 다 된다는 식의 맘몬주의 생각은 이미 사회 도처에 깊숙이 침투해 들어가고 있다.[8] 문제는 이러한 소비 사회의 욕망이 교회 안에 교묘하게 들어오면서 여러 문제를 야기하고 있다는 것이다. 설상가상으로 4차 산업 혁명의 출현과 함께 언컨택트(uncontact) 문화가 확산되면서

---

8 가장 순수해야 할 예술, 스포츠 분야마저도 검은돈과 뒷거래를 통해 일등과 승부 조작에 막대한 영향을 미치고 있다는 것을 언론 보도만 보아도 쉽게 식별할 수 있다. 이러한 기성세대의 잘못된 영향 때문인지 초등학생들마저 장래의 꿈을 돈을 많이 가진 '재벌'이라 하지 않는가? 돈에 유혹을 받고 있는 한국 교회의 위험성에 대해서는 박득훈, 《돈에서 해방된 교회》(서울: 포이에마, 2014)를 참조하라.

우리는 온라인 사회 관계망 서비스를 통해 초연결되어 가는 시대를 경험하고 있다. 이러한 소비 사회와 양극화 문화가 세상의 질서를 빠르게 재편해 나감으로 그 어느 때보다 사회적 혼란이 증폭되고 있다.[9]

이렇게 급변하는 세상은 결국 '물질주의'와 '초연결 시대', '초개인주의'라는 이름으로 우리의 신앙을 위협하는 가공할 만한 세력을 만들어 내고 있다. 소비 사회의 지나친 자기 과신과 초개인주의적인 욕망은 창조 세계 질서와 그리스도의 몸에 커다란 도전이 될 수 있기 때문이다. 현대인들이 절대적 권위인 말씀보다 자기중심의 발로인 '긍정의 신학', '번영 신학', '기복 신앙', '맘몬주의 신앙' 등을 더 선호하고 있다는 것이 대표적인 예라 할 수 있겠다. 이러한 인본주의적 신앙의 문제점은 믿음의 중심을 하나님보다 사람에 두고 있다는 것이다. 그렇게 되면 우리 삶에서 하나님의 자리는 사라지고, 인간이 모든 것을 결정하고 평가하는 기준이 된다.

문화는 공기와도 같기에 어떤 크리스천도 이 위험한 소비 사회에서 자유로울 수 없다. 이러한 반성경적 문화와 정서는 파트타임 크리스천

---

9 인류의 근현대사를 간단하게 요약해 보자면, 18세기 후반 유럽에서 시작된 산업 혁명으로 대량 생산이 가능해졌고, 서구 사회에서 시작된 마이카 시대의 열풍은 인류의 기동성과 모빌리티 능력을 혁신적으로 향상시켜 개인주의와 인권을 발전시켰고, 미디어의 진보는 라디오와 텔레비전의 발명으로 이어져 구시대적인 권위주의 사회를 분쇄하는 데 큰 영향을 발휘하게 되었다. 하지만 개인 통신 수단인 전화기와 무선 전화기의 발명으로 지구는 그 어느 때보다 가까워지고 있었다. 그러나 그 무엇보다 인류를 세계화하는 데 결정적으로 공헌한 것은 바로 인터넷과 스마트폰의 발명 때문이라 해도 과언은 아니다. 이로써 인류는 상상할 수 없는 초개인주의와 초연결 시대가 되어 세계를 거대한 네트워크로 구축할 수 있게 되었다. 이때부터 세상은 가상현실과 온라인을 넘나드는 초개인주의 플랫폼이 만들어지고, 지금은 4차 산업 혁명 시대의 도래로 시공간을 초월한 메타버스 안에서도 24시간 만나고 접촉하고 싶어 하는 테크노크라시 실현을 목전에 두고 있다. 앞으로 이러한 과학 기술 문명의 변화가 우리의 일상을 어떻게 변화시켜 나갈지 많은 이들이 궁금해 하고 있다. 이에 대해서는 최재붕, 《포노 사피엔스》(서울: 쌤앤파커스, 2019); 김용섭, 《언컨택트》(서울: 퍼블리온, 2020); 유현준, 《공간의 미래》(서울: 을유문화사, 2021) 참조하라.

들이 서식하기에 좋은 환경을 제공하고 있는 것이 틀림없어 보인다. 소비 사회에서는 인간의 욕구 때문에 점점 하나님의 뜻보다 개인의 실용성과 편리성이 더 중요해지고 있다. 하지만 안타깝게도 매슬로(Abraham H. Maslow)가 보여 준 자아실현은 겉으로는 그럴듯해도 도대체 얼마만큼 실현해야 참된 만족이 있는지를 알려 주지 못한다는 데 그 한계가 있다. 그래서 우리의 욕망은 희망 고문처럼 높은 유리 천장만을 허탈하게 바라볼 뿐이다. 그럼에도 욕망은 계속해서 속삭인다. 영원한 일등은 불가능함에도 우리는 언제나 일등을 할 수 있으니 더 노력해 보라고 주입시키면서 말이다. 그러나 그것은 신기루이며, 허구에 지나지 않는다.

매슬로의 인간 욕구의 5단계

06 || 뱀파이어
크리스천

최영기 목사는 그의 책《가장 오래된 새 교회, 가정교회》에서 초대 교회의 원형을 언급하며 다음과 같은 예를 들고 있다.[10] 대장간에서 편자(말발굽)를 만드는 스승과 제자가 살고 있었다. 어느 날 스승이 멀리 다녀올 일이 있어 제자에게 편자 원형 하나를 보여 주며, 자신이 돌아오기 전까지 이것과 동일하게 100개를 만들어 놓으라고 지시했다. 스승의 말에 "네, 알겠습니다"라고 말한 뒤 제자는 열심히 편자를 만들었다. 며칠 후, 스승이 돌아와 제자가 만든 100개의 편자를 보고는 깜짝 놀랐다. 100개의 모양이 모두 제각각이었던 것이다. 어찌된 영문인지 물어보니, 스승이 주고 간 원형을 보고 만든 것이 아니라 방금 자기가 만든 편자를 샘플로 다음 편자를 만들었다는 것이다. 서로 다른 샘플을 보면서 만들다 보니 모두 조금씩 다르게 변해 갔던 것이다.

그가 말하고 싶었던 내용은 무엇일까? 최영기 목사는 현대 교회가 얼

---

10 최영기, 《가장 오래된 새 교회, 가정교회》(서울: 두란노, 2015), p. 17.

마나 초대 교회로부터 다르게 변해 왔는지를 언급하고 싶었던 것이다. 이 책에서 최영기 목사는, 현대 교회는 다시 '신앙의 아드 폰테스'(Ad Fontes, '근본으로 돌아가라'라는 종교 개혁의 모토)로 돌아갈 것을 역설하고 있다. 그가 보기에 초대 교회의 기독교는 "로마로 건너가 문화가 되고, 헬라로 건너가 철학이 되고, 유럽으로 건너가 제도가 되고, 미국으로 건너가 비즈니스가 되고, 한국으로 건너와 재벌이 되었다"고 느껴졌기 때문이다.

초대 교회는 오늘날 교회의 모습과는 사뭇 달랐다. 갈릴리에서 시작된 최초의 기독교 공동체는 작지만 살아 있는 모임이었다. 초대 교회는 단순했으며, 그들은 어떤 조직이나 제도가 아니었다. 그들은 그저 예수님의 말씀을 사랑해서 그분의 삶의 방식을 따르고자 했을 뿐이었다. 본래 '크리스천'이라는 말은 예수의 제자들이 스승인 그리스도를 닮았다고 해서 붙여진 사회적 별명에 불과했다.

> "만나매 안디옥에 데리고 와서 둘이 교회에 일 년간 모여 있어 큰 무리를 가르쳤고 제자들이 안디옥에서 비로소 그리스도인이라 일컬음을 받게 되었더라"(행 11:26).

하지만 초기 크리스천들은 우리와 다르게 박해와 고난을 많이 받았다. 예수 믿으면 대가를 지불하고 손해를 보는데도 크리스천들이 줄어들기는커녕 더 늘어나기만 했다. 그들은 주님을 진실로 사랑했기 때문이다. 그들 모두 주님을 닮았기에 진실하고, 정직하고, 겸손했다.

초기 크리스천들의 색다른 점은, 크리스천이 되었다고 해서 과거의 직업이나 신분을 바꾸려 하지 않았다는 점이다. 대신 존재 혁명이 이루어졌다. 그들에게 있어 달라진 점은, 그들의 삶의 주인이 바뀌었다는 것이다. 그래서 그들은 하나님을 주인으로 모시고 일상을 살아가게 되었다. 그런데도 사람들은 크리스천을 주목하기 시작했다. 왜냐하면 그들의 삶이 너무 매력적이었기 때문이다.

이처럼 크리스천의 삶의 방식 때문에 기독교는 매년 놀라울 정도로 성장해 나갔다.[11] 적어도 초기 1세기부터 313년 로마 제국의 기독교화가 있기 전까지는 그랬다. 그러나 오래 지속되었던 초대 교회를 향한 박해가 그치자 하루아침에 지하 교회 성도들이 밖으로 나오며 지상 교회가 되었다. 기독교를 박해하던 국가가 갑자기 기독교 국가로 공인되면서 많은 혼란이 발생하기 시작했다. 알랜 크라이더(Alan Kreider)의 책《초대 교회에 길을 묻다》에 따르면, 이 시대부터 기독교의 변질이 시작되었다고 증언한다.[12] 즉 '제자도'에서 '제도'로 교회의 모습이 타락해 갔기 때문이다.

로마 제국은 교회에 다니는 것이 누구에게나 자유로워지면서 크리스천의 숫자가 폭발적으로 늘어났다. 숫자가 다 나쁜 것은 아니지만, 구원의 가치가 점점 하락하게 되었다. 기독교가 공인된 후로 봇물처럼 쏟아

---

11 비크리스천인 로드니 스타크(Rodney Stark)는 초대 교회의 성장 비율을 연구하면서 313년 로마 제국 전체 인구가 6천만 명이라 가정했을 때 10년마다 40퍼센트씩 성장한 것으로 추정하고 있으며, 그 폭발적인 성장 원인으로 로마 제국의 여러 종교들과 비교해 볼 때 기독교만이 가진 독특하고 매력적인 크리스천의 라이프 스타일 때문이라고 강조하고 있다. 그 당시 크리스천은 매우 희생적으로 그리고 위험을 무릅쓰면서 이웃 사랑의 구제와 봉사를 실천하고 있었기 때문이다. 로드니 스타크, 《기독교의 발흥》(서울: 좋은씨앗, 2016), pp. 17-52, 《기독교 승리의 발자취》(서울: 새물결플러스, 2020).

12 초기 기독교의 원형의 삶과 변질되어 가는 과정을 보려면 다음의 책을 참조하라. 로버트 뱅크스, 《1세기 교회 예배 이야기》(서울: IVP, 2021), 《1세기 그리스도인의 하루 이야기》(서울: IVP, 2021), 《1세기 그리스도인의 선교 이야기》(서울: IVP, 2020); 알랜 크라이더, 《초대교회에 길을 묻다》(군포: 하늘씨앗, 2019).

져 나오는 '명목상의 크리스천들'로 인해 교회는 인산인해를 이루고 있었다. 게다가 황제가 믿는 종교였기에 교회는 당시 유명인사들의 사교 장소로 전락했고, 사회의 성공과 출세의 지름길이 되었다. 이때부터 교회는 하나님을 예배하기보다 사람과의 교제를 더 중요시하게 되었다. 이로 인해 교회들은 저마다 예배당을 더 크게 건축하기 위해 경쟁을 해야 했다. 겉으로 보이는 건물은 더 멋지고 우아하고 매력 있게 짓고자 하면서도 정작 제자도와 크리스천의 삶을 다루는 본질적인 요소들은 소홀해지게 되었다. 세례 교육과 교리 공부는 축소되고, 교회는 더 멋진 행사와 예배 의식, 성도의 계층화, 더 크고 멋진 교회당 건축에 사활을 걸기 시작했다. 이때부터 교회가 제도화되어 초대 교회의 생명력이 사라지는 끔찍한 비극을 맞이하게 된 것이다. 제자의 삶에서 명목상의 크리스천들이 난무하게 된 것이다.

이처럼 로마 제국의 기독교 공인은 평가가 엇갈리고 있다. 외형적으로 볼 때 기독교 문화가 널리 보급되고 성도의 숫자가 늘어났을지는 몰라도, 크리스천의 내실 있는 삶과 참된 복음의 능력은 점차 사라져 버렸기 때문이다. 교회에 나오는 이들도 소위 '문화 크리스천'이 대부분이었다. 십자가가 없는 그들이 교회에 출석하는 목적은 하나님을 예배하기보다 자기만족을 위해서였다. 그리고 교회 예배가 끝나면 세상에서 자신의 방식대로 살아갈 뿐이었다. 그리고 다시 주일이 오면 교회에 나와 예배드리고 회개 기도하기를 무한 반복한다.

달라스 윌라드(Dallas Willard)는 십자가의 복음과 무관한 명목상의 크리스천의 출현을 매우 우려하며 그들을 소위 '뱀파이어 크리스천'(Vampire Christian)이라고 불렀다. 주님을 따르는 제자도 없이 교회만 왔다 갔다 하며 값싼 은혜만 구하는 크리스천을 가리키면서 말이다. 현대 교회가 세상의 거대한 물결을 감당하지 못함은 물론 예수님을 순전히 따르지 못하는 이유도 숫자와 건물만을 강조할 뿐 초대 교회의 정신을 잃어버렸기 때문은 아닐까?

07 | E. T. 신앙과 공룡 신앙

일반적으로 믿음 생활은 크게 '정통 신학'(orthodox theology)과 '정통 실천'(orthodox praxis)으로 나눌 수 있다. 올바른 믿음은 언제나 이 두 가지가 함께 강조되어 왔다. 그러나 복음이 변질되면 믿음과 행위가 분리되어 균형을 잃어버리고 만다. 기독교 역사를 보면 복음의 순도가 약화될 때마다 두 가지 극단적인 모습을 띠며 교회 역사를 어지럽게 만들곤 했다.

언어가 조악하다면 용서하기 바란다. 기독교가 흔들릴 때마다 머리에 든 것은 많은데 행위는 약한 'E. T. 크리스천'[13]과 이와는 반대인 '공룡 크리스천'이 출현하곤 했다. E. T. 크리스천은 문자 그대로 믿음을 머리와 지식으로만 아는 자들이다. 이들은 믿음을 지적인 동의 내지 교리를 배우는 것이라 생각해서 이성 중심의 신앙생활을 영위한다. 이에 반해 공룡 크리스천은 반지성주의 운동이며 신비주의 운동을 추구하는 자들

---

13 <이티>(E.T.)는 1984년 스티븐 스필버그(Steven Spielberg) 감독이 만든 영화로 주인공의 기이한 외모 때문에 주목을 받았다. 머리는 크지만 팔다리가 가늘고 몸이 약해 전체적인 균형 감각이 불안정하여 뒤뚱거리며 걷는다.

이다. 공룡 크리스천은 복음의 지성을 무력화시켜 기독교 역사를 부정하고, 언제나 새로운 이적이나 신비주의를 추구한다. 이들은 초월적 계시만을 강조하고 역사성을 부정함으로 균형을 잃어버린다. 이러한 크리스천은 올바른 지식이 없고 몸의 행동반경만 넓어서 항상 교회 역사에 많은 오점을 남기곤 했다. 미성숙한 행동으로 대사회적 신뢰를 잃어버리게 만들어 많은 실망을 안겨 주기도 했다.

초대 교회는 이 두 가지 오류에 빠지지 않기 위해 늘 조심했다. 그들은 모일 때마다 하나님 나라와 십자가의 의미를 강조했다. 이를 교리화시켜 예수의 속죄의 죽음을 매우 중요한 진술로 표현했다. 경건 훈련을 통해 이러한 교리를 세례 때마다 가르치며 서로의 믿음을 재확인하곤 했다. 하지만 이러한 아름다운 전통은 얼마 지나지 않아 거짓 교사들로 인해 커다란 위기를 맞았다. 거짓 교사들은 사도들의 전통과 진리 위에 세워진 순수한 복음을 거부하고 복음을 자의적으로 해석하기 시작했다. 예컨대, 예수는 믿어도 그 예수의 이름으로는 구원이 충분하지 않아, 믿음에 자신의 행위를 더해야 구원을 받을 수 있다고 가르쳤다.[14] 다른 이단들은 오직 믿음으로만 구원받는다고 하며 행함이 없는 복음을 강조해 영지주의로 흐르기 시작했다. 이들은 한 번 구원받은 것은 취소되지 않는다 해서 자유방임주의로 흐르게 되었다.

이 두 가지 극단적 거짓 사상들은 칭의와 성화의 문제를 뒤바꾸어 생각하기 때문에 발생한다. 칭의는 자신의 노력으로 이루려 하며, 성화는 아무것도 하지 않으려 한다. 안타까운 것은, 역사적으로 개신교가 가톨

---

14 바울은 이러한 다른 복음을 바로잡고 순전한 복음의 교리를 보존하기 위해 로마서와 갈라디아서를 기록했고, 야고보는 행위 없는 믿음을 경계하기 위해 야고보서를 기록하게 되었다.

릭의 공로주의 사상에 반발해 칭의의 복음을 올바른 위치에 올려놓았으나, 언제부터인가 개신교 안에도 지나친 이신칭의(Justification by Faith)의 강조로 인해 칭의에서 성화를 분리시키거나 성화의 중요성을 간과하는 경우가 많아지고 있다. 물론 이와는 반대로 지나친 교회 성장 운동을 강조하면서 구원의 확신으로 인간 중심의 구원론을 지나치게 강조하지는 않았는지, 다시 말해, 구원이 하나님으로부터가 아닌 인간의 열심을 통해 이루어지는 것처럼 강조하지는 않았는지 반성해 볼 필요가 있다.

안타깝지만 오늘날 한국 교회도 언제부터인가 율법주의와 반율법주의가 활개를 치고 있다.[15] 믿음이든 행위든 은혜를 간과하면 한쪽으로 치우쳐 균형을 잃어버리게 된다. 크리스천은 구원을 얻기 위해 자신의 공로를 내세우는 자들이 아니다. 오히려 구원을 은혜로 받았기에 감사해서 섬기고자 할 뿐이다. 그러므로 하나님의 은혜 앞에 그 무엇도 높이거나 자랑해서는 안 된다. 지난 기독교 역사에서 행위를 강조하는 신앙은 언제나 파트타임 크리스천의 전조 현상이었음을 결코 간과해서는 안 될 것이다.

---

15 김세윤 박사는 오늘날 한국 교회를 향해 실제 구원파는 아니더라도 구원파적 신학과 반율법주의 구원론이 목회자들의 설교에 주류를 이루고 있음을 비판한 바 있다. 김세윤, 《바른 신앙을 위한 질문들》(서울: 두란노, 2015) 참조. 이 책에서 그는 '참된 믿음'이란 믿음과 행함이 분리된 이원론적 신앙이 아니라 하나님 사랑과 이웃 사랑의 총체적인 순종이라고 표현했다. 하지만 이는 교회 안에서 제대로 지켜지지 않고 있는 상황이다. 한국 교회는 하나님 사랑과 이웃 사랑을 주님의 뜻으로 알고 실천하기는커녕 한쪽으로 치우치거나 두 개를 따로 분리시켜 버려 이원화되고 양극화된 모습으로 믿는 경향이 강하다고 잘못된 믿음을 지적했다. 이와는 다른 시각으로, 박영선 목사는 역사 중심적 관점에서 한국 교회를 살펴보면서 잘못된 구원론이 팽배하게 된 원인을 지난 70-80년대의 부흥 운동 당시 지나친 개인 전도의 열정으로 하나님 중심이 아닌 인간 중심의 구원론을 지나치게 강조하다 보니 성경적 믿음을 떠나 교회 성장과 성공만을 앞세운 공로 사상 내지 천국의 상급론을 강조하다가 개신교가 가톨릭과 같은 행위 구원으로 돌아가 버린 것이라고 날카롭게 지적했다. 정리하자면, 김세윤 박사는 반율법주의를, 박영선 목사는 율법주의적 행위를 한국 교회의 문제라고 보는데, 둘 다 복음을 제대로 이해하지 못한 이신칭의의 곡해 때문이라는 데는 뜻을 같이하고 있다.

08 ‖ 구원의
인플레이션

"세상의 교회는 넓다. 그러나 교회의 깊이는 낮다."

언젠가 지상의 교회에 대해 존 스토트(John R. W. Stott)가 한 명언 중의 일부다. 외국에서 신학을 공부할 때 한국 교회의 성장을 부러워하며 이구동성으로 칭찬하는 말을 자주 들었다. 아무 영문도 모른 채 나는 한국인이라는 이유만으로 호감을 사기도 했다. 한국에 세계에서 가장 큰 교회가 있다는 것을 매우 부러워하는 눈치였다. 내가 공헌한 것이 전혀 없는데 말이다. 그런데 지금 생각해 보면 그 말이 아주 틀리지는 않은 것 같다. 어릴 때 뒷동산에 오르면 볼 수 있었던 빨간 십자가가 수놓아진 광경이 지금도 눈에 선하다. 그만큼 한국 교회에는 특별한 은혜가 임했던 것이 분명하다. 하지만 지금 우리의 모습은 어떠한가? 오늘날 세계적 교회로 비춰진 한국 교회의 모습은 과연 칭찬받을 만한가? 오늘날 한국 교회는 세상 속의 일그러진 영웅이 되어 사회적 신뢰도가 급속히 추락하고 있다.

사실 한국 교회는 지금껏 은혜 가운데서 성장을 멈춘 적이 없었다. 각 시대마다 사명과 비전은 달랐어도 한국 교회 성도들은 말씀을 사랑했고, 열정적인 기도로 남다른 성장을 일구어 냈다. 전도의 열정뿐 아니라 크리스천들의 대사회적 영향력 또한 실로 대단했다. 그만큼 믿음의 순도가 높았기 때문이다. 하지만 언제부터인가 한국 교회의 믿음에 적신호가 켜졌다. 본질보다 외적인 것들을 더 주목하면서 하나님이 아닌 것을 자랑하기 시작했다. 인간의 공로와 업적, 건물과 성도 수를 자랑하면서부터 한국 교회는 위기에 봉착하게 되었다.

이것이 전혀 틀린 말은 아닌 것이, 내가 신학교에 다녔던 때를 보면 알 수 있다. 나를 포함한 대부분의 신학생이 교회성장학에 매료됐었다. 교회는 얼마든지 내 노력으로 성장시킬 수 있다고 착각했었다. 어떻게 교회가 성장할 수 있는지에 관한 다양한 전략과 방법론들은 날개 달린 듯이 팔려 서점에서 베스트셀러가 되었다(참고로 당시 신학교에서 배운 방법들은 모두 유통 기한이 지나 버렸다. 오늘날 적실한 내용은 거의 없다). 하나님의 은혜도 부분적으로 있었으나, 교회 성장 운동은 인간 중심적이었고, 주님의 교회가 아닌 자신의 왕국을 건설할 수 있다는 환상에 도취되어 있었다. 급기야 아름다운 전도마저 교회 성장을 위한 천국 상급 이론으로 대체되어 버리는 일까지 발생하고 말았다. 순수한 복음 전도가 되어야 할 구령의 열정마저 교회 성장의 도구로 전락하는 것을 보며 개탄스러웠다. 전도를 많이 할수록 천국의 명당자리로 간다고 호도하며 전도 세미나에서 열변을 토하는 것을 목격하기도 했다.

이때부터 한국 교회의 구원론은 성경 곡해가 심각하게 일어나기 시작했다. 전도 행위가 율법이 되고 교회 성장과 사역마저 우상화되다가 물질과 권력과 숫자가 우상이 되는 해프닝이 벌어지고 만 것이다. 십자가의 길, 고난의 길을 가는 목회자의 직분마저 성공과 명예가 되어 버리고 말았다(어느 교회에서는 대형 교회 목회자의 사모가 되기 위해 줄을 섰다는 이야기도 심심치 않게 들렸다). 그러나 오해가 없기를 바란다. 교회 성장 자체가 나쁜 것은 결코 아니다. 나는 이 글에서 기성세대의 훌륭한 목회자들의 눈물과 땀을 비판할 생각은 추호도 없다. 다만 부작용과 역기능을 언급하고 싶을 따름이다. 차세대 한국 교회의 부흥을 위해 이 부분을 반드시 짚고 넘어가지 않으면 안 된다.

엄밀히 말하자면 천국 상급과 인간의 열심은 전혀 상관이 없다. 구원과 천국 상급은 전적으로 하나님이 주시는 선물이기 때문이다. 영광스러운 천국 상급 이론마저 자신의 행위와 공로와 결탁시키려는 인간의 탐욕은 급기야 하나님의 영광을 가리는 폐해를 낳고 말 것이기에 매우 조심해야 한다.[16] 다윗의 인구 조사 때처럼 말이다(삼하 24:1-25). 이때부터

---

16 한번은 세미나에서 목회자들과 '예수동행일기'로 알려진 유기성 목사님의 강의를 들은 적이 있다. 많은 은혜를 받았기에 그 내용 일부를 소개해 보고자 한다. 알다시피 유 목사님의 영성 원리는 십자가에서 내가 죽고 예수가 사는 내면적 영성에서 시작한다. 그것이 크리스천의 삶이라고 말한다. 그의 강의에서는 빠짐없이 십자가에서의 자아의 죽음에 초점이 맞춰진다. 그리고 내가 죽고 예수로 다시 사는 것이 복음의 소망이라고 일갈한다. 그리고 언제나 주만 의지하면 하나님이 우리 삶을 책임져 주신다고 강조한다. 하나님과 동행하는 가운데 그분의 음성을 들으며 순례의 길을 걸어가야 한다고 말한다. 이것이 그분이 전하는 복음의 핵심이다. 이렇게 목사님이 예수님과의 믿음의 연합을 강조하면 사람들이 찾아와 늘 이렇게 질문한다고 한다. "목사님은 성도와 숫자와 외적인 것을 추구하지 않아도 이미 스타 목사고 성도가 많이 모이는 대형 교회에 계시잖아요. 목사님도 솔직히 교회에 사람이 많이 모이면 좋지 않으세요? 예수동행일기라는 프로그램도 그러한 수단이 아닌가요? 그렇다면 목사님의 사역도 결국에는 구원의 열매와 상급 논리 아닌가요?" 이때 목사님은 진심 어린 눈빛으로 이렇게 대답했다고 한다. 단언컨대 자신은 지금까지 살면서 한 번도 대형 교회를 추구해 본 적이 없었다고, 지금도 그렇고 앞으로도 그럴 것이라고 말이다. 오히려 그것은 24시간 예수님과 동행하며 나는 죽고 예수님으로 살기로 설교했을 때 하나님이 은혜로 주신 선물이지, 그것을 선물을 주신 하나님과 어떻게 감히 비교할 수 있겠느냐고 답했다고 한다. 그러면서 한 가지 더 덧붙여 말씀하셨다. 솔직히 말해 대형 교회와 성도가 많이 모이는 것이 정말로 이 땅에서의 보상이고 예수 믿은 상급이라면 자신은 하나님께 크게 실망했을 것이라고 말이다. 솔직히 지금도 자신은 그런 것에 전혀 관심이 없다고 한다. 왜냐하면 지금까지 인도하신 하나님이 그분 앞에 섰을 때 세상의 박수와 인기보다 더 큰 것을 주실 것을 자신 안에 확신하고 있기 때문이라고 말했다. 사람 앞에서 외적으로 잘 보이려는 것이 사역

사회는 교회를 정치적 집단으로 규정해서 교회의 진정성을 의심했고, 교회가 하는 일마다 비판하고 나섰다. 당신의 목숨을 내어 주신 예수님처럼 낮은 곳에서 섬기는 리더십이 아니라, 제왕적 리더십으로 군림했기 때문이다. 기독교는 언제부터인가 숫자를 계량화하고 과장하기를 좋아했다. 목회자들에게 어느 교회와 교단이 더 큰가의 자랑은 둘째가라면 서러울 정도였다.[17]

여기서 우리는 묻지 않을 수 없다. 그리스도를 닮지 않은 크리스천의 숫자와 교회 건물을 키워서 무엇을 할 작정인가? 그렇게 커진 교회와 늘어난 성도는 '구원의 인플레이션'과 무엇이 다르다고 하겠는가?[18] 아무리 돈이 많아도 화폐 가치가 하락해 버리면 돈다발을 들고 간들 과자 한봉지 살 수 없는 경우와 전혀 다르지 않을 것이다. 하나님의 계획과 무관하게 내 힘으로 최고가 되어야 한다는 '성공주의', '일등주의', '성장 지상주의'는 그래서 위험한 것이다.

목표가 되었다면 자신은 매우 불행한 목회자가 되었을 것이라고 말하는 것을 듣고 나는 큰 은혜를 받았다. 그러면서 말했다. 그러니 여러분은 안심하라고, 절대 예수로만 만족하고 외적인 것 때문에 생기는 비교 의식이나 열등감을 전혀 갖지 말라고 말이다. 크면 어떻고 작으면 어떤가? 도시면 어떻고 농촌이면 어떤가? 부자면 어떻고 가난하면 어떤가? 목회자 월급과 노후 걱정도 하지 말라. 지금까지 우리를 지켜 주신 하나님이 여생을 안 지켜 주시겠는가? 그렇다. 이것이 진짜 하나님이 우리에게 원하시는 믿음이요, 성공일 것이다. 예수 잘 믿는 것이 우리의 성공이 되어야지, 다른 것은 전부 비본질적인 것이다. 우리는 하나님과 동행하기 위해 사역자가 되었지, 그 외에 다른 것은 목적이 될 수 없다. 선하신 하나님과 그의 사랑 안에서 말이다. 그렇게 살 때 우리는 아무것도 두려워하지 않게 된다. 그럴 때 하나님만 바라보게 된다. 그렇지 않으면 우리는 평생 파트타임 크리스천으로 살아가게 된다. 하나님의 주권을 이해하지 못하면서 말이다.

17 교회의 결정적인 위선적 모습은, 겉으로는 교세를 자랑하기 좋아하면서 정작 세금을 내야 할 때는 성도 수를 일부러 축소해서 보고하기도 했다고 하니 얼마나 이율배반적이며 모순된 일인가? 교회 세금은 인두세로 계산하기에 세금을 낼 때는 오히려 성도의 숫자가 큰 폭으로 줄어들었다는 것이 내부 관계자의 말이다.

18 이는 사랑의교회 고(故) 옥한흠 목사님이 구원론과 관련한 설교 때마다 자주 사용하던 용어였다. 젊은 시절 옥한흠 목사님의 설교로 큰 도전을 받아 이 책에서 자주 인용될 것이기에 미리 밝혀 두고자 한다.

한때 한국 교회 안에 소위 '고지론 논쟁'이 쟁론화된 적이 있다.[19] '고지론'이란 말 그대로 크리스천이 세상에서 성공하고 최고의 직책에 올라 하나님 나라를 효과적으로 전파하자는 내용이다. 이로 인해 모든 이들이 성공과 스펙 쌓기에 여념이 없었다. 그러나 성경은 그것만이 전부라고 말하지 않는다. 부분적으로는 맞지만, 전체적으로는 개인의 야망, 리더십, 비전, 꿈이 인생의 궁극적인 목적이라고 말하지 않는다. 그보다 더 본질적인 것은 하나님의 부르심과 뜻이라고 강조한다. 성공주의자들처럼 무조건 일등하고, 엘리트가 되고, 예수 믿어 잘되고 복 받는 것은 부분적으로 맞는 말 같지만, 전체적인 성경의 진리를 모두 담고 있는지는 회의적이다. 부의 문제만 보더라도 구약에서는 물질을 긍정적으로 보고 있지만, 신약과 예수님은 부를 부정적으로 보며 더 경계하고 있기 때문이다.

모든 것을 고지론의 논리로 해석하려는 것은 매우 위험한 일이다. 그렇게 따지면 예수님도 열매 없는 실패자로 오해하게 만들어 버릴 소지가 있다. 십자가에서 예수님은 사람의 기대와 달리 무기력하게 돌아가셨기 때문이다. 대동강에서 26세의 나이에 순교한 로버트 토마스(Robert Jermain Thomas) 선교사는 실패자요, 꿈을 못 이룬 사람일까? 전혀 그렇지 않을 것이다. 남들이 알아주지 않는다 할지라도 묵묵히 하나님의 뜻과 가치의 길을 선택하고 부르심에 순종하는 자야말로 천국에서 가장 큰 상급을 받지 않을까 상상해 본다.

---

19 2000년대 한국 교회 안에는 소위 고지론과 미답지론 논쟁과 얽혀 있는 이들이 많았다. 대표적으로 김동호, 《깨끗한 부자》(서울: 규장, 2001)와 김영봉, 《바늘귀를 통과한 부자》(서울: IVP, 2014)를 서로 비교해서 읽어 보면 좋을 듯하다.

09 | 아주 오래된 소금 통

　　레베카 피펏(Rebecca Manley Pippert)이 쓴 《빛으로 소금으로》(IVP 역간)의 원제목은 《*Out of the Saltshaker and into the World*》(소금 통에서 나와 세상 속으로 들어가라)이다. 개인적으로는 영어 제목에 더 마음이 끌린다. 이 책에서 저자가 말하려는 요지는, 하나님은 우리의 일상을 다스리고 통치하신다는 것이다. 하나님을 무신론자에게 소개하려 할 때 어떻게 하나님이 우리 삶에 역사해서 변화시켜 주시는지를 전달하기 쉽게 설명하고 있다. 또한 레베카 피펏은 크리스천이 갖고 있는 전도에 대한 오해를 풀어 주며 전도는 어려운 것이 아니라고 말한다. 그러면서 전도가 어려운 것은 전도에 대한 무지가 아니라 두려움 때문이라고 지적한다. 대부분의 사람들은 하나님보다 앞서 복음을 전하고는 거절당하면 어떡하나 하는 내면적 두려움에 전도에 소극적이게 된다고 말한다. 그래서 그들은 계속 교회 안에만 머무는 신자들로 남게 되는데, 이는 마치 아주 오래된 소금 통에 들어 있는 소금 덩어리와 같은 모습이다.

　　그녀의 말처럼 사실 전도에는 실패가 없다. 우리는 단지 하나님의 도

구이고, 복음의 통로가 될 뿐이다. 전도는 하나님이 주도권을 가지고 일하시는 것이다. 바울의 말처럼 말이다.

> "나는 심었고 아볼로는 물을 주었으되 오직 하나님께서 자라나게 하셨나니 그런즉 심는 이나 물주는 이는 아무것도 아니로되 오직 자라게 하시는 이는 하나님뿐이니라"(고전 3:6-7).

우리가 씨를 뿌리고 전도를 하면 우리도 모르는 사이 하나님께서 자라게 하신다. 이런 관점에서 본다면 오히려 전도를 못 하는 것보다 안 하는 것이 실패일 것이다. 그러므로 기독교는 세상을 두려워하거나 도피해서는 안 된다. 복음 전도는 하나님이 하시는 일이기 때문이다. 우리는 단지 하나님의 통로이자 심부름꾼이라고 생각해야 한다. 예수님이 깨어진 세상을 구원하기 위해 하늘 보좌를 버리고 우리에게 전도하러 오셨다면, 우리도 맡겨진 전도의 사명을 잊어서는 안 될 것이다.

그렇다면 전도는 어떻게 해야 할까? 전도를 잘하려면 우선 관계를 잘 맺어야 한다. 교회는 나와 성육신하신 예수님처럼 세상에 다가가야 한다. 예수님의 성육신처럼 교회는 세상과 너무 가까워도 안 되고, 세상과 너무 멀리 떨어져 있어도 안 된다. 교회가 세상과 멀어지는 이유는 성경적이지 않은 이원론적 사고의 영향 때문이다. 이는 일반적으로 세상은 악하고 교회는 선하다는 도덕적 우월주의 입장인데, 이러한 경향성은 역사적으로 교회가 세상에서 멀어져 게토(ghetto)화되는 데 일등공신이 되게 만들었다. 교회는 거룩하고 세상은 열등하다고 보기 때문이다.

결국 이러한 태도는 크리스천을 교회 안에 가두고 지역 교회가 하나님 나라인 것처럼 호도하게 만들었다. 이런 경우 교회는 거룩할지 모르지만, 시간이 흐를수록 고립되어 외딴섬처럼 존재하게 된다. 기독교의 값싼 승리주의와 값싼 구원의 선포는 크리스천을 세상과 단절시키고 소통하기 아주 어려운 대상으로 만들어 버릴 공산이 크다. 그리고 이때의 기독교란 탈역사화되어 사회 속에서 무례한 기독교가 될 가능성이 아주 높다.

강정훈 목사는《생활 거룩》이라는 책에서 무례한 기독교가 무엇인지에 관한 자신의 경험담을 소개하고 있다.[20] 한번은 그가 전철을 탔을 때였다. 한 40대로 보이는 남자가 "예수 믿으시오. 안 믿으면 지옥 가" 하고 반말로 고함치며 사람들을 이리저리 밀쳐 대고 있었다. 이에 전철 안에 있던 승객들이 왜 사람을 밀치고 다니며 시끄럽게 하느냐고 빗발치게 항의했다고 한다. 그러자 그 전도자는 무례하게도, "지옥 가려고 그래? 아무 소리 말고 예수나 믿어!"라고 말했다고 한다. 그때 옆에 있던 사람이 이렇게 말했다고 한다. "교회에 나가고 싶어도 저런 인간들 때문에 가기 싫어!" "교회에 미쳐도 정도껏 미쳐야지." 강정훈 목사는 그날 지하철 안의 광경을 지켜보며 매우 당황했다고 한다. 과연 목사인 자신은 누구 편에 서야 할까를 고민하다가 결국 승객 편에 서서 그 무례한 전도자에게 다가가, "아저씨, 나도 교회 다니는 사람이지만 목소리가 너무 크네요"라고 말했다고 한다. 그랬더니 이번에는 그에게서 말 같지도 않은 대답이 돌아왔다고 한다. "전도하지 못하거든 입이나 다물어"라고 말이다. 그리고 그 전도자는 다른 칸으로 가서 동일하게 열심히 전도 행

---

20 강정훈,《생활 거룩》(서울: 두란노, 2019), pp. 218-219.

위를 했다고 한다. 그때 강정훈 목사는, 성화 없는 열심은 '광신'이라는 것을 깨달았다고 한다.

기독교의 역사는 이런 무례한 복음 전도를 용인하거나 권장하지 않았다. 위의 일화는 복음을 통해 개인의 회심을 가져오기보다 기독교 왕국이라는 로마 제국의 자기 의를 드러내고 있는지 모른다. 실제로 로마 제국의 기독교는 우월한 지위와 힘을 이용해 피정복지마다 우월적인 태도로 점령군 같은 전도를 일삼기도 했다. 일시적으로는 빠르게 증가하는 기독교 인구 때문에 인기와 박수를 받았을지도 모른다. 하지만 로마 제국의 복음 전도는 칼인가, 십자가인가 둘 중 하나를 선택하라는 식의 무례한 방법이었다. 이렇게 생명의 위협을 느껴 일시적으로 회심한 개종자들은 겉으로는 하나님을 믿는 척해도 속으로는 자신의 신들을 숭배하고 있었다.

그러다 보니 기독교 역사에서 로마식 전도 방법보다 켈틱(Celtic)교회처럼 예수님의 삶을 따르는 전도 방식이 더 매력적으로 보인 것은 당연한 일이었다. 그들은 말 그대로 예수님처럼 원수를 사랑하고, 나그네를 환대하고, 낮아지고 자신의 생각을 비워 이웃을 섬겼다. 겸손과 자기희생적 삶으로 하나님 나라의 복음을 입증했다. 예수님은 이와 같은 크리스천을 세상 안의(in the world) 소금과 빛으로 불러 주셨다(마 5:13-14). 예수님은 결코 세상 밖(out of the world)의 소금과 빛이라 말씀하지 않으셨다는 사실을 유념할 필요가 있다. 마찬가지로 파트타임 크리스천은 세상 밖에서 존재하려 할 때 어떻게 세상과 교회를 분리시키고 전도의 사명에 실패하게 되는지를 여과 없이 보여 주고 있을 따름이다.

우리는 1부에서 파트타임 크리스천에 대해 살펴보았다. 파트타임 크리스천이란 하나님을 믿되 자기 방식대로 믿는 사람을 의미했다. 우리 시대에 파트타임 크리스천이 많아지는 이유는 초개인주의가 극도로 발달하고 있기 때문이다. 세상에서 살던 자아가 너무 강해서 그 자아를 내려놓고 싶지 않기 때문이다. 설상가상으로 소비 사회에 만연한 풍조는 내가 편리한 대로 하나님을 믿게 만들고, 하나님의 말씀을 따르는 데 어떠한 대가도 지불하고 싶어 하지 않게 만들고 있다. 하나님의 통치를 받으려 하기보다 나 중심적인 신앙생활을 영위하게 하고, 내 방법대로 하나님을 사랑하게 만든다. 하지만 신실하신 하나님은 우리를 구원하고 그렇게 살도록 내버려 두지 않으신다. 하나님은 이미 구원을 시작하셨기에 그분이 원하시는 구원에 이르도록 우리 안에 그리스도의 형상을 만들어 나가신다. 이제 다음 장에서는 하나님께서 연약한 우리의 믿음을 어떻게 인도해 나가시는지 살펴볼 것이다.

2부

"그러므로 너희는 내가 오늘 너희에게 명하는 모든 명령을 지키라
그리하면 너희가 강성할 것이요 너희가 건너가 차지할 땅에 들어가서
그것을 차지할 것이며 또 여호와께서 너희의 조상들에게 맹세하여
그들과 그들의 후손에게 주리라고 하신 땅 곧 젖과 꿀이 흐르는 땅에서
너희의 날이 장구하리라 네가 들어가 차지하려 하는 땅은
네가 나온 애굽 땅과 같지 아니하니 거기에서는 너희가 파종한 후에
발로 물 대기를 채소밭에 댐과 같이 하였거니와
너희가 건너가서 차지할 땅은 산과 골짜기가 있어서
하늘에서 내리는 비를 흡수하는 땅이요
네 하나님 여호와께서 돌보아 주시는 땅이라
연초부터 연말까지 네 하나님 여호와의 눈이 항상 그 위에 있느니라"
(신 11:8-12).

하프타임
크리스천

01 | 내 영혼의 코페르니쿠스 혁명

폴란드의 16세기 과학자인 니콜라스 코페르니쿠스(Nicolaus Copernicus)는 1473년에 태어나 1543년에 죽기까지 천체를 관측한 것으로 유명하다. 그는 두 가지 놀라운 사실을 밝혀냈다. 곧 '지구가 둥글다는 것'과 '지구가 천체를 돌고 있다'는 과학적 사실이다. 그의 위대한 발견으로 인류는 세상을 바라보는 관점이 완전히 바뀌게 되었다. 그래서 오늘날 그와 같은 변화에 견줄 만한 업적이나 사건을 일컬어 '코페르니쿠스 혁명'이라 부른다. 그런 의미에서 나는 예수님이 내 삶의 주인으로 오신 '구원의 사건'이야말로 진정한 코페르니쿠스 혁명이라고 생각한다. 왜냐하면 그분이 주님이시라는 사실 하나만으로 내 인생을 송두리째 변화시키기에 아주 충분했기 때문이다.

어느 날 설교 준비를 하는데 한 중년 남자로부터 전화가 걸려 왔다. 자신은 평신도인데 오래전부터 나를 잘 알고 있다고 했다. 그리고 같은 교회에서 섬기고 있다고 말했다. '우리 교회 평신도?' '옛날부터?' '나를 잘 알고 있다?' 그가 대체 누구인지, 왜 나를 만나고자 하는지 무척 궁금해졌다. 하지만 성도가 목회자에게 만나자고 할 때는 대개 좋은 일보다 어려운 내용이 많기에 살짝 긴장도 되었다.

며칠 뒤 약속된 시간이 되어 그를 만날 수 있었다. 일찍 도착한 그는 인천에서 대전까지 직접 차를 몰고 왔다고 했다. 그의 얼굴을 보며 대화를 나누는데 어렴풋한 기억들이 되살아나기 시작했다. 그는 대학 시절 선교 단체에서 함께 훈련을 받던 친구였다. 지금은 나와 같은 교회를 섬기고 있다. 그는 안수집사, 나는 목사의 신분으로 말이다. 너무 오랜만이라 서로가 무척 반가워했다. 이런저런 대화를 나누며 즐거운 시간을 보냈다. 하지만 기쁨도 잠시, 대화 중 내 마음에 부끄러운 일들이 하나둘씩 필름처럼 지나가기 시작했다. 당시 그는 제자 훈련을 꽤 잘 받고 있는 학생이었고, 그에 비하면 나는 정말 볼품없는 훈련생에 불과했기 때문이다. 매일 센터에 옹기종기 모여 앉아 성경 말씀을 공부하며 큐티와 제자 훈련을 받던 일들까지 나누다 보니 까마득하게 잊고 있던 30년 전으로 돌아가는 듯했다.

대화 내용을 토대로 30년 전의 내 모습을 재구성하자면 다음과 같다. 1991년 12월, 당시 나는 열여덟 살의 평범한 청년이었다. 별 말썽 없이 조용히 학교와 집만 오가며 존재감 없이 살던 학생이었다. 그리고 교회는 다니지만 내 안에 선명한 복음은 없는 상태였다. 그러던 어느 날, 신학교에 다니던 교회 누나가 다음 주에 맛있는 저녁을 사 주겠다며 시간이 있는지를 물었다. 그때는 시간이 많았기에 흔쾌히 좋다고 했다. 그리고 일주일 후 약속된 장소에서 누나를 만나 이끌려 간 곳은 저녁밥이 기다리는 식당이 아닌 부흥 집회 장소였다. 교회 안의 그 열기가 아직도 생생하게 느껴질 정도니 정말 대단했던 것 같다. 나는 그날 밤 거룩한 충격을 받고 예수님을 인격적으로 만나고 말았다. 그것은 나에게 '코페르니쿠스 혁명'과도 같았다.

내 인생은 그날 이전과 이후로 나누어졌다. 그날 밤 이후 하나님의 임재 때문에 밤새 잠을 이룰 수 없었다. 하나님이 살아 계시며 나와 함께하신다는 사실이 감격스러웠기 때문이다. 나는 매일 그분을 사모했다. 세상을 다 가진 것 같았고, 세상이 알 수 없는 기쁨으로 충만했다. 그 거룩한 느낌이 6개월 동안 떠나지 않았던 것을 기억한다. 나중에 이것이 성령 세례라고 누군가 귀띔해 주었다.

영적인 거듭남을 체험한 뒤 내 삶은 눈에 띄게 달라졌다. 그때부터 가족들은 나를 우려 섞인 모습으로 걱정하기 시작했다. 남자아이가 믿어도 너무 유별나게 믿는다는 것이 그 이유였다. 성격상 그럴 아이가 아닌데 대학교에 가면서 이상해졌다고 어머니는 나를 불러 놓고 야단을 치기 시작했다. 평소와 다른 아들이 걱정되었던지 신앙 상담소에 찾아가 상담을 받기도 했다. 그러나 그럴수록 나의 유별난 행동은 더 계속되었다. 한 번도 읽지 않던 어머니의 관주성경을 가져와 밤을 새워 읽기 시작했고, 골방에서 찬송가를 들으며 기도하는 것이 습관이 되어 버렸다. 그 무렵 대학 진학과 함께 선교 단체에 들어가 만난 사람이 바로 이 친구였다. 그와 함께 '크리스천이 되는 열 가지 단계'를 신실하게 배웠다. '큐티'와 '일대일 성경 공부', '기도', '전도 훈련', '수양회', '선교대회' 등 지역 교회에서는 배워 보지 못했던 신세계를 맛볼 수 있었다.

2년쯤 지났을까? 선교 단체 간사님이 다음 주에는 제자도의 중요한 부분을 공부할 테니 다른 때보다 더 신경을 써서 깊이 묵상해 오라고 부탁하셨다. 그래서 그랬는지 나도 그날은 남다른 각오로 말씀을 더 반복해서 읽으며 성경 공부 질문과 답변을 깨알같이 적어 갔다. 그날은 다른 날보다 무엇인가 더 특별해 보였다. 간사님의 성경 공부도 더 은혜로웠고, 말씀의 깊이도 다르게 느껴졌다. 바로 그때였던 것 같다. 한참 말씀 공부를 따라가고 있었는데, 간사님은 성경책을 덮고는 나에게 대뜸 이렇게 질문하셨다.

"형제님은 정말 예수님이 자신을 위해 십자가에서 피 흘려 돌아가시고 부활하신 것을 믿습니까?"

"네"라고 대답하자, 부활하신 주님이 정말 내 삶에 동행하신다고 믿는지를 물은 뒤 베드로의 신앙 고백처럼 동일하게 대답해 보라고 하셨다. 이에 나는 주저하지 않고 "주는 그리스도시요, 살아 계신 하나님의 아들이십니다. 하나님은 내 삶의 주인 되십니다"라고 멋지게 고백했다. 그게 얼마나 위험한 대답인지 모르고서 말이다. 매 순간 자기를 부인하고 주님과 함께 십자가의 길을 걸어가야 하는지도 모르고 머리로만 대답했던 것이다. 간사님은 그 기념으로 큰 박수를 쳐 주며 자신이 읽던 신앙 서적 한 권을 나에게 선물로 주셨다. 태어나서 처음으로 하나님께 인격적인 사랑을 고백한 그 경험을 영영 잊을 수 없을 것만 같았다.

하지만 간사님의 한마디로 인해 내 마음에는 미묘한 갈등이 생기기 시작했다. 하나님이 나를 아브라함처럼 부르시는데, 내 인생 전부를 하나님께 헌신해 보면 어떻겠느냐고 제안하셨기 때문이다. 나는 어리둥절해하며 대답했다.

"네? 제 삶을 전부 하나님께 드린다고요? 그게 어떤 삶인데요?"

나는 약간 두려운 마음으로 묻기 시작했다.

"제가 성경에 대해 모르는 게 너무 많은데, 혹시 신학교에 가라는 건가요? 아니면 아프리카 같은 오지나 타 문화권 지역에서 선교사로 살라는 건가요?"

그때 나의 당황해하는 모습을 본 간사님은 무심코 흘러나온 말을 애써 수습하려는 모양새였다.

"아니, 그런 것이 아니라, 하나님은 모든 사람이 제자가 되기를 원하세요. 하나님의 말씀을 믿으면 십자가의 길을 가게 된다는 말을 하는 겁니다. 우리는 모두 풀타임 크리스천입니다."

그런데 간사님은 헤어질 때조차 하나님이 나를 풀타임으로 부르시는 것 같으니 자기 전에 꼭 다시 기도해 보라고 권면하셨다.

그 후 내 머리는 복잡해졌다. 느낌인지 몰라도 그때부터 하나님의 요구가 더 많아지고 까다로워지는 것만 같았다. 이를테면, 간사님을 통해 많은 당부가 전달되었다. '세상 문화에 휩쓸리지 마라. 데모 시위에 나가지 마라. 공부는 열심히 해서 항상 일등을 해야 하나님의 이름에 영광이 된다. 믿지 않는 자들에게도 본이 되어야 한다. 세계 선교가 매우 중요하다. 술 파티 같은 학과의 MT는 절대로 가지 마라. 믿음이 있는 친구만 가려서 사귀어라. 소그룹 모임에 빠지면 안 된다. 술자리를 피해라. 세상 음악을 들어서는 안 된다.' 이뿐 아니라 도서관이나 강의실에 심방을 와서 기도해 주고, 큐티 생활을 점검하며, 기도 생활에 게으르지 말 것을 당부하시기도 했다.

믿음이 연약한 나를 도와주시는 것이 무척 감사하기도 했으나 솔직히 두려운 마음도 많았다. 바로 '풀타임'이라는 단어 때문이었다. 그럴 리 없겠지만 가끔 생각해 보았다. '만일 내가 지금 전임 간사님의 생활처럼 학원 복음화에 헌신한다면 나의 삶은 앞으로 어떻게 되는 것일까? 타

문화권 선교사로 가야 하는 것일까? 밥은 먹고살 수 있으며, 결혼은 제대로 할 수 있을까? 직장도 못 구할 텐데 부모님께는 뭐라고 말해야 하지?' 나의 비전과 진로에 대해 아무리 머리를 굴려도 답이 보이지 않았다. 그날 베드로의 신앙 고백 이후 내 인생은 고뇌의 시간으로 지새워야 했다. 그때는 그것이 심각한 문제였다.

자, 이제 나의 입장에서 상상해 보라. 그때 풀타임이 두려워 파트타임 크리스천으로 살아가던 내 삶의 결과가 어떠했을지 말이다. 두 마음으로 제자의 삶을 사는 자의 모습이 뻔하지 않겠는가? 차라리 간사님이 속 시원하게 기독교 세계관에 입각해 정치인이 되라든지, 경제인이 되라든지, 문서 선교를 해 보라든지 분명하게 말해 주셨더라면 어렵지 않았을 텐데, 무조건 목회자나 선교사가 되라는 말로 받아들였던 것이 화근이었다.

그 후로 나는 주님을 온전히 예배할 수 없었다. 정신이 혼미해지고, 하나님이 원하시는 삶과 거리를 두며 살게 되었다. 반항하는 사춘기 아이처럼 하고 싶은 대로 하며 살았다. 내가 인생의 주인이 되려 하자 이런저런 핑계로 성경 공부와 소그룹 모임을 빠지기 시작했고, 친구들과 하나님의 뜻에 하지 말라는 것만 골라서 하고 다녔다. 그렇게 나는 세상으로 돌아가 주님을 따르는 제자도에 실패하고 말았다. 세상의 일에 우선순위를 두며 하나님을 가까이하지 않았다. 그러면서도 마음이 불편했다. 그리고 하나님은 하는 것마다 잘 안 되게 하셨다. 말 그대로 항로 없는 비행이 시작되었다. 삶의 목표를 잃어버리자 광야의 삶이 시작되었다.

생각보다 꽤 긴 시간이 흘렀을 때, 하루는 주님의 길을 따르지 못하는 나를 자책하며 구원의 문제로 번민하고 있을 때, 하나님은 교회의

한 집사님을 통해 위로해 주셨다(당시 나는 6개월간 백병원에서 위장병을 치료받고 있었다).

"너, 요즘 뭐 하는데 얼굴에 근심이 많은 거니? 마음이 평안하지 않은 것 같구나. 내가 뭐 도와줄 일이 있을까?"

그분이 말을 건네자마자 나는 솔직한 마음을 털어놓기 시작했다. 신 앙 상담이 시작된 것이다. 한참 이야기를 들은 뒤 "그랬구나, 많이 힘들 었겠구나" 하며 그 집사님은 선교사인 자신의 동생을 한번 만나 보지 않 겠느냐며 소개해 주고자 하셨다. 시간이 된다면 꼭 만나 뵙고 싶다며 그 분이 어디에 계시는지를 물었는데 황당한 답변이 돌아왔다. 잠시 공부 를 위해 캐나다에 있다는 것이었다.

"캐나다요? 이 상황에서 제가 어떻게 해외에 나갈 수 있나요. 저희 집 에는 해외에 사는 친인척이 한 사람도 없어요."

나의 이 말에 집사님은 기도해 보라고, 기도하면 하나님께서 길을 열 어 주시지 않겠느냐며 동생이 살고 있는 집 주소와 전화번호까지 알려 주셨다. 할 수 없이 나는 기도하며 방법을 찾아보기로 했다. 그러면서 오 산리 금식 기도원에서 장기간 금식을 했다. 작정 기도를 마치고 부모님 께 머리도 식힐 겸 잠시 외국에 나갔다 오겠다고 했더니 두 분 모두 펄 쩍 뛰셨다. 예상은 했지만 그렇게 반발하실 거라고는 전혀 생각하지 못 했다. 하지만 내 마음이 너무 확고한지라 막으실 수가 없었다. 그때는 다 른 생각이 없었다. 그 선교사님을 만나 나의 진로에 대해 꼭 물어보고 싶었다. 몇 달간 과외와 영어 아르바이트로 비행기 티켓 비용을 모아 겨 우 출국할 수 있었다. 떠나기 전까지 부모님은 계속해서 만류하셨지만, 나는 결국 선교사님이 계신 곳으로 떠나게 되었다.

공항으로 마중 나온 선교사님은 매우 친절했고, 나를 가족처럼 맞아 주셨다. 그때부터 1년간 선교사님 댁에서 신세를 지게 되었다. 대신 선교사님은 자신이 어려운 개척 교회를 섬기고 있는데 젊은 사람이 없다며 도움을 요청하셨다. 나는 흔쾌히 응했고, 내가 할 수 있는 일이라면 기꺼이 도와드리겠다고 대답했다. 그렇게 조용히 6개월 동안 교회를 섬기고 있을 무렵, 선교사님은 뜬금없이 자신이 공부하는 신학교에서 한 과목을 청강해 볼 것을 제안하셨다.

"한번 청강해 봐. 너, 하나님 사랑하잖아. 혹시 알아? 하나님이 너를 목회자의 길로 부르시는지."

함께 밥을 먹다가 체할 뻔했다.

"저, 사실 선교사님께 말씀드리지 못했지만, 한국에서 신앙의 갈등 때문에 위장병에 걸려 고생하다 왔거든요. 저를 향한 하나님의 부르심을 알면 지금이라도 다 내려놓고 한국으로 돌아가고 싶어요. 그런데 선교사님마저 그렇게 말씀하시니 뭐라 말하기가 쉽지 않네요."

"그래, 강요는 절대 아니야. 네 생각을 내려놓고 기도해 보고 결정해도 좋아."

나는 그렇게 하겠노라 대답했고, 며칠 후 신학에 별 관심은 없으나 한번 들어 보겠노라고 말했다. 그런데 그렇게 무심코 대답한 결과가 내 인생에 반전을 가져올 줄이야. 강의실에 막 도착했을 때 일반 대학교와는 사뭇 분위기가 달랐고, 신학교 사람들은 매우 따뜻했다. 모두들 외국에서 온 친구를 반갑게 맞이하며 나를 인격적으로 대해 주었다. 수업을 들으면서는 매우 색다른 수업 분위기에 놀랐는데, 특히 수업 시작 전에 부른 찬양은 평생 잊을 수 없을 것 같다. 찬양 인도자가 찬양 한 곡 부르고 수업을 시작하자며 〈주님과 같이〉(There is none like You)라는 곡을 불렀는데 나도 모르게 눈물이 흘러내렸다. 특히 "오랜 세월 찾아 난 알았네"라는 대목에서 눈시울이 뜨거워지고 말았다. 그때 주님께서 내 마음에 속삭이시는 듯했다.

'나는 너를 여전히 사랑해. 그런데 너는 나를 아직도 신뢰하지 못하겠니? 이제 걱정과 염려에서 벗어나 너의 모든 삶을 나에게 온전히 맡기기를 원한다.'

그 순간, 마치 멀리 굴러다니며 제자리를 찾지 못하던 돌 하나가 완전한 자리를 찾게 된 듯했다. 그때까지도 잘 몰랐지만, 신학 공부를 하는 것이 주님의 뜻일 수 있겠구나 하는 생각이 들었다. 은혜를 받으니 과거가 해석되면서 퍼즐 조각처럼 하나하나 이해가 되기 시작했다. 하지만 그때 나는 속으로 기도했다.

'주님, 아시죠? 저는 전혀 준비되지 않았고, 가진 것이 아무것도 없습니다. 정말 급하게, 준비된 것 없이 비행기 티켓만 달랑 가지고 왔어요. 이곳에 아는 사람도, 가진 것도, 가족은 물론 친인척도 전혀 없습니다.'

그러자 주님의 음성처럼 수업 시작 바로 전에 교수님의 기도가 들려왔다.

"오, 사랑하는 하나님 아버지. 당신이 불러 주신 사랑하는 종들이 수업을 위해 이 자리에 있습니다. 진리의 말씀을 배우기 위해 생업을 내려놓고 신학교에 왔습니다. 진리의 성령님, 우리 마음을 비추사 주님의 뜻을 깊이 알아 가는 시간이 되게 해 주옵소서. 하나님에 대해서가 아니라 하나님을 배우게 해 주옵소서. 멀리 외국에서 온 유학생들도 있습니다. 이들에게 필요한 모든 것과 먹을 양식을 공급해 주옵소서. 학비도 채워 주옵소서. 하나님의 말씀을 잘 배우고 주님의 때에 열방에 나가 당신의 나라를 세우는 자들로 사용해 주옵소서. 예수님의 이름으로 기도합니다. 아멘."

인자한 아버지 같은 교수님의 목소리를 들은 그때, 나는 마음을 고쳐먹고 하나님이 이끄시는 믿음 수업을 청강할 수 있었다. 모든 것이 하나님의 은혜였다. 결국 학교 수업이 끝나고 돌아오는 길에 나는 선교사님을 찾아가 강의 시간에 어떤 일이 있었는지 속마음을 나누었다.

"선교사님, 드릴 말씀이 있습니다. 그동안에는 거룩한 부담감이 있었는데, 조금 전 수업 시간에 문제 해결을 받았습니다. 이 시간 이후로 하나님께 제 모든 인생을 맡겨 드리기로 결정했습니다. 오늘로서 방황에 종지부를 찍도록 할게요."

선교사님은 웃으며 나를 와락 안아 주셨다. 그러고는 오늘은 매우 기쁜 날이라며 맛있는 저녁 식사를 사 주고는 내 앞길을 축복해 주셨다. 나는 지금도 인생이 가장 힘들고 복잡할 때 만난 그 선교사님의 은혜를 잊지 못한다.

이 사건을 계기로 한 가지 분명한 믿음을 갖게 되었다. 하나님이 우리를 부르셨다면 그분이 끝까지 책임지고 당신의 길로 인도해 주신다는 것을 인생에서 체험하게 되었다. 그 은혜는 지금까지 지속되고 있다.

02 | 무엇이 더 소중한 가치인가

    나는 열아홉 살이 될 무렵 주님을 인격적으로 만났다. 처음 거듭난 크리스천이 되었을 때 책을 선물 받는 것이 너무 좋았다. 그때의 경험 때문인지, 지금도 나는 만나는 사람마다 책을 선물로 주곤 한다.

    처음 크리스천이 되었을 때 받았던 책은 후안 카를로스 오르티즈(Juan Carlos Ortiz)의 《제자입니까》(두란노 역간), 데이빗 A. 씨맨즈(David A. Seamands)의 《상한 감정의 치유》(두란노 역간)와 같은 것들이다. 특히 로버트 멍어(Robert Munger)가 쓴 《내 마음 그리스도의 집》(IVP 역간)은 영적 성장에 많은 도움을 주었다. 이 책은 구원 이후 크리스천의 점진적인 성화 과정을 다루고 있으며, 에베소서 3장 16-17절을 토대로 크리스천의 삶이 어떻게 변화되어 가는지를 은유적으로 설명하고 있다.

> "그의 영광의 풍성함을 따라 그의 성령으로 말미암아 너희 속사람을 능력으로 강건하게 하시오며 믿음으로 말미암아 그리스도께서 너희 마음에 계시게 하시옵고 너희가 사랑 가운데서 뿌리가 박히고 터가 굳어져서"(엡 3:16-17).

책의 내용을 요약하면 다음과 같다. 어느 날 주인공이 그 마음에 예수 그리스도를 모시자 그 안에 하나님 나라의 질서가 임했다. 그러나 그분과의 교제가 깊어질수록 주님은 모든 영역에서 주인이 되고 싶어 하셨다. 이에 주님은 주인공의 마음(집)을 살피며 영적이지 못한 부분을 바로잡아 주셨다. 먼저는 서재의 책, 탁자 위의 잡지 및 벽에 걸린 그림들을 보고 나쁜 생각들을 제거하라고 하셨다. 다음에는 주방으로 건너가 주인공이 자랑하는 여러 메뉴와 음식(돈, 학위, 증권, 명성과 행운)을 보고 눈살을 찌푸리셨다. 주인공이 너무 세상적이었기 때문이다.

이 책을 읽다 보면 주인공이 구원을 받았음에도 여전히 죄의 찌꺼기와 잔재들이 마음속에 있는 것을 보고 놀라게 된다. 하지만 이러한 죄들을 주님 앞으로 가지고 나아갈 때 예수님은 우리의 마음을 깨끗이 만들어 주신다.

예수님은 청소된 곳을 떠나 거실(벽난로, 의자, 책장, 소파)로 건너가 그의 마음이 여전히 세상에 있는 것을 불편해하며 그 마음을 돌이키라고 말씀하시고, 하나님 나라를 먼저 추구하라고 권면하셨다. 오락실에서는 개인적인 만족, 유흥, 오락거리로 소일하는 나쁜 습관을 고치라고 말씀하셨다. 침실에서는 하나님의 성(性)에 대한 가르침에 의문을 갖고 있던 주인공에게 건강한 이성 교제와 하나님 안에서 진정으로 하나 되는 결혼 관계에 대해 설명해 주셨다.

주인공이 자신의 집을 다 보여 드렸다며 예수님이 자신의 전부임을 고백하자, 주님은 무엇이 마음에 안 드셨는지 유독 한 장소를 오랫동안 바라보고 계셨다. 벽장이었다. 주님은 그곳을 향해 가시더니 주인공의 감추어진 삶을 더 찾아내기 시작하셨다. 당황한 주인공이 그곳만큼은 절대 열어 보실 수 없다고 저항했지만 주님은 그곳을 원하셨다. 솔직히 이렇게까지 해야 하는가 싶었지만, 주인공은 다시 용기를 내어 믿음의 서랍에서 열쇠를 꺼내 주님께 맡겨 드렸다. 열쇠를 받은 주님은 벽장을 열어 그 안에서 썩고 있던 부패한 것들을 던져 버리고 그 안을 향기로운 것들로 채워 주셨다. 이 일을 통해 깨달음을 얻은 주인공은 자신의 집문서(존재와 소유의 모든 것)를 주님께 넘겨 드리고, 주님은 그것을 기쁘게 받으셨다. 이야기는 이렇게 끝나고, 그 사람이 행복해졌을지 불행해졌을지는 독자의 판단에 맡기고 있다.

알다시피 주인공에게 벽장의 열쇠는 인생의 가장 비밀스러운 것이었다. 남들과는 공유하고 싶지 않은 매우 은밀하고 사적인 부분이었다. 이 우화적인 책이 이 부분에서 말하고자 하는 핵심 메시지는 무엇일까? 하나님은 우리 모든 것의 주인이시라는 것이다. 인생을 잘 살 수 있는 비결은 오직 하나님께 속해야 한다는 것이다. 왜냐하면 하나님은 우리의 왕이시기 때문이다. 그분의 주권과 통치는 우리 삶의 어느 한곳도 영향을 미치지 않는 곳이 없다. 그분의 절대적 주권이 우리를 다스리시도록 마음의 문을 여는 것이 합당한 도리다. 따라서 그분이 우리 삶의 모든 영역에서 주인이 되실 수 있도록 우리는 당연히 그분의 권위에 순종해야 한다. 우리 삶은 하나님이 통치하실 때에만 온전해지기 때문이다.

그러나 크리스천에게 여전히 불편한 부분들이 있다. 하나님이 그 삶에 실제로 왕이 되지 못하고 계시기 때문이다. 그러므로 하나님을 왕이라고 고백하면서 내 것을 맡겨 드리지 않는 것은 잘못된 것이다. 세상과 하나님 사이에서 갈등하는 것은 두 주인을 모시려는 것과 같기 때문이다. 결국 그것은 하나님을 부분적으로 사랑하고 있다는 증거가 된다.

우리가 크리스천이 되고도 하나님께 다 보여 드리지 않거나 다스림을 받지 않는 까닭은 무엇일까? 그것은 우리에게 어두운 부분이 있거나, 우리의 우선순위가 잘못되어 있기 때문이라고 말할 수 있다. 우선순위에 갈등을 갖고 있는 사람들은 이렇게 말할 때가 많다.

"안 돼요, 주님. 그것만은 절대 안 됩니다. 다른 것은 다 가져가셔도 이 부분에서는 저의 왕이 되실 수 없습니다."

그럴 때 주님은 이렇게 말씀하실 수 있다.

"너는 나를 왕으로 인정하느냐? 내가 너의 삶을 책임질 수 있다고 믿느냐? 너는 나를 주인이라 부르면서 왜 너의 삶(너의 모든 소유와 권리)을 온전히 맡기지 못하는 것이냐?"

그렇다. 이것이 나의 문제였고, 이것이 내 마음이 그토록 불편했던 이유였다. 구원 이후에도 여전히 마음대로 살고 싶어 믿음의 연합을 이루지 못하면, 우리는 그분과 동행할 수 없게 된다. 믿음의 연합을 이루지 못한 사람은 결혼 후에도 자기 마음대로 살고 싶어 하는 배우자와 같다고 할 수 있다.

성경은 구원받은 우리의 신분에 대해 십자가에서 과거의 나와 결별하고 옛 사람을 이미 장사지낸 자들이라 강조한다. 이미 십자가에서 죽었는데 어떻게 다시 살아나 자신의 의지를 가지고 하나님과 주도권 다툼을 할 수 있겠는가? 오히려 십자가 안에서 죽었다면 우리의 특권과 권리는 다 포기되어야 마땅한 것이 아니겠는가? 예수 믿고 구원받았음에도 자아가 살아 있다면, 그런 사람은 제대로 믿는 것이라고 말할 수 없다. 아직 구원의 의미를 제대로 이해하지 못한 것이다. 그저 죽은 척한 것이든, 잠시 기절한 척한 것이든, 죽지 않은 것이든 셋 중의 하나일 것이다.

이러한 가짜 믿음, 엉터리 신앙은 우리로 하나님 안에서 영적 열매를 맺지 못하게 만든다. 하나님이 원하시는 장성한 분량에 도달하지 못하게 만든다. 하지만 구원을 경험하고 더 깊은 믿음의 세계로 들어가기 원한다면, 우리의 궤도를 수정해서 하나님께 우선순위를 드리는 삶을 살아야 한다. 그럴 때 하나님이 우리 안에 새 일을 행하실 수 있다.

03 배가 멈춰 선 것은
다시 출항하기 위해서이다

▶

무더운 여름날 가족과 함께 바닷가에 놀러간 적이 있다. 해안가를 거닐다가 우연히 배 한 척이 갯벌에 덩그러니 서 있는 모습을 보았다. 한 척의 배가 그날처럼 유난히 처량하고 쓸쓸하게 보였던 적이 없었다. 옴짝달싹하지 못하는 폐선처럼 말이다. 그 배도 예전에는 망망대해를 마음껏 떠다녔겠지만, 그때만큼은 초라해 보였다. 바닷물이 썰물로 다 빠져나가 버렸기 때문이다.

그 장면을 통해 성령님이 나에게 말을 걸어 오시는 듯했다. 하나님을 의지하지 않고 내 힘으로 살아가려 했던 이전의 삶이 그와 같지 않았는가 하고 말이다. 주님 없는 나의 과거는 정말 그랬다. 베드로도 예수님을 만났을 때 비슷한 고백을 했다. "밤이 새도록 수고하였으되 잡은 것이 없지마는"(눅 5:5)이라고 말이다.

하나님이 없으면 평생토록 열심히 산 것 같아도 살면 살수록 손해 보는 때가 많다. 아무리 열심히 살아도 맨날 제자리걸음인 인생처럼 말이다. 산악인들은 이것을 '링반데룽'(Ring-Wanderung)이라 부른다. 산에서 길을 잃었을 때 길을 찾기 위해 몇 시간을 걸었음에도 제자리인 상황을 뜻하는 말이다. 정말 그렇다. 하나님이 없는 삶은 아무리 잘 살아 봐야 핵심이 빠져 있다는 느낌을 지울 수 없다. 그러나 하나님의 은혜는 외모나 자격이나 조건이 아닌, 그럼에도 불구하고의 사랑이다. 가치 없는 것을 먼저 사랑해서 가치 있게 만드시고야 만다. 자격 없는 인생에 은혜를 베푸시는 하나님은 생애 주기별로 밀물이 다시 차오르게 하실 때가 있다는 것을 알게 되었다.

교회 생활을 하다 보면 간혹 비은혜의 사슬에 묶여 신음하는 크리스천들이 있다. 사람들은 언제나 잘나가는 듯하지만, 실패해서 나락에 곤두박질쳐 버릴 때도 적지 않다. 메마르고 쓸쓸한 광야가 바로 그러한 인생을 대변해 준다. 광야는 우리 인생에서 가장 낮은 밑바닥이라고 할 수 있다. 되는 일도 없고, 도움의 손길도 차단되어 있다. 춥고, 배고프고, 의지할 사람도 없는 황량한 곳이다. 자기 절망과 자기 한계만 느낄 수 있는 곳이 광야다. 막상 떨어지면 당혹스럽지만, 그곳에서 깊은 하나님의 임재를 경험할 때가 있다. 하나님의 계획 안에서 말이다. 광야에서 만난 하나님은 우리를 새로운 창조 질서 속에서 다루며 새롭게 빚어 가신다. 하나님은 우리를 거룩하게 사랑하시기 때문이다. 즉 우리가 이 땅에서 잘되기보다, 영원의 세계에서 잘되기를 바라시기 때문이다.

언젠가 장례가 발생해서 성도들과 남해 먼 곳까지 집례를 위해 내려간 적이 있었다. 가족 위로 예배가 끝나자 상주는 멀리서 문상 온 우리를 따뜻하게 환대해 주었다. 그리고 식당으로 안내한 후 고인에 대해 잠깐 이야기를 나눌 줄 알았다. 그런데 고인의 삶은 짧게 언급하고 다짜고짜 자신의 삶을 나누기 시작했다. 상주가 장례식장에서 말이다.

본래 자신은 일류대를 나오고 대기업에서 승승장구하는 삶을 살았다고 했다. 남보다 두뇌가 명석해 승진도 빨랐고 나름 인정받는 삶을 살았다고 했다. 그러던 어느 날 뜻밖의 시련이 찾아왔고 경쟁자로부터 모함을 받아 먼 지방으로 좌천을 당하게 되었다는 것이다. 하소연을 해 보았지만 이미 모든 것이 결정된 후였다.

그때는 주님을 모르고 살 때여서 얼마나 분통이 터지고 자존심이 상했는지 밥이 안 넘어갔다고 했다. 매일 밤을 지새우며 고통을 술로 잠재웠다고 한다. 그런데 친한 친구가 찾아와 근처 교회에 가서 새벽 기도를 해 보라고 말하기 시작한 때부터 이상한 일이 벌어졌다고 한다. 관심도 없던 시골 새벽 기도회에서 말씀을 듣고 기도하기 시작했는데 알 수 없는 눈물이 계속해서 나더라는 것이다. 딱 한 번만 교회에 가야지 했던 것이 결국 술도 끊게 되고 마음에 평안이 오면서 오히려 기쁨이 샘물처럼 솟아났다고 한다.

그 후 지방에서 근무하는 동안 그는 새벽 기도를 단 한 번도 빠지지 않고 다녔다고 한다. 결국 그는 새벽 기도를 통해 하나님을 인격적으로 만났음을 자랑하고 싶었던 것이다. 그리고 은혜를 받고 자신의 인생을 돌아보니 자기가 왜 이곳에 왔는지를 알게 되었다는 것이다. 과거의 자신은 너무 교만한 사람이어서, 이렇게 망하지 않으면 주님을 영원히 만나지 못할 것 같으니 하나님이 그렇게 하신 것이라 했다. 높아진 자아를 꺾고 세상적인 마음을 버리니 그곳이 천국이었다고 간증했다. 나중에 회사에서 서울로 불러올려 복귀도 시켰다고 하니 하나님이 하시는 일은 정말 놀라울 따름이다. 이처럼 하나님은 우리를 거룩하게 사랑하시는 분이다. 세상의 때를 벗기고 새로운 통치 안으로 들어가게 하시는 분이다.

우리가 받은 구원은 몇 번을 생각해 보아도 신비에 가깝다. 그 신비를 이렇게도 생각해 볼 수 있지 않을까?[21] 어느 날 한 위대한 조각가가 길을 가고 있었다고 생각해 보자. 얼마쯤 갔을 때 그 조각가의 눈에 아궁이 속에서 불타고 있는 나무들이 보인다. 그는 타고 있는 나무를 불 속에서 황급히 꺼내어 불을 끄고, 검게 타 버린 나무를 집으로 가져가 그것을 다듬기 시작한다. 오랫동안 타 버린 그을음을 벗기고, 대패질하고, 끌과 정으로 이곳저곳을 다듬고 색을 칠한 뒤 마침내 멋진 작품을 만들어 내고야 만다. 그 위대한 조각가는 완성된 작품을 보고 매우 흐뭇해한다. 이처럼 구원은 이벤트나 사건 정도가 아니다. 그 이상이며 놀라운 신비에 가깝다. 불타는 아궁이에서 건져 내고 끝나는 것이 크리스천의 구원이 아니라는 것이다. 구원은 처음부터 끝까지 하나님의 주도로 이루어지며, 세상적인 모습을 벗겨 낸 후 마침내 당신의 형상대로 만들어 가신다.

그런데 우리는 왜 위대한 결단 이후에도 계속 성장하지 못하는 것일까? 구원은 사건 이상임에도 불구하고 이것을 하나의 이벤트쯤으로 생각하고 있기 때문은 아닐까 생각해 보아야 한다. 구원을 하나의 사건으로 생각하는 사람은 마치 결혼식을 마치고 신혼부부가 각자의 자리로 돌아가 혼자만 신나고 혼자만 기쁘게 살려는 것과 같다. 하지만 결혼식 이후 자기 마음대로 사는 것은 진정한 사랑이라 말할 수 없다. 사랑에는 책임과 헌신이 따르기 때문이다. 결혼 생활에 기쁘고 좋은 일만 있는 것은 아니다. 아픔과 고통과 슬픔이 잊을 만하면 찾아온다. 이때 진정한 사랑은 아무리 어려운 일이 닥쳐도 수고하고 헌신하고 책임을 다하

---

21 박영선, 《구원 그 즉각성과 점진성》, p. 20.

는 것이다. 남녀 모두가 그렇게 할 때에만 언약 관계가 바로 설 수 있다. 그 럼에도 불구하고 현대인들은 결혼식만 끝내고 자기 마음대로 살려는 사람처럼 행동하는 듯하다. 마치 모세가 시내 산에서 하나님의 말씀을 듣고 있는 동안 금송아지를 만들어 우상을 숭배하려 했던 이스라엘처럼 말이다(출 32:1-35). 하나님과의 새로운 관계로 들어간 이상 우리는 옛 잔재를 청산해야 한다. 새로워진 관계성 안에서 하나님의 뜻을 알아 가야 한다. 거짓 신들과 우상을 버리고 하나님과의 친밀한 언약 관계를 기억해야 한다.[22]

이런 의미에서 우리가 하나님으로부터 받은 구원은 결코 단선적이지 않다. 그것은 다이아몬드의 여러 입체적 모습과도 같다. 우리에게는 한 면만 보일지 몰라도, 구원의 하나님은 전지전능하며 무소부재한 특별한 성품을 지니고 계시다. 하나님의 성품은 우리와 공유되는 부분도 있으나, 성경은 비공유적 속성도 있음을 말하고 있다. 구원이 인간의 이성으로 다 깨달아지지 않는 것도 이러한 영원한 하나님의 성품과 관계가 있다. 성경에서 구원의 시제가 과거, 현재, 미래로 다양하게 묘사되고 있기 때문이다. 그래서 '칭의'는 과거에 단번에 받았으므로 현재에는 하나님과의 관계를 무시한 채 내 마음대로 살아도 미래에는 확실한 구원이 주어질 것이라는 논리는 지극히 편협한 생각에 불과하다. 광대하신 하나님은 더 높은 차원과 시간에서 영원으로의 구원을 설명하신다. 만일 우리의 구원이 하나의 시제로만 해석될 경우 다분히 오해의 소지가 생길

---

22 도널드 맥컬로우, 《내가 만든 하나님》(서울: 그루터기하우스, 2007). 이 책에서 도널드 맥컬로우(Donald W. McCullough)는 출애굽기 본문을 가지고 상황과 입맛에 따라 이스라엘의 하나님을 자기만족의 도구로 여기는 신앙의 위험성을 강하게 전달하고 있다. 우리가 만든 우상의 특성에 대해 깊이 연구해서 출간한 크리스토퍼 라이트, 《이것이 너희의 신이다》(서울: IVP, 2022), pp. 31-60를 참조하면 더 유익할 것이다.

수 있다. 성경적 칭의는 그 안에 과거, 현재, 미래가 포괄적으로 들어가 있기에 '칭의'와 '성화'를 분리시키는 것은 잘못된 것이다.[23]

종래의 구원론은 이러한 부분에 약점이 있었다. 즉 크리스천의 구원의 과정을 좀 더 알기 쉽게, 시간적인 순서가 아닌 논리적으로 이해하기 쉽게 '구원의 서정'(Ordo Salutis/The Order of Salvation)을 만들었으나 결국 칭의와 성화를 분리시키는 오해를 불러일으키고 말았다(구원의 아홉 가지 순서는 분명 유익과 가치가 있으나, 한계가 있는 것 또한 사실이다. 1. 소명[부르심] 2. 중생[거듭남] 3. 회개[돌이킴] 4. 믿음 5. 칭의[의롭게 됨] 6. 양자 7. 성화[거룩하게 됨] 8. 견인 9. 영화). 엄밀한 의미에서 우리의 구원은 시간과 논리적 순서를 훨씬 뛰어넘는다. 왜냐하면 구원 이후 우리는 시간의 나라에서 영원한 나라로 옮겨지는 것이기 때문이다.

한국 교회는 언제부터인가 논리적인 강조를 강화하려다 본래의 뜻과 다르게 칭의(믿음)에서 성화(행위)를 분리시키는 오류를 범하고 말았다. 이로써 종교 개혁의 후손들인 한국 교회는 본의 아니게 이단과 사이비 단체들에게 빌미를 제공해 준 꼴이 되었다. 구원을 오해하는 자들이 이 곳저곳에서 악영향을 미치면서 성도들을 혼란에 빠뜨리는 우를 범하게 만들었다. 마치 믿음으로 구원을 받는다고 하니 한 번 믿으면 이후의 행위는 장래의 구원에 전혀 영향을 미치지 못한다고 착각하며 살도록 한

---

23 김세윤, 《칭의와 하나님 나라》(서울: 두란노, 2020). 김세윤 박사는, 처음에는 그가 '바울 복음의 기원'에서 주장한 전통적인 종교 개혁의 입장에서 선회하여, 오늘날 개신교의 이신칭의 개념은 성화의 삶이 분리된 바울의 칭의 개념으로 변질되었다고 분석하며 이는 성경적인 바울 신학이 아니라고 비판했다. 그리고 구약의 언약 사상에 비추어서 바울의 복음을 재해석한 뒤 '바울의 복음'을 예수가 완성한 하나님 나라의 복음의 개념으로 확장시켜 제시하고 있다. 이에 대해 전통적인 보수 신학에서는 김세윤 박사의 입장을 종교 개혁 신학에서 벗어난 바울의 새 관점학파의 견해를 따른 절충주의 내지 유보적인 행위 구원론이라 비판하기도 한다.

것이다. 하나님과 아무런 관계성도 없으면서 말이다.

현재의 구원을 무시한 미래의 구원은 자칫 미래적 종말론만 강조하여, 마치 생명 보험을 들어 놓은 것처럼 세상에서 하나님 나라를 위해 무책임하게 살아도 된다는 소지를 갖게 해 조심해야 한다. 이러한 구원론은 잘못된 신호를 보내, 자칫 구원을 얻은 뒤 마음대로 살다가 죽기 직전 거룩한 신부의 모습으로 단장하지 못한 채 주님 앞에 서게 할 수도 있다. 행위 없는 구원이 한국 교회에 활보하는 이유는 이러한 원인이 적지 않은 역할을 한 것으로 보인다. 칭의와 성화와 영화를 각각 분리해서 생각하니 서로 유기적이지도 않고 반쪽 진리로 이해하게 만들어 구원의 방종을 가져오게 된 것이다.

이런 의미에서 나는 '구원'이란, 사건인 동시에 '언약 관계'로 보는 것이 가장 타당하다고 생각한다. 성경적 구원론은 믿음의 사건 이후 '이미'와 '아직'의 하나님 나라로 이동한다. 거기서 하나님은 내 삶의 왕이 되시고, 우리는 그분의 신실한 백성으로서의 책임과 의무를 지니게 되면서 구원 이후에도 지속적으로 순례자의 길을 걸어가게 되는 것이다. 이 말은, 두 세계의 가치 체계에서 크리스천의 삶은 우선순위 문제로 갈등하면서도 의의 선택을 통해 하나님의 뜻에 순종할 수 있다는 것을 의미한다. 하지만 아직 연약해서 여전히 세상적인 것에 마음을 빼앗기고 살아가는 이들이 있다. 우선순위의 경계를 모호하게 하면서 말이다.

찰스 스윈돌은 《은혜의 각성》이라는 책에서 잘못된 구원론을 설명하며 두 노예의 비유를 언급한다.[24] 그 내용은 다음과 같다. 1865년 12월

---

24 찰스 스윈돌, 《은혜의 각성》(서울: 죠이선교회, 2017), pp. 111-132. 찰스 스윈돌(Charles R. Swindoll)은 개신교 교회가 종교 개혁 이후 크리스천들의 자유를 오해해서 다시 율법주의로 회귀하는 것을

18일, 에이브러햄 링컨(Abraham Lincoln)이 남북 전쟁을 승리로 이끌며 노예를 공식적으로 해방시키자, 미합중국에서는 모든 노예 문서가 소각되고 노예들에게 자유가 주어졌다. 하루아침에 자유가 법으로 선포되었지만 현실은 달랐다. 내전이 지속되었고, 자유와 해방을 만끽한 노예들은 두 가지 양태로 나타났다. 그들은 모두 천지개벽한 세상에서 극심한 정체성의 혼란을 경험하고 있었다. 예컨대, 한 노예는 "이제부터 나는 자유인이다"라고 외치며 속박으로 제대로 누리지 못했던 삶을 술과 도박과 방탕과 방종으로 대신해 살아가는 반면, 다른 노예는 오랜 종노릇과 노예 생활 때문에 해방 뒤에도 여전히 악독한 주인을 무서워하며 정신적으로 얽매여 그 아래에서 도망가지도 못하고 있었다. 그래서 그는 두려운 주인에게 찾아가 다음같이 부탁했다고 한다.

"주인님, 우리 가족은 주인님이 너무 좋습니다. 지금이 행복하니 주인님 곁에서 떠나지 않게만 해 주십시오."

이 두 노예는 오늘날 크리스천의 정체성에 대해 많은 것을 암시해 준다. 이들은 왜 크리스천들이 세상 속에서 죄와 유혹에 넘어지고 승리하지 못하는지를 보여 주고 있다. 도대체 구원받은 사람은 어떻게 죄에서 벗어나 하나님의 자녀답게 살아갈 수 있는 것인가? 구원 이후 크리스천의 삶에 대해 글을 써 온 필립 얀시(Philip Yancey)는《놀라운 하나님의 은혜》에서 '이미'와 '아직'의 두 세계를 죄의 중력과 은혜의 양력으로 묘사

매우 우려 섞인 목소리로 걱정하고 있다. 십자가를 믿는 크리스천들이 어둡고 기쁨이 없고 엄숙하고 근엄한 것을 기독교의 경건으로 착각하고 있다고 지적하면서 오히려 기독교의 본질인 자유의 능력, 기쁨의 능력, 성령의 충만을 회복해야 한다고 주장한다. 이와 비슷한 주장을 내세우는 사람으로는 존 파이퍼(John Piper), 존 스토트, 김형익 등이 있다.

했다.[25] 구원 이후에도 크리스천들은 여전히 흔들릴 수 있다. 세상의 죄에는 크리스천을 끌어당기는 중력의 세력이 있기 때문이다. 그러나 하나님 나라와 은혜는 하늘로 떠오르는 양력과 부력의 추진력과도 같다. 대개 비행기는 시속 400킬로미터가 되면 바퀴가 접히고 창공으로 힘차게 날아오른다. 알다시피 하늘을 날면 땅의 모습과 하늘의 대기 상태는 전혀 다르다는 것을 알게 된다. 크리스천의 삶이 이와 같다. 이 땅에서는 아무리 벼락을 동반한 천둥번개가 치더라도, 하늘 궤도에 진입하면 맑고 화창하고 고요하다 못해 청명하기만 하다. 아무리 땅에서 중력의 법칙으로 기체를 끌어당긴다 하더라도 비행기는 추락하지 않는다. 그 이유는 중력의 힘보다 양력의 힘이 더 크기 때문이다.

구원 이후 크리스천의 삶이 이와 같아야 한다. 크리스천에게는 성령의 능력으로 세상의 죄를 이길 수 있는 힘이 주어졌다. 무엇이 나의 뜻이고 무엇이 하나님의 뜻인지 분별할 수 있는 능력이 생겨났다. 예수가 가져온 하나님 나라와 십자가의 사건을 통해서 말이다. 아담의 원죄와 절대적인 죄는 이제 효력이 끝났다. 그러나 나는 여전히 세상에 남아 있으며, 육신은 성령을 거스르는 풍조 안에서 살아가기에 상대적인 죄를 극복하기 위해서는 성령의 뜻에 순종해야 한다. 바로 말씀의 권위에 순종하고 주님을 따르기로 하면 죄의 극복은 가능해지게 된다. 성령과 함께 살아가면 의의 열매를 맺게 되어 있다.

나는 전임 사역을 하기 전 한 교회에서 파트타임 전도사로 2년쯤 사역을 한 경험이 있다. 개인적으로 더 공부에 집중하고 싶어 '준 전임'이

25 필립 얀시, 《놀라운 하나님의 은혜》(서울: IVP, 2009), p. 320.

라는 타이틀로 1년 정도 더 사역을 했었다. 너무 따뜻하고 좋은 교회여서 개인적으로 하나님께 감사했다. 그런데 시간이 지날수록 무엇보다 기억에 남는 것은 나의 신분에 대한 것이었다. '준 전임'을 영어로 표기하면 'Half Time Pastor'(하프타임 목사)가 된다는 것을 그때 처음 알게 되었다. 하프타임은 파트타임과 풀타임 사이 아주 모호한 신분으로, 일주일 중 3일만 출근해서 사역하면 되었다. 사례비도 파트타임과 풀타임의 정확히 절반 정도가 나왔다. 권리는 반이지만 책임이 없어서 세상에 이보다 편한 사역이 있을까 싶었다.

하지만 더 정확한 '하프타임'의 의미는 스포츠 용어에서 비롯되었다. 스포츠 경기에서 하프타임이란 '작전 타임'을 의미한다. 개인적으로 나는 이 작전 타임이라는 용어가 무척 마음에 든다. 예를 들어, A매치 정도 되는 중요한 국가 대표 급 축구 경기가 있다고 생각해 보자. 팽팽하던 전반전이 끝나고 이제 후반전이 시작될 무렵, 각 팀에게는 15분씩 브레이크타임이 주어진다. 그 짧은 15분은 선수와 코치진들에게 질적으로 전혀 다른 시간이 될 수 있다. 이 작전 타임을 어떻게 활용하느냐에 따라 경기의 흐름이 완전히 뒤바뀔 수 있다고 전문가들은 이야기한다.

성경에도 하프타임과 매우 유사한 개념이 있다. 성경은 이를 '광야'라는 말로 표기한다. 의미론적으로 거의 동일하게 사용된다고 해도 무방하다. 하나님을 만나기 전에는 인생을 내가 주인인 것처럼 살아왔는데 성경은 그 시간을 광야와 같다고 말한다. 아무리 노력해도 되는 것이 없고 모두 실패하기만 했다. 하나님 없이 살았던 과거에는 세상에 끌려 다녔다. 하지만 우리 삶에 하나님이 개입하심으로 우리는 인생 역전을 경험하게 되었다. 그리고 마침내 하나님의 코칭(인도하심)으로 불리한 경기를 단번에 역전시킬 수 있는 기회를 얻고야 말았다. 이것은 전적으로 하나님의 은혜라 할 수 있다.

"모든 것을 얻어도 하나님이 없다면 실패한 인생이고, 모든 것이 없어도 하나님만 있다면 그것은 성공한 인생이다"라는 말처럼, 하나님 앞에서 성공이란 하나님을 의지하는 자들의 것이다. 세상의 방식으로 살아가는 삶이 아닌 것이다. 그래서 하나님은 우리를 거룩하게 광야에서 만나 주신다. 거기서 세상을 의지하던 삶을 벗어나게 하시고, 우리를 낮추고 겸손하게 하시어 당신이 원하는 삶으로 살아가게 하신다.

그런데 천국으로 이사를 했음에도 아직 우리에게는 세상을 동경하고 그리워하는 죄성이 남아 있다. 그래서 크고 작은 광야를 다시 지나가게 하신다. 세상의 오염된 불순물과 찌꺼기들을 제거하기 위해 광야로 들어가게 하신다. 이러한 이유 때문에 성경은 종종 하나님과 인간을 토기장이와 토기로 묘사할 때가 있다(렘 18:1-12; 롬 9:19-21). 우리는 하나님의 손에서 계속 다듬어지고 새롭게 창조되어 가는 중이다. 우리는 지금도 공사 중이며, 다듬어지고 부서지고 으깨어지고 아로새겨질 만큼 아프게 조각되어 가고 있다. 이 정도면 다 되었다 싶어도 하나님 앞에서는 소용없다. 하나님은 우리를 구원 이후에도 계속해서 온전하게 만들어 가신다. 다시 우리를 진흙 통에 넣어 짓뭉개고, 가는 체로 굵은 자갈들을 걸러 내기도 하신다.

《자존감 수업》(심플라이프)으로 널리 알려진 윤홍균은 《사랑 수업》(심플라이프)에서 진정한 사랑에는 권태기가 올 수밖에 없다고 말한다. 저자에 따르면, 혹 어떤 사람은 사랑에 왜 권태기가 필요할까 질문할 수 있겠지만, 권태기라는 말 자체에 부정적인 의미만 있는 것은 아니라고 강조한다. 우리 생각에 권태기가 없으면 행복할 것 같지만, 그러한 삶은 이기적이고 미성숙한 사랑에 머물러 있게 할 것이다. 갈등이 없이는 완전한 사랑에 이를 수 없기 때문이다. 사람들은 메마르고 거칠고 칠흑 같은 어둠의 시간을 통해 더 성숙하게 가꾸어 갈 수 있기 때문이다.

한번 생각해 보자. 어떻게 사람이 365일, 24시간 쉬지 않고 감정적인 사랑만 할 수 있겠는가? 어떻게 사람이 한 번도 떨어지지 않고 계속해서 붙어 다닐 수 있겠는가? 자유 없이 나만 바라보도록 감시하면서 말이다. 그것은 영혼이 없는 기계와의 로봇 사랑에 지나지 않을 것이다. 게다가 자유의지를 지닌 남녀가 같이 살면서 서로 갈등이 없다면 그것이 진정한 관계성이라고 말할 수 있을까? 윤홍균은 절대 그럴 수 없으며, 신은 우리를 그렇게 만들지 않았다고 한다. 이를테면, 너무 사랑해서 잠잘 때도 심장이 빠르게 뛰고, 공부할 때도 감정이 흥분되고, 밥 먹을 때도 육체적인 사랑만 솟구쳐 오른다면, 그것은 병이지 사랑이 아닐 것이다. 그러한 사랑은 오히려 불행하고 말 것이다. 그래서 창조주가 연약한 인간에게 권태기를 두었다는 것이다. 권태기는 에어컨으로 말하자면 일종의 '냉각 장치'와 같다. 서로 뜨거운 사랑에 잠시 한 발 뒤로 물러서서 자신의 부족함을 성찰하고 이타적으로 변해 가는 시간이 권태기라는 것이다. 이런 의미에서 권태기는 긍정적인 것도, 부정적인 것도 아니다. 그리고 이 갈등을 잘 처리하면 더 완전한 사랑에 도달하게 된다. 나는 이 말에 무척 공감이 되었다.

이 책의 서론에서 나는 하나님과 우리의 관계를 언약 안에서 부부와 같다고 언급했다. 구원이란 하나님과의 관계가 올바르게 회복되는 것이다. 그런데 구원 이후의 삶에서 우리는 하나님께 부족한 모습을 보일 때가 많다. 책임과 헌신을 보이지 못할 때가 많이 있다. 하나님의 주권을 인정하지 않고 세상에서 살던 모습대로 살아가려 할 때가 많다. 하나님은 고치라고 하시지만 우리는 잘 듣지 못한다. 우리 안에는 여전히 옛사람이 남아 있기 때문이다. 그래서 우리에게도 거룩한 권태기가 필요할지 모른다. 세상에서 살던 모습을 내려놓게 하기 위해서 말이다.

광야를 제대로 이해하고자 한다면 반드시 출애굽기와 민수기를 읽어보아야 한다. 성경에서 출애굽기와 민수기보다 광야의 의미를 더 잘 설명해 주는 책은 없기 때문이다. 하나님은 아브라함과의 약속을 기억하고 언약을 통해 이스라엘을 구원하셨다(출 2:24-25). 그런데 아브라함의 언약 이후 이스라엘 민족을 통한 약속이 성취되기까지 무려 400년 동안 준비하셨다. 마침내 구원의 때가 다가오자 하나님은 당신의 구원을 실행할 한 사람을 찾으셨다. 그가 바로 '모세'라는 그 시대의 전형적 인물이었다.

모세의 시대에 이스라엘은 큰 위기 가운데 있었다. 이스라엘을 미워하는 애굽의 바로가 통치를 시작했기 때문이다. 이스라엘의 운명처럼 모든 사내아이를 죽이라는 명령이 떨어졌을 때 모세는 갈대 상자에 담겨 나일 강에 띄워지게 되는데, 이는 하나님의 놀라운 섭리였다. 그리고 우연히 바로의 공주에 의해 건짐(구원)을 받게 하신다(이것은 장차 출애굽기에서 전개될 이스라엘 구원의 복선에 해당한다). 이후 하나님의 뜻을 모르고 장성한 모세는 자신의 동족인 히브리인들의 고통을 보고 자기 힘으로 이스라엘을 구원하고자 한다. 결국 그는 그 일로 쫓기는 신세가 되어 40년을 광야에서 지내게 된다. 인간적인 분노와 혈기 때문에 그는 광야에서 옛 사람을 죽이는 훈련을 받게 된다. 이것은 하나님의 일에 세상의 방법이 얼마나 독이 되는지를 잘 보여 준다.

인간적으로 바닥이 드러나고 아무 쓸모없어 보이는 80세가 될 무렵, 하나님은 다시 모세에게 찾아와 거룩한 소명을 주신다(출 3:1-12). 불붙은 떨기나무 아래에서 하나님은 모세에게 '네 신을 벗으라'고 말씀하신다. 고대세계에서 신을 벗는 것은 주인 앞에서 종이 하는 행위였다. 하나님은 거기서 인간적인 힘으로 살면 불타다가 없어지지만, 하나님이 주신 능력으로 살면 영원히 꺼지지 않게 된다는 하나님 나라의 비전을 보게 하신다.

소명을 받은 이후 모세는 하나님만 바라보는 연습을 했다. 이것을 알게 하기 위해서 40년 동안의 광야 생활이 필요했던 것이다. 사람이 보기에 아무리 외적인 능력이 준비되었다 해도, 속사람이 준비되지 못하면 하나님 나라에 적합한 인물이 될 수 없다. 그래서 하나님은 광야에서 그의 옛 성품을 죽이고 새사람으로 거듭나게 만드셨다. 이처럼 광야는 우리를 새롭게 하고 하나님을 그분의 뜻대로 사랑할 수 있게 만드는 장소다.

〈광야를 지나며〉(장진숙 작사, 작곡)라는 찬양에는 아름다운 노랫말이 나온다. 그 내용은 다음과 같다.

> 왜 나를 깊은 어둠 속에 홀로 두시는지
> 어두운 밤은 왜 그리 길었는지
> 나를 고독하게 나를 낮아지게
> 세상 어디도 기댈 곳이 없게 하셨네
> 광야 광야에 서 있네
> 주님만 내 도움이 되시고
> 주님만 내 빛이 되시는
> 주님만 내 친구 되시는 광야

스스로를 자신의 비참한 상황에서 구원할 수 없던 이스라엘은 하나님의 일방적인 간섭으로 극적인 구원을 경험했다. 구원은 인간의 노력으로 이룰 수 없다. 그것은 나보다 강한 제3의 능력이어야 하며, 반드시 타력 구원이어야 한다. 하나님은 이스라엘을 당신의 이름을 위해 구원하신 것이다. 하나님은 우리가 하나님의 뜻대로 살아갈 때 가장 합당한 영광을 받으신다. 이처럼 하나님이 이스라엘을 구원하신 것도 하나님만 의지하며 살게 하기 위해서였다. 그들은 다른 신을 두거나 의지해서는 안 되었다. 왜냐하면 이스라엘은 하나님의 능력으로 홍해를 건넜기 때문이다. 이러한 이스라엘이 다른 신을 섬긴다는 것은 구원의 정신에 위배된다.

나는 이 출애굽 구원의 사건을 떠올릴 때마다 항상 한 미국 침례교회의 침례식(세례식) 장면이 생각난다. 배경 음악으로 〈You raise me up〉의 가사가 울리고, 아주 은혜로운 분위기 속에서 침례 예식이 축제처럼 진행된다. 성례가 시작되자 집례 목사는 기도 후 침례자의 몸을 그대로 물속에 수장시킨다. 코를 막게 하고 말이다. 그때 침례 받는 사람은 물속에 완전히 잠긴다. 이 감동스러운 순간은 영적으로 매우 드라마틱한 장면이다. 이는 우리의 옛 사람이 십자가에서 죽고, 새사람이 십자가에서 부활하는 장면을 나타내기 때문이다.

이스라엘이 홍해를 건너는 사건은 세례의 장면을 떠오르게 한다. 구약은 이스라엘이 세례를 받아 애굽의 삶이 수장되고 약속의 땅의 새로운 삶이 밝아 오는 이미지를 보여 준다. 바울도 고린도전서 10장에서 "우리 조상들이 다 구름 아래에 있고 바다 가운데로 지나며"(고전 10:1)라는 구절을 통해 세례 후 믿음을 가지게 되는 것처럼 묘사하고 있다.

구원 이후 이스라엘은 바로 가나안 땅으로 들어가지 못하고 '바란', '가데스바네아', '신', '모압' 광야를 통과했다. 그곳에서 옛 사람의 기질로 하나님의 마음을 아프게 하면서 말이다. 거기서 끊임없는 우상 숭배와 불순종으로 하나님의 심판을 받기도 했다. 그들은 구원 이후에도 노예근성 때문에 하나님보다 애굽을 그리워하며 돌아가고 싶어 했다. 하나님의 뜻보다 자신이 원하는 금송아지 우상을 만들어 하나님을 조종하고 싶었기 때문이다. 한마디로 그들은 출애굽 신앙의 정체성을 잃어버리고 죄악된 본성으로 돌아가 죄와 유혹에 흔들리고 있었던 것이다. 이러한 죄의 습관을 보신 하나님은 광야 생활을 통해 그들을 새롭게 창조하기 원하셨다. 그래서 가나안에 들어가기까지 무려 40년이나 광야에서 낮아지게 하셨다.

신명기 8장 2-3절은 이스라엘의 광야 생활의 이유가 훈련에 있다고 강조한다. '영혼의 하프타임'이라고 부르면서 말이다.

> "네 하나님 여호와께서 이 사십 년 동안에 네게 광야 길을 걷게 하신 것을 기억하라 이는 너를 낮추시며 너를 시험하사 네 마음이 어떠한지 그 명령을 지키는지 지키지 않는지 알려 하심이라 너를 낮추시며 너를 주리게 하시며 또 너도 알지 못하며 네 조상들도 알지 못하던 만나를 네게 먹이신 것은 사람이 떡으로만 사는 것이 아니요 여호와의 입에서 나오는 모든 말씀으로 사는 줄을 네가 알게 하려 하심이니라."

그 시간은 무척 힘들었겠지만, 나중에는 반드시 영혼의 보약이 되고 말 것이다.

해석하기 어려웠던 지나온 삶도 광야를 지나다 보면 해석되기 시작한다. 하나님이 우리를 새롭게 창조하고 계시기 때문이다. 그 시간은 세상의 질서를 벗어나 하나님 나라로 들어가는 주권 전이의 시간과도 같다. 세상의 가치관에 지배를 받아 온 삶은 하루아침에 달라지지 않기 때문이다. 우리는 광야를 통해 나는 아무것도 할 수 없고 오직 하나님만 구원자가 되심을 믿음으로 알아야 한다. 이로써 우리는 하나님의 백성답게 영적인 존재로 새롭게 거듭나게 된다. 그래서 사람이 떡으로만 사는 존재가 아니라 말씀으로 살아가는 영적 존재임을 알게 하고 싶으셨던 것이다. 이는 나의 뜻을 꺾고 하나님의 뜻에 순종할 때 가능한 삶이다.

04 ‖ 내 속에 마더 테레사와 히틀러[26]가 있다

칭의를 통해 구원받았다고 현재의 육체(flesh)의 죄까지 단번에 사라지는 사람은 없다. 그것은 전적으로 구원받은 우리가 은혜의 복음에 반응하는 훈련의 정도에 정비례한다. 이러한 이유 때문에 우리는 성화의 과정에서도 끊임없이 주님을 의지해야 한다. 찰스 스윈돌이 묘사하듯, 우리 영혼은 구원받았지만 육신과 옛 자아가 내 안에 공존하고 있기 때문이다. 마치 거대한 창을 맞고 포획된 고래의 힘이 약해지고 있을 지라도 아직 힘이 남아 있는 꼬리에 잘못 맞으면 죽을 수도 있는 것처럼, 죄는 매우 조심히 다룰 필요가 있다. 너무 무시해도 안 되고, 너무 두려워해도 안 된다. 누군가 이 사실을 무시하고 구원 이후 자신은 죄를 지을 수 없다고 생각한다면, 그는 이단아가 되고 말 것이다.[27]

---

26 《인생 수업》(서울: 이레, 2014)의 작가인 엘리자베스 퀴블러 로스(Elizabeth Kubler Ross)는 우리 안에 '간디(선한 본성)와 히틀러(악한 본성)'가 있다고 관찰했지만, 혜민은 그의 책 《멈추면, 비로소 보이는 것들》(서울: 쌤앤파커스, 2012)에서 이를 '마더 테레사와 히틀러'로 변형해 표현한 바 있다. 이 책에서는 그의 언어를 약간 변형해서 차용했음을 미리 밝혀 둔다.

27 최근에 한국 교회의 영향력 있는 설교가들과 신학자들이 성화의 문제를 다양한 시각에서 재해석하고 있다. 조현삼, 《목사님, 구원이 헷갈려요》(서울: 생명의말씀사, 2014), pp. 62-85; 김형익,

하나님의 은혜로 구원을 받았다면 그 구원에 감사해 지속적인 교제와 믿음의 언약 안에서 살아가야 한다. 매 순간 하나님의 주권을 인정하면서 말이다. 구원이란 하나님을 믿는 신념을 가리키는 것이 아니라, 하나님이 십자가에서 이루신 일을 겸손히 수용하고 받아들이는 것이다. 그리고 하나님을 내 삶의 왕으로 모시고 그분의 통치를 받게 되면 그분과 동행하며 죄와 싸워 승리할 수 있게 된다. 문제는 예수를 통해 이미 시작된 하나님의 구원이 아직 완성되지 않고 있다는 것이다. 구원의 이미와 아직 사이에서 내 영혼은 이미 구원받았지만 육체는 아직 남아 있기에 육체의 일과 성령의 일이 함께 이 땅에서 살아갈 수밖에 없다. 완전한 구원은 죽음 이후에 가능하다. 영적인 세계에 산다고 해서 현실 세계를 무시해서는 안 된다. 우리의 발은 이 세상에 속해 있으나 우리의 시선은 본향과 천국을 바라보며 하나님 나라를 위해 살아가야 한다. 비록 세상의 죄와 유혹이 우리를 계속 넘어뜨리려 할지라도 말이다.

'이미'와 '아직'의 긴장 관계에서 가장 중요한 것은 크리스천의 우선순위다. 하프타임 크리스천들에게 가장 취약한 부분이 바로 이 우선순위다. 늘 넘어지고 실패하고 갈등하는 때가 하프타임 시기다. 우리는 우리의 몸을 죄의 병기로 드려서는 안 된다. 성령의 도우심을 통해 의의 병기로 드리고 말씀에 순종하며 살아가야 한다.[28] 그것이 하나님의 사랑

《율법과 복음》(서울: 두란노, 2018); 박한수, 《내가 구원받은 줄 알았습니다》(서울: 두란노, 2019); 권연경, 《행위없는 구원?》(서울: SFC, 2015); 김동춘 책임 편집, 《칭의와 정의》(서울: 새물결플러스, 2017), pp. 172-197. 특히 이 책에서는 최흥식의 글을 주목해 보라. 칭의와 하나님의 신실하심, 새 관점학파의 논의를 중심으로. 위의 모든 책에서 참된 믿음과 행위의 관계성에 대해 열띤 논쟁을 하고 있는 것을 알 수 있다.

28 김형익, 위의 책, pp. 53-83. 복음의 본질에 대해 명쾌하게 설명하는 저자는 로마서 6장 2절에 나오는 '죄에 대하여 죽은 자'에 대한 한국 교회 안의 위험한 해석 세 가지를 경계하고 있다. 한국 교회 강단에서 흔하게 일어나는 해석학적 오류에 대한 반박으로 첫째, 로마서 6장 2절의

에 반응하는 우리의 마땅하고 책임 있는 자세이기 때문이다. 만일 이것을 모르고 하나님과 세상 사이에서 우선순위 문제에 실패하면 매일 광야에서 방황하는 크리스천으로 전락해 버리고 말 것이다. 출애굽한 이스라엘이 홍해를 건넌 후 영적 우선순위 문제를 따르는 데 실패한 사례처럼 말이다. 그들의 생각에 홍해만 건너면 다 해결될 줄 알고 하나님을 의지하지 않다가 그렇게 된 것이다.

팀 켈러(Tim Keller)는 《팀 켈러의 내가 만든 신》에서 구원받은 크리스천의 삶에도 육체의 본성 안에 우상이 얼마나 교묘하게 다가오는지를 설명하고 있다. 그는 이 책에서 크리스천도 세상 사람들처럼 얼마든지 죄의 유혹에 속을 수 있으며, 예외인 사람은 없다고 말한다. 구원의 이미와 아직의 두 세계 사이에서 사람의 마음은 우상 공장과 같아서 우리도 얼마든지 속아 넘어갈 수 있다는 것이다. 그러나 팀 켈러는, 우상은 나쁜 것으로 나타나기보다 좋아 보이는 것이 더 우상이 되기 쉽다고 설명한

'죄에 대하여 죽은 우리'라는 구절은 완전한 성화를 말하려는 것이 아니다. "하나님께로부터 난 자마다 죄를 짓지 아니하나니 이는 하나님의 씨가 그의 속에 거함이요 그도 범죄하지 못하는 것은 하나님께로부터 났음이라"(요일 3:9)의 구절에서 '죄를 짓다'라는 의미는 '습관적으로 죄를 짓다', '죄 속에서 살다', '죄를 짓는 것에 삶의 경향성이 있다'는 의미로, 거듭난 뒤에 완전히 죄를 짓지 않는 상태가 된다는 말이 아니다. '계속 죄를 지으며 그곳에 머물 수 없다'로 보는 해석이 바람직하다. 이처럼 로마서 6장 2절도 이와 같은 의미로 해석해야 한다. 둘째, '죄에 대하여 죽은 우리'라는 구절은 신자가 깊은 신앙생활을 하기 위해, 그 명령에 순종하기 위해 죄에 죽는 연습을 하라는 것이 아니다. 앞선 구절에서 신자는 이미 '죄에 대하여 죽은 자'라고 선언하기 때문이다. 이미 죽은 사람은 다시 죽을 수 없다. 이는 바울 서신의 명령법이 아니라 구원의 직설법에 대한 확증임을 확인해야 한다. 셋째, 이 구절은 이상한 단체의 신비한 체험과 경험 따위를 언급하려는 것이 아니다. 로마서 6장은 체험이나 신비한 경험을 말하고 있지 않다. 오히려 그리스도 안에서 이미 일어난 신비한 믿음의 연합과 사실을 강조하고 있다. 복음을 믿고서도 왜 주님을 사랑하지 못하는가 하며 자신을 정죄하고 자책하는 것을 볼 수 있다. 그러나 김형익에 따르면, 내가 주님을 얼마나 사랑하는가보다 주님이 나를 얼마나 사랑하시는가에 초점을 맞추어야 한다고 일갈한다. 결론적으로 앞의 세 가지 해석학적 오류는 모두 바울 신학에서 벗어나 구원의 직설법(칭의)과 명령법(성화)의 관계를 혼동하기 때문에 일어나는 것으로 보고 있다. 한국 교회는 칭의는 성화처럼, 성화는 칭의처럼 혼동하며 살아가고 있는 듯하다.

다.[29] 가령 자녀, 사랑, 직장, 비즈니스, 돈, 관계, 사역을 생각해 보라. 이는 일상생활에서 유익한 것이지만, 사탄은 교묘하게 하나님보다 그것을 더 사랑하게 만든다. 하나님이 함께하지 않으시면 그것이 우상이라는 것도 쉽게 눈치채지 못하고 살아가게 만든다. 우리의 마음을 속이고, 눈을 가리고, 귀를 닫게 만들기 때문이다.

팀 켈러는 그의 책 결론 부분에서 현대인들은 마음의 우상을 말씀으로 분별할 것을 요청하고 있다. 내면의 동기는 말씀 앞에 서지 않는 한 잘 드러나지 않기 때문이다. 이는 날마다 말씀의 검으로 우리의 어두운 마음을 살피고 죄를 피하며 분별할 때에만 극복이 가능하다는 뜻이다.[30] 얼마나 많은 크리스천이 일상 속에서 '돈'과 '성', '명예'와 '자녀', '사랑', '직장', '일', '연애', '교회', '사역'을 하나님보다 더 사랑하며 우상숭배의 죄에 빠지게 되는지 모른다.

우리 시대에 기름 부음 있는 예배로 널리 알려진 선교 단체가 있다. 메마른 이 시대에 매주 많은 젊은이가 모여 하나님을 예배하고 있다. 이 모임을 이끌고 있는 책임자와 이런 나눔을 한 적이 있다. 평소처럼 그날 모임을 준비하고 있는데 내주하시는 성령님이 계속 마음을 불편하게 하셨다고 한다.

---

29 팀 켈러, 《팀 켈러의 내가 만든 신》(서울: 두란노, 2017), p. 18.

30 위의 책, pp. 243-258. 팀 켈러는 크리스천에게 우상의 판별식을 소개하고 있다. 생각보다 현대인들의 생활 가운데는 우상과 거짓 신들이 하나님의 자리를 대신하기에 충분한 환경이 주어져 있다며 경각심을 촉구하고 있다. 현대인들의 일상생활 속에 침투해 있는 생각의 내용, 돈의 사용처, 통제되지 못하는 감정들 그리고 구원의 확신 등을 점검해 보라고 한다. 일례로, 내가 우상을 섬기는지 하나님을 믿는지 알 수 있는 간단한 진단 방법은 기도가 응답되지 않을 때를 생각해 보면 된다고 팀 켈러는 말한다. 교리나 생각으로가 아닌 진짜 복음을 믿고 구원의 의미를 정확히 이해한 사람은 자신의 뜻대로 기도 응답이 되지 않는다고 하나님에게 서운한 감정이 들거나 절망하지 않으며, 모든 것의 참주인 되시는 하나님께 전적으로 맡기며 나아가게 된다고 설명하고 있다.

'내가 주는 이 마음을 모임에서 꼭 고백해라.'

하지만 그렇게 말할 경우 모임 참석자가 줄어들면 어떡하나 하는 고민이 계속되었다고 한다. 하나님이 말씀하신 것은 예배 팀과 예배자들이 너무 매너리즘과 타성에 젖어 있다는 책망이었다. 겉으로는 좋은 악기와 멋진 모습으로 치장했을지 몰라도 이는 내가 기뻐하는 예배가 아니라고 반복해서 말씀하셨다는 것이다. 하나님이 없어도 예배가 잘 돌아갈 것 같은 마음과 상황은 매우 위험한 것으로서 사역이 곧 우상이 되는 것이었다. 알다시피 구약의 역사는 하나님을 예배하는 데 실패한 우상 숭배의 역사가 아니었던가. 그는 두렵고 떨리는 마음으로 용기를 가지고 강단에서 하나님이 다시 재개하게 하실 때까지 모임을 중단할 것을 공표했다. 두 마음, 두 주인, 성령이 없이 자신의 만족에 길들여진 예배를 다시는 드리고 싶지 않았기 때문이다. 하나님은 천천만만의 수양과 기름보다 상한 심령을 더 기뻐하시기 때문이다. 마음은 힘들었지만 하나님의 뜻에 순종하자 주변 사람들이 모두 깜짝 놀랐다. 그리고 젊은 이들 사이에서 매우 인기 있던 그 모임은 실제로 몇 개월간 중단되었다. 수개월 뒤 모임이 재개되자 주변 사람들은 더 놀라게 되었다. 왜냐하면 예배의 기름부으심이 더 커졌기 때문이다.

우리의 믿음 생활도 하나님 없이 잘 돌아가고 있는 영역은 없는지 잘 살펴보아야 한다. 자기만족과 자기도취에 빠져 사역이 우상이 되고 있는 영역은 없는지를 찾아내야만 한다. 마치 데이빗 왓슨이 《제자도》에서, 현대 교회는 성령님이 떠나셔도 눈치채지 못하고 혼자서 잘 돌아가고 있을 거라고 추측하고 있는 것처럼 말이다. 목사로서 부끄럽지만, 나는 아직도 기도하다가 나 자신이 하나님 앞에 우상이 될 때가 많다는 것을 깨닫곤 한다. 내가 하나님 앞에 나아가는 데 가장 큰 걸림돌이 되고 있다는 사실 때문에 더 엎드려 기도하게 된다. 세상적인 욕심과 거짓된 생각으로 주님의 마음을 아프시게 해 드릴 때가 많아, 나는 아직도 공사 중이라는 생각을 할 때가 한두 번이 아니다. 주님은 그때마다 이렇게 말씀하신다.

"너는 아직도 나를 의지하지 않고 네 힘으로 무엇인가를 할 수 있다고 생각하니?"

리처드 포스터(Richard Foster)는 《돈 섹스 권력》(두란노 역간)이라는 책을 쓴 개신교의 대표적 영성 운동가로 알려져 있다. 그런 그가 한 세미나에서 인터뷰를 하다가 다음과 같은 질문을 받았다고 한다.

"당신은 어떤 부분에서 가장 유혹이 심한가요? 당신이 저술한 책의 내용으로 답변해 줄 수 있을까요?"

그때 그의 대답은 이랬다.

"저는 교수이기 때문에 본래 돈은 없습니다. 그리고 여자에 연약해 결혼하기 전 예쁜 아내를 달라고 서원 기도해서 지금의 아내를 만나 같이 살고 있습니다. 보시다시피 저의 아내는 예뻐요. 그런데 제가 크리스천이 된 이후에도 아직까지 갈등하고 씨름하는 문제가 하나 있습니다. 그것은 다름 아닌 권력의 문제입니다. 저는 교수로서, 부모로서, 남자로서 하나님처럼 높아지려고 하는 욕망과 유혹을 끊을 수 없습니다. 그리고 저는 성경이 왜 그렇게 교만의 죄를 무섭게 다루고, 세상 사람들이 왜 그렇게 권력에 욕심을 내고 최고가 되려고 하는지를 알게 되었습니다. 권력을 갖게 되면 나머지 모든 것을 소유할 수 있기 때문입니다. 따라서 크리스천의 신앙의 무서운 적은 바로 권력입니다. 권력의 우상들을 매우 조심해야 합니다."

광야란 내가 의지하던 힘을 내려놓고 정직하게 주님을 바라보게 되는 거룩한 장소 외에 다른 것이 아니다. 다시 말하면, 광야는 하나님의 신병 훈련소라고 할 수 있다.

성경에서 광야가 하나님을 만나는 곳이라면, 가나안은 도대체 어떻게 해석해야 할까? 그곳은 정말 젖과 꿀이 흐르는 약속의 땅일까? 가나안을 무조건 천국이라 보면 해석학적인 어려움이 생긴다. 성경은 이스라엘이 가나안 땅에 들어가서도 피 흘리는 전쟁과 부도덕한 일로 타락했다고 말하기 때문이다. 모세 오경에서는 분명 광야를 지나 가나안 땅에 들어가면 천국이라 생각했는데 가나안은 왜 천국이 아니라 전쟁터가 된 것일까?

사실 엄밀한 의미에서 가나안 땅은 우리가 생각하는 천국이 아니다. 크리스천이 예수를 믿는다고 바로 천국에 가지 않는 것과 같은 이치다. 가나안은 하나님 나라의 '투사'(projection)라고 보면 무리가 없다. 십자가 아래에 있는 공동체도 천국이 아니라 천국을 선취해서 맛보는 것이라고 보면 된다. 온전한 천국은 그리스도의 다시 오심으로 장차 완성될 것이다.

이런 의미에서 그리스도 안에서는 광야나 가나안 땅이나 특별한 의미가 없다. 믿음은 어디에 있는가보다 누구와 함께하는가가 더 중요하다. 이것이 성경에서 광야를 부정적으로 말할 때도 있지만, 긍정적으로 해석할 때도 있는 이유다. 하나님 나라에서는 왕의 주권이 제일 중요할 뿐, 어떤 시공간이나 특정 장소는 중요하지 않은 것처럼 말이다. 하나님이 함께하시면 광야도 천국이 될 수 있지만, 가나안 땅이라 할지라도 하나님이 계시지 않다면 그곳은 지옥으로 변해 버리고 말 것이다.[31] 이 세상의 삶처럼 말이다. 그러므로 광야의 삶에서는 왕 되신 하나님이 우리 삶의 가장 중요한 우선순위가 되어야 한다.

처음 믿음의 고백을 했을 때 나에게 적지 않은 문제들이 일어났다고 앞서 언급한 바 있다. 부끄러운 시행착오와 우선순위를 잘못 결정하는 경우가 많이 발생하기도 했다. 세상에서 배웠던 것들이 나의 믿음에 적지 않은 악영향을 미치며 나를 유혹했기 때문이다. 마치 권투 선수들이 스파링을 하듯 내 마음은 주님의 뜻과 내 뜻이 싸우는 전쟁터 같아 보였다. '내 마음은 호수'가 아니라 영적 싸움터였다. 성령의 사람과 육신의 사람이 매일 분열하고 다투는 싸움이 자주 일어났던 것 같다.

구원을 경험한 크리스천의 삶은 세상의 가치들을 쳐서 복종시켜 하나님 중심으로 우선순위가 바뀌게 만들어야 한다. 그렇지 않을 때 하나님은 작전 타임을 요청하신다. 이를테면, 하나님보다 사람을 의지하려 할 때, 물질을 하나님의 뜻대로 올바로 사용하지 않을 때, 하얀 거짓말이라도 마음의 동기가 불순할 때, 일상생활의 언어와 말투가 크리스천답지 못할 때, 혼자 있는 경우 하나님으로부터 오지 않은 생각을 할 때, 나 중심적인 욕심과 탐욕을 내려놓지 않을 때, 고집부리고 자기주장만 내세울 때, 용서하지 못하고 사랑하지 않을 때, 말씀의 권위에 순종하지 못할

---

31 이 부분에 대해서는 광야 전문가로 알려진 이진희 목사의 《광야를 읽다》(서울: 두란노, 2015), 《광야를 살다》(서울: 두란노, 2019), 《가나안에 거하다》(서울: 두란노, 2021)를 참조하라. 이진희 목사는 이 책들에서 가나안은 실제 천국이라기보다 상징적인 것이며, 광야를 공부하면 할수록 애굽과 광야와 가나안처럼 특정 장소와 공간이 더 거룩하거나 낫거나 중요하다기보다 하나님의 백성은 누구와 함께 있는지가 더 중요한 의미를 부여하고 있다고 강조한다. 실제로 여호수아서에 보면, 이스라엘이 가나안에 들어갔을 때 평화는 오지 않고, 하나님의 통치를 받지 못하는 가나안 일곱 족속의 세상 문화와 크고 작은 전쟁들이 지속되고 있는 것을 알 수 있다. 따라서 이 가나안 땅은 실제 천국이라기보다 천국의 모형론적인 상징이라고 해석하는 것이 타당하다.

때 하나님은 나를 광야로 내몰기 시작하셨다. 왜냐하면 하나님은 내 삶의 주인이라는 영광을 받기 원하셨기 때문이다.

그런데 만일 우선순위를 재정렬하는 작전 타임에서 또 실패하면 어떻게 되는가? 우리 생각에는 긍휼의 하나님이 불쌍히 여겨 무조건 통과시키실 것 같지만, 하나님은 결코 그러지 않으신다. 광야 학교에서 변하지 않으면 진도가 나가지 않는다. 나의 신앙 멘토는 이 부분을 이렇게 정리해 주었다.

"대학교 때 훈련되어야 할 부분이 통과되지 않으면 직장 생활에서도 통과되지 못한다. 이 문제는 결혼 생활에서도 여전히 반복되어 일어난다. 그리고 자녀를 낳고 부모가 되어서도 그 주 되심이 이루어지지 못하는 부분은 여전히 해결되지 않는다. 자연인은 백발의 노인이 될 때까지도 고쳐지지 않는다."

자연인과 거듭난 영혼은 질적으로 다르다. 그래서 하나님은 완고한 나를 끝까지 추적해서 그 부분을 고쳐 가게 하신다.

이런 크리스천을 많이 보았을 것이다. 모든 부분에서 다 좋은데 어떤 사람은 돈에 유독 약점을 보인다. 그의 신앙생활에는 돈 문제가 발생하고, 그는 대개 돈 문제에 넘어진다. 어떤 사람은 다 좋은데 유독 이성 문제에 약하다. 이성 문제와 스캔들이 평생을 따라다닌다. 그 부분에 하나님의 주권을 인정하지 않았기 때문이다. 어떤 사람은 다 좋은데 언어 훈련이 안 되어 있다. 조용하면 호인인데 입만 열면 실수하는 것을 본다. 어떤 사람은 다 좋은데 인간관계가 약하다. 어떤 사람은 다 좋은데 유난히 자기중심적이다. 어렸을 때부터 성장 과정에서 이기적인 사람은 고집과 아집이 꺾일 때까지 공동체 안에서 모난 부분들을 다듬어 가게 하신다. 어떤 사람은 용서의 문제를 훈련시키신다. 자신은 다 용서했다고 하지만 아직 상처가 남아 있어 그 부분만 건들면 다시 분노가 일어나 옛 사람으로 돌아가 버리는 경우를 본다. 욕심과 탐욕이 많은 사람은 권리 포기와 내려놓음의 훈련을 통해 자기 의를 다 내려놓게 하실 때도 있다.

하나님은 성장 과정에서 사랑이 결핍되어 인정 욕구가 강한 사람에게 찾아가 사람의 인정과 박수를 받거나 야망을 이루게 하기보다 자족하는 훈련을 시켜 나가신다. 소유욕이 강해 내 삶은 내 것이라고 주장하는 사람에게는 누가 진정한 주인이며 무엇이 영적인 우선순위인지를 묻고 말씀하실 때가 있다. 이때마다 우리는 기다리며 하나님을 광야에서 직면해야 한다. 그럴 때 그 상처와 아픔 속에서 하나님께로 더 가까이 나아가게 된다.

우리는 복음을 듣고 우리의 옛 자아를 십자가에 못 박아야 한다. 우리는 죄의 본성으로 인해 하나님보다 세상의 질서 속에서 살아가려는 크리스천으로 쉽게 돌아설 수 있기 때문이다. 그렇지 않으면 하나님의 자녀가 되었음에도 자녀답게 살지 못하고 거짓의 굴레 속에서 믿음 생활을 하며 살아가게 된다. 팀 켈러가 말한 현대인들의 우상 문제는 우선순위가 해결되지 않았기 때문이다. 하나님과 내가 주종 관계라는 것을 알면 이러한 부분에서 영적 자유함을 누리게 된다.

스티브 도나휴(Steve Donahue)는 《사막을 건너는 여섯 가지 방법》(김영사 역간)이라는 책에서 인생을 '사막'으로 설명한 바 있다. 이 책에 매료되어 한때는 '열린 예배'에서 새 신자들을 대상으로 '인생의 사막을 건너는 방법'을 시리즈로 설교한 적이 있다. 이 책은 사막의 지형적 특성을 독자들에게 해석해 주는데 우리 시대와 유사한 점들이 많다.

첫째, 사막에는 지도가 필요 없다. 사막은 바람이 너무 강해서 매일 지형이 변하기 때문이다. 사막에서 지도를 사용하는 것은 100년 전 지도를 가지고 오늘날 상해를 여행하는 것과 같을 것이다.

둘째, 사막에서 필요한 것은 지도가 아니라 나침반이다. 이 내용은 《모던 시대의 교회는 가라》(좋은씨앗 역간)라는 책에서 레너드 스위트(Leonard Sweet)도 비슷하게 말한 적이 있다. 우리는 근대가 아니라 포스트모던 시대를 살아가는데 교회가 근대라는 산처럼 한곳에 고정되어 있다면 길을 잃게 되며, 포스트모던 시대는 아쿠아(Aqua/water)의 시대처럼 강물로 존재하기에 유연해야 한다는 것이다. 바다를 항해할 때는 나침반과 북두칠성을 보는 것이 가장 중요하다고 말한다. 마찬가지로 스티브 도나휴의 이 책은 사막 여행을 잘 이해하고 준비한 자만이 사막 횡단에 성공하게 된다고 강조한다. 사막에서는 불필요한 것을 빨리 포기하는 것이 유리하다는 말이다. 예컨대, 목마른 사람에게는 물이 가장 필요하지, 멋진 스포츠카의 열쇠나 황금 따위가 아니다. 몸이 아픈 사람에게 중요한 것은 약이지 주식이 아니듯, 도시 생활에서 중요한 것들은 사막에서 전혀 필요 없게 된다.

셋째, 사막을 지나다 보면 예상치 못한 위기를 만나기도 하고, 모래 구덩이에 차가 빠질 때도 있다. 그때 모래 구덩이를 벗어나는 길은 공기압을 빼내는 것이다. 그러지 않고 계속 그곳에서 나오고자 한다면 타이어는 공회전만을 반복하고 말 것이다. 현대인의 삶도 그렇다. 늘 제자리걸음뿐이고 정체된 것 같은 삶이 얼마나 많은가? 그렇다면 우리는 지금 광야에 있는 것이다. 그때는 계속 속도만 내서는 안 된다. 하던 일을 잠시 멈추고 뒤를 돌아보아 내가 누구인지 생각해야 한다. 다음의 항목에서 당신의 내면에서 일어나는 갈등을 분석해 보기로 하자.

■ **하프타임 팩트 체크**

☐ 나는 가끔 하나님보다 화려한 세상이 좋아 보일 때가 있다.

☐ 나는 세상과 비교했을 때 너무 초라해 보여 비교 의식과 열등감을 느낄 때가 있다.

- [ ] 나는 진리의 편에서 자신 있게 'No'라고 말하지 못할 때가 많다.
- [ ] 나는 성격이 우유부단해서 다수의 의견에 쉽게 끌려 다닐 때가 많다.
- [ ] 나는 교회에서 상처를 받고 소속된 공동체 없이 오랫동안 교회를 배회하고 있다.
- [ ] 나는 상처를 준 사람이 싫어서 교회를 떠났지만 여전히 공동체가 그리워질 때가 있다.
- [ ] 나는 교회를 다니다가 오랫동안 교회를 쉬고 있다. 가끔 하나님께 죄송한 마음이 많이 들 때가 있다.
- [ ] 나는 권력이나 돈이 많은 사람 혹은 유명인과 함께 있을 때 자존감이 강해지는 것을 느낀다.
- [ ] 나는 유난히 인정 욕구가 강한 편이고, 인기나 관심을 받고 싶어 인스타그램 같은 소셜 미디어를 사용하고 있다.
- [ ] 나는 어떤 일을 할 때 그것에 몰입하거나 중독에 빠질 때가 많다. 미디어, 커피, 독서, 일, 인간관계, 취미 생활 등에서 그렇다.
- [ ] 나는 데이트나 연애할 때 넘어서는 안 될 경계를 넘어설 때가 많다.
- [ ] 나는 일상생활에서 영적인 우선순위를 결정하기 어려울 때가 많다.
- [ ] 나에게는 타고난 선택 장애가 있다. 하나님과 세상의 편에서 무엇이 진리이고 선인지 모호할 때가 많다.
- [ ] 나는 통장의 잔고나 돈이 없을 때 불행하다고 느낀다.
- [ ] 나는 사람이 볼 때는 신앙생활을 잘하는 편인데, 아무도 없을 때는 믿음이 약해질 때가 있다.

지금 이 글을 쓰면서도 '하프타임 크리스천'들만 생각하면 가슴이 아련해진다. 나 또한 하나님을 떠나 인생의 바닥을 경험해 본 적이 있기 때문이다. 알고 보면 그들도 한때는 신앙생활을 열심히 했던 자들이다. 그러나 지금은 어디에도 소속되어 있지 않다. 누구에게도 도움을 받지 못하고 정체성도 불분명하다. 세상에 속한 자인지, 하나님의 백성인지 분간하기 어렵다. 최근에는 이러한 자들을 '플로팅 크리스천'(Floating Christian)이라고 부르기도 한다. 바다 한가운데서 길을 잃고 둥둥 떠다니는 것 같다고 해서 붙여진 가나안 성도의 또 다른 별칭이다. SBNR(Spiritual But Not Religious)이라고 해서 영적이지만 종교적인 것은 싫어하는 사람들이다.[32] 그러나 그들은 위로받고 싶어도 돌아갈 집이 없다. 그래서 더 외롭다. 아니, 어쩌면 그들의 마음은 고아와 같을지 모른다. 나는 그런 사람들에게 먼저 용기를 잃지 말라고 위로하고 싶다. 그 광야의 시간은 언젠가 무르익으면 다른 이에게 축복이 될 수도 있다. 상처 입은 치유자(wounded healer)처럼 말이다.

솔직히 멋있는 옷을 입고 멋진 차를 타고 많은 사람 속에 비친 모습이 진정한 '나'는 아닐지 모른다. 오히려 아무도 보는 이가 없는 곳에 있을 때의 모습이 진정한 '나'일 수 있다. 아무것도 의지할 것이 없는 광야는 나의 모습을 비추어 주는 거울이 되기도 한다. 그 고독한 시간 안에서 진정한 내 모습이 어디 있는지를 확인해야 한다. 그동안 떠들어 오던 잡담과 이야기 속에서 내 모습이 어디 있는지를 말이다. 그동안 바쁘고 분주하게 살아온 행동 속에서 나는 어디 있는지를 조명해 보아야 한다. 그리고 믿음의 여정에서 불필요한 요소

---

32 지용근 외, 《한국 교회 트렌드 2023》(서울: 규장, 2022), pp. 30-75.

와 비본질적인 것들은 과감히 던져 버려야 한다. 광야에서 들리는 세미한 음성은 구원이 필요한 내 모습을 보게 하고, 그것이 하나님과 가까워지는 통로로 작용하게 된다. 그러나 문제는, 사람은 막상 혼자 남겨지면 두려워한다는 것이다. 소스라쳐 놀라 자기 모습을 직면하기 힘들어하고, 다른 곳으로 도피하고 싶어 한다. 로브스터(lobster)의 속살처럼 연약한 내면을 숨기고 싶어 한다. 일상 속에서 친구를 만나고, 안락한 곳으로 숨어들기를 좋아한다.

세상은 고난을 피하라고 하지만, 하나님은 고난 속에 역사하신다. 이것이 기독교가 고난을 신비라고 부르는 이유다.[33] 하나님은 인간의 아픔과 실패까지도 선용하시기 때문이다. 하나님을 만나면 과거가 해석된다. 하나님은 우리의 절망 속에서 생명을 창조하시기 때문이다. 하나님은 고난을 비켜 가게 하

---

33 제럴드 싯처, 《하나님의 뜻》(서울: 성서유니온, 2001), pp. 15-38. 이 책에서 제럴드 싯처(Gerald L.Sittser)는 욥과 같은 자신의 삶에 비추어 전통적인 고난의 이해에 몇 가지 문제점을 제기한다. 예를 들어, 전통적인 접근법의 문제는 하나님의 계획을 어느 미래에 하나의 길로 고정시켜 놓고자 한다는 것이다. 이러한 입장에서는 선택하려는 여러 갈래의 길 중 오직 하나의 길만 옳고 나머지는 그르다는 식으로 결론을 내리게 한다는 것이다. 그렇게 될 경우 우리가 선택한 방향이 틀려 길을 잃게 되면 하나님의 뜻을 따르지 못했다는 자책감을 갖게 만드는데 이것은 올바른 방법이 아니다. 둘째, 전통적인 접근법에 따르면 하나님의 성품에 대한 관점이 왜곡되었다는 것이다. 이 전통적 견해에서 하나님은 당신을 우리에게서 숨기시고, 우리는 그분을 열심히 찾아다녀만 한다. 그러나 과연 이것이 성경적이라 할 수 있는가? 사실 숨바꼭질의 기쁨은 숨는 데 있는 것이 아니라 발견되는 데 있는데, 숨바꼭질하면서 우리를 골탕 먹이시는 하나님은 성경적이라 할 수 없다. 셋째, 전통적인 고난 이해의 문제점은 우리가 볼 수 없고 다 알 수 없는 미래를 내 힘과 노력으로 다 알려고 한다는 데 있다. 이러한 주장을 우리에게 세뇌시키듯 가르치고 있다. 마치 미래를 다 알아 통제하려는 잘못된 태도는 올바른 성경적 내용이라 말할 수 없다. 이 모든 것은 제럴드 싯처가 몸소 자신의 삶에서 경험한 것을 토대로 정립한 신학적 내용이기에 더 설득력이 있어 보인다. 이에 대한 내용은 그가 하나님의 뜻과 다르게 의학도에서 신학도로 길을 들어서게 된 것과 선한 일을 하다가 다른 운전자의 실수에 의한 끔찍한 교통사고로 가족과 아내를 모두 잃어버린 사건을 통해 확인할 수 있으며, 그가 묵상한 성경의 말씀과 그 뜻에 순종하며 지금도 하나님의 뜻을 조금씩 궤도 수정하면서 알아 가고 있다는 데 이 책 전체의 중요한 논지가 있다. 이와 함께 읽어 보면 좋은 고난의 신비에 대한 책으로는 다음을 참조하라. 이한영, 《명자 누나》(서울: 두란노, 2018); 박영선, 《고난이 하는 일》(서울: IVP, 2021), 특히 '5장 순교보다 일상' 참조.

지 않으신다. 왜냐하면 내가 생각하는 복이 아니라 하나님이 생각하시는 진짜 복을 주시기 위해서다. 그래서 고난을 만나면 우리의 낮음과 하나님의 높으심을 알게 된다. 창조주 하나님 앞에서 나의 무지를 배우고, 십자가 아래서 나의 위치를 바로 보게 된다.

　인간은 십자가 안에서만 자신의 정체성을 바르게 이해할 수 있다. 그래서 하나님은 당신을 찾는 자들에게 먼저 '나'를 포기하라고 하신다. 내가 추구해 오던 삶에서 유턴해 나의 것을 비우라고 하신다. 우리의 옛 자아를 죽이고 낮은 곳으로 내려가게 하신다. 그렇다면 이제 하나님보다 세상을 더 매력적이라고 혼동하게 만드는 요인이 무엇인지 차례대로 살펴보도록 하자.

05 ‖ 파라오의 질서[34]

　　달라스 윌라드는 《하나님의 모략》에서 방향을 무시하고 속도만 즐기는 현대인들의 삶을 다음과 같이 묘사한 바 있다. 한 제트 전투기 조종사가 비행기 안에서 고속 선회를 연습하고 있었다. 다른 비행기와 다르게 제트 비행기는 속도가 매우 빠르기 때문에 계기판을 보고 매우 조심하지 않으면 안 된다(제트 비행기 조종사는 빠른 속도로 비행하기에 하늘과 바다가 구분이 안 될 시 육안을 믿지 않고 계기판만 보게 하는 강도 높은 훈련을 받는다). 그러나 그는 이러한 훈련에도 불구하고 고속 선회를 하려는 순간 지상으로 곤두

---

34 '파라오의 질서'라는 표제어는 세상의 지배와 죄의 세력을 가리키는 말로, 월터 브루그만(Walter Brueggemann)은 '파라오의 시스템'으로, 안용성은 '파라오의 질서'로 각각 표기하고 있다. 이 글에서는 안용성의 용어 '파라오의 질서'를 차용해 표기하고자 한다. 월터 브루그만, 《안식일은 저항이다》(서울: 복있는사람, 2015); 안용성, 《로마서와 하나님 나라》(서울: 새물결플러스, 2019), pp. 169-182. 이 책에서 안용성은 '파라오의 질서'를 하나님 나라와 대립하는 영적인 세계뿐 아니라 하늘이 땅에 투사되어 현실의 심층에 존재하는 영적인 시스템, 곧 '이 세대', '다른 신', '어둠의 권세', '죄', '사망' 등 사탄의 실체 내지 악의 실재로 이해하고 있다. 그것을 결국 크리스천의 삶과 이 세상에 하나님의 주권과 통치를 이루지 못하게 하는 원인으로 지목하고 있다. 그의 견해에 따르면, 결국 영적인 권세는 하늘에만 있는 것이 아니라, 이 세상의 어떤 사람과 장소를 숙주로 삼아 투사되고 있는 것이 분명하다.

박질쳐 방향 감각을 상실해 버리고 말았다. 속도가 너무 빨랐기 때문이다. 그는 이내 조종석에서 어디가 하늘이고 바다인지 분간하기 어려워 결국 추락해 버리고 말았다. 오늘날 크리스천들의 삶도 이와 같지 않을까. 일상생활 속에서 기체가 '전복 비행'인지 '정치(定置) 비행'인지 모르고 속도만 즐기며 살아갈 때가 많다. 그러다 보니 우리는 어디서 무엇이 잘못되었는지조차 모르는 암흑세계 속에서 살아가고 있다.[35]

왜 우리는 가끔 주님을 따르는 순례의 여정에서 길을 잃어버리게 되는 것일까? 다른 것에 한눈을 팔게 하거나 순간 다른 생각을 하게 만드는 보이는 세상의 강력한 유혹 때문일 것이다. 특히 우리의 현실 세계는 너무도 빨라 도무지 내가 누구인지 생각할 틈도 주지 않음을 생각해 보라. 하나님을 믿는 사람이 그렇다면 하나님 없는 세상은 더더욱 그럴 수밖에 없다.

세상은 언제나 우리에게 그럴듯한 미끼를 던지고 다가온다. 월터 브루그만은 《안식일은 저항이다》라는 책에서 탐욕스럽기 짝이 없는 이 세상의 문화를 소개하며 파라오의 질서를 언급하고 있다.[36] 출애굽기에서 파라오(바로)는 '더 빨리, 더 크고, 더 높게' 성을 쌓으라고 재촉한다(출 5:4-19). 그리고 그 목표에 도달하지 못하는 노예들을 게으르다고 타박한다. 생산성은 그에게 권력의 크기를 보여 주는 척도이기 때문이다. 오늘날로 말하자면 시장 신학과 소비 만능주의의 극치를 보여 주는 듯하다. 하지만 파라오의 말대로 열심히 일했으나 끝이 없는 탐욕의 목표에 도달할 수 없었다. 매일매일 할당량이 새롭게 더해졌기 때문이다. 이와 동

---

35 달라스 윌라드, 《하나님의 모략》(서울: 복있는사람, 2015), p. 27.
36 월터 브루그만, 《안식일은 저항이다》, pp. 25-51.

시에 정체성의 혼란도 찾아왔다. 도대체 그들은 무엇 때문에 이러한 수고와 땀을 흘려야 하는지 의미를 알 수 없었다.

그렇게 소망이 없을 때 하나님이 그들에게 찾아오셨다. 하나님은 파라오의 압제에서 구원하고 그들과 다른 나라를 세우기 원하셨다. 마침내 모세를 통해 홍해를 건너 약속의 땅으로 가기를 원하셨다. 새로운 하나님 나라의 통치 속으로 말이다. 하지만 구원의 기쁨도 잠시, 애굽에서 종살이를 하던 그들은 얼마 가지 않아 하나님을 불평하기 시작했다. 파라오의 질서를 그리워하며 그곳에 비해 이곳은 물이 없고, 고기가 없고, 애굽의 삶과 다르다고 불평했다.

그들은 하나님의 거룩하신 사랑을 이해하지 못했다. 시내 산의 율법은 모두가 '하라', 아니면 '하지 말라'가 대부분이고, 음식도 마음대로 먹을 수 없었기 때문이다. 애굽에서 떠나 왜 자유롭지 못하냐며 저항하기 시작했다. 애굽에서 노예처럼 일만 하던 때가 더 나았다고 불평하기 시작했다. 하나님께서 베푸신 구름 기둥과 불기둥의 인도에 감사하지도 않았다. 급기야는 하나님의 말씀을 떠나 자기 본성으로 살기 시작하더니 결국 음행과 타락으로 암흑 속의 삶을 살게 되었다.

그들은 여태껏 기계처럼, 소모품처럼 일하고 분주하기만 했지, 자신의 존재 의미를 잘 알지 못했다. 그러나 하나님은 그들을 파라오의 질서에서 건져 내어 당신을 예배하는 존재로 만들어 주셨다. 사람은 떡으로만 사는 존재가 아니니 하나님의 말씀을 지키며 살라고 정체성을 확인시켜 주셨다. 하나님을 기억해서 세상의 가치로 우리를 현혹하는 것에 저항하라고 불러내어 주신 것이다. 그래서 십계명 중 제일 되는 계명은 '나 외에 다른 신을 두지 말며, 안식일을 지키라'는 것이었다. 지금까지 속도만 내어 살아오던 삶을 멈추고 하나님을 예배하라는 명령이었다.

하나님을 바라보지 않으면 우리는 계속해서 파라오의 질서에 지배당하며 살 수밖에 없다. 오늘날 크리스천들에게도 이러한 유혹이 있지 않은가. 하나님보다 세상 앞에서 수많은 죄와 유혹에 흔들릴 때가 많다. 이시대를 살아가는 우리에게 가장 큰 유혹은 무엇일까? 그것은 누가 뭐래도 하나님 없이 마음대로 살라는 유혹일 것이다. 각자가 믿고 싶은 대로 믿으라는 속삭임 말이다. 그것이 자유이고, 인간은 그럴 권리가 있다고 합리화시키고 있다.

하나님을 예배하지 않고 나를 위해 열심히 일만 하라는 것은 빠져나오기 힘든 유혹이다. 왜 열심히 사는 것이 문제이며 우리에게 참을 수 없는 유혹이 될까? 현대인들은 열심히 살아가는 것을 최고의 미덕과 가치로 생각한다. 게으르지 않고 부지런하다는 말은 듣기 좋은 평가에 해당한다. 반대로 일이 없거나 손이 놀고 있으면 가난해지고 무가치하게 보이기도 한다. 그래서 아무도 감히 일을 멈출 생각을 하지 못하며, 비생산적인 것을 견뎌 내지 못한다. 그저 답답하고 무료하게 느껴질 뿐이다. 그래서 의도적으로 사람들은 더 많이 일하고, 더 많이 벌고 소비하라는 말에 현혹되고 있다. 즉 더 많은 소유가 인생의 기쁨과 만족을 누리게 하는 것처럼 말이다.

하지만 이것은 속도만 강조하고 방향을 무시하는 것과 같다. 사실 일하는 것보다 더 중요한 것은 '왜 일해야 하는가'에 있기 때문이다. 그러나 크리스천들조차 파라오의 질서를 벗어나기 힘들다. 그들은 은밀하게 하나님과 일을 동시에 즐기기 원한다. 그들은 다음과 같이 둘러대기도 한다. "물론 하나님의 생각처럼 영적인 사명도 중요하다. 하지만 일을 통한 개인의 자아실현도 중요한 것 아닌가? 하나님도 좋지만 성공하고 승진하는 것도, 돈도 중요하지 않은가?" 하지만 보좌에 두 주인을 앉히는 순간 두 마음을 품게 되고, 혼합주의 영성에 물들게 된다. 둘 다 잘 섬기게 되기는커녕 둘 다 못 섬기는 결과를 만들게 된다. 자유롭게 살고 싶었으나 다른 신을 섬기고 있던 자유마저 빼앗겨 버리게 된다. 그래서 하나님은 노예근성이 강한 이스라엘 백성에게 분명한 정체성을 각인시키기 위해 안식일을 지키라고 말씀하신 것이다. 창조주 하나님만 예배하고 그분께 영광을 돌리게 하기 위해서 말이다. 인간은 그렇게 할 때에만 노동으로부터 자유하고, 사명의 의미를 회복하게 된다.[37]

노동이 타락한 세상에서 가장 급선무는 하나님이 왕이시고 우리는 그분의 백성이라는 관계성을 회복하는 것이다. 사람의 행복은 소유가 아니라 관계성 안에 있기 때문이다(마 5:1-16).

---

37 앞의 책, pp. 25-51.

06 ‖ 더블
해피니스

한국계 영화배우 산드라 오(Sandra Oh)가 출연한 〈더블 해피니스〉(Double Happiness)라는 영화가 있다. 이 영화는 오래전 홍콩에서 캐나다로 이민 온 22세 여성 제이드 리가 서구 사회에 적응해 나가는 힘겨운 과정을 그리고 있다. 그녀는 동양과 서구 문화 사이에서 정체성의 혼란을 경험한다. 생기발랄한 그녀는 꿈도 많고 하고 싶은 일도 많았다. 자유로운 세상에서 마음껏 자신의 꿈을 펼쳐 나가고 싶었다. 그러나 부모와 가족을 실망시키고 싶지 않아 고민 가운데 살아갔다. 이러한 이상과 현실 사이에서 그녀가 선택한 방법은 바로 이중생활이다. 부모를 속이며 두 마리 토끼를 다 잡기로 한 것이다. 그래서 이 영화의 제목이 '이중 행복'이다. 낮에 그녀의 캐릭터는 말을 잘 듣는 착한 딸로 행동한다. 부모가 원하는 중국인 변호사와 선을 보라고 하면 쿨하게 데이트도 즐긴다. 그러나 겉으로만 그를 사랑하는 척하고 속으로는 다른 남자에게 더 마음이 가 있다. 부모가 중국어를 못하는 자신에게 중국인과 결혼하라고 하는 데서 절망감을 느낀 그녀는 할 수 없이 낮에는 중국인 변호사를 만나고 밤에는 백인 청년과 데이트를 즐기는 이중적 사랑을 하게 된다. 부모의 뜻을 저버리지 않음과 동시에 자신의 꿈을 충족시키면서 말이다.

믿음의 길에도 이런 최악의 상황이 가끔 현실로 나타날 때가 있다. 교회에 나오는 목적이 하나님이 아닌 다른 데 있을 수도 있다. 교회를 다니면 돈을 많이 벌 것 같은 느낌, 개인의 기도 제목이나 세상의 복을 다 얻을 것 같은 생각이 들기도 한다. 하지만 그러한 생각을 가지고 교회에 나오는 순간 하나님은 기독교의 하나님에서 멀어지고 만다. 하나님이 우리의 제일 목적이 아니라 세상 가치를 획득하기 위한 하수인으로 전락하게 된다. 그래서 예수님은 제자도에서 믿음의 분명한 선택을 할 것을 제자들에게 요청하신다.

안타깝게도 오늘과 같은 시대에는 월요일부터 토요일까지는 마음대로 살다가 일요일만 잠깐 하나님의 뜻대로 살아가는 이중생활이 점차 늘어 가고 있다. 교회와 세상이 구별되기는커녕 서로 동화되고 있다. 신앙 세계에서 한 발은 교회에, 다른 한 발은 세상에 두고서 말이다. 오늘날 우리가 드리는 예배는 하나님이 받으실 만한 진정한 예배인가?[38]

현대인들은 예배를 보러 올 뿐, 일상생활 속에서 삶의 예배자로 살려 하지 않는다. 이들은 주일날 근사한 옷을 입고 멋진 예배당에 들어가 자리에 앉아 영화를 관람하듯 다양한 악기와 뮤지션들로 구성된 멋진 예배를 보고 있다. 시간도 그리 길지 않다. 화려한 언변의 설교자들도 많아서 취향에 맞게 선택해서 예배를 볼 수도 있다. 설상가상으로 개인 스마

---

38 현대인들이 회복해야 할 올바른 예배 영성에 대해서는 다음 두 책을 참조하라. 안덕원, 《우리의 예배를 찾아서》(서울: 두란노, 2018); 문화랑 외, 《회복하는 교회》(서울: 생명의말씀사, 2020), pp. 63-86. 김형익은 바벨론 포로 후 성전이 없던 이스라엘의 상황을 예로 들며 지나친 건물 중심과 성전 제의적 예배보다 말씀 안에서 하나님을 만나는 관계 공동체로의 전환을 강조하고 있다.

트폰의 발달로 언제, 어디서나 예배를 드릴 수 있는 시대가 열렸다. 진정한 예배의 내용과 형식도 경계가 무너져 버린 지 이미 오래다. 소비자 기독교 시대의 출현으로 하나님 중심에서 나 중심의 예배로 돌아서고 있다. 이들은 어디에도 소속되기를 꺼리며, 이들에게 헌신과 양육을 강요하거나 지나친 관심을 갖는 것은 금물이다. 이들은 누군가에게 노출되는 것을 극도로 싫어하고, 익명으로 신앙생활하는 것을 좋아해 남에게 간섭받거나 주목받는 것을 끔찍이 싫어한다. 이들은 적당한 거리를 두고서 하나님을 믿기 원한다. 그러다 보니 자연스럽게 대형 교회는 이들의 피난처가 된다. 이들은 설교의 내용에서 죄와 민감한 이슈를 건드리지 않기를 원한다. 오직 그들의 관심은 실용적인가, 아닌가가 더 중요하다.

결국 이러한 예배는 하나님보다 자신을 더 숭배하게 만들어 온탕 종교처럼 마음의 안정과 기분만 좋게 하는 '레저 활동'과 같게 된다. 이러한 믿음은 감상주의적이며, 이들은 그저 개인 구원에 만족한다. 하나님이 교회와 세상에서 무슨 일을 행하고 계신지에는 도무지 관심이 없다. 지구 반대편에서 일어나는 선교적 상황에도 무관심하다. 이들은 중산층 이상의 계층에 속해 명목상의 크리스천 혹은 문화적 크리스천으로 살아가기 원한다. 그래서 이들의 신앙은 안락한 것을 원하며 변화를 싫어하고 보수적이다.[39] 이들의 내면세계에는 하나님과 세상에서 적당한 거리 두기를 통해 나를 충족시킬 만한 두 신을 사랑하고픈 유혹이 있다. 이렇

---

39 김진호, 《대형교회와 웰빙보수주의》 (서울: 오월의봄, 2020). 나는 이 책의 내용에 모두 동의하지는 않는다. 그러나 진보와 보수의 문제점에 있어 부분적으로 동의하는 예리한 통찰력이 있는 것도 분명 사실이다. 그의 지적에 따르면, 보수는 지나치게 현실에 안주해서 개혁이 어려운 것이 문제고, 진보는 현실성이 떨어지고 지나친 낙관론을 펼친다는 데 한계가 있다. 우리는 하나님의 말씀을 붙들고 두 날개로 비상해서 날아오르는 종교 개혁과 개혁주의 교회의 후예들임을 결코 잊어서는 안 된다.

게 교회와 세상 사이에서 줄타기를 할 때 잠시는 스릴 넘치고 재미있을지 모르지만, 시간이 지날수록 제트기 조종사처럼 속도와 방향 감각을 상실하게 된다. 왜냐하면 두 세계에서 실제 자기의 모습을 잃어버리기 때문이다.

사실 이러한 단조로운 예배 루틴은 근래에 일어나고 있는 현상이 아니다. 광야 생활이 시작되기 전부터 인간의 본성 안에는 이러한 죄의 증상들이 나타나고 있었다. 죄로 타락한 이후 인간의 본성은 하나님과 세상 사이에서 갈팡질팡하고 있었다. 내면이 변하지 않는 이상 가나안 땅에 들어가서도 별 차이가 없었다. 하나님인가 파라오인가, 하나님인가 돈인가, 하나님인가 세상인가, 하나님인가 우상인가 하는 양자택일 아래서 늘 갈등하고 있었을 뿐이다. 한 발은 세상에 있고, 다른 한 발은 하나님 안에 서고자 했기 때문이다. 이로 인해 세상에 빼앗긴 마음과 생각은 온전히 하나님을 바라보게 할 수 없었다. 그러나 영적 세계에는 회색지대가 없기에 그들의 죄성은 점점 하나님께로부터 멀어져 갔다. 한마디로 마음의 중심이 다른 데 속해 있었던 것이다. 겉으로는 성전에서 예배를 드리지만, 생활 속에서는 세상의 다른 신들이 자리 잡고 있었던 것이다. 그들은 하나님만 사랑하고 이웃은 미워했다. 그들은 겉으로는 죄를 짓지 않으면서도 속으로는 이방인들보다 더 부패한 본성으로 하나님 앞에 살아가고 있었다. 하나님은 이들의 두 마음을 아셨다. 그래서 선지자들을 보내어 당신의 마음으로 돌이키기를 원하셨다. 외식하는 마음을 버리고 마음의 할례를 받기 원하셨다. 천천만만의 수양과 기름보다 삶으로 공의를 행하고 정의를 지키기 원하셨다(미 6:8). 그럼에도 불구하고 그들은 스스로 돌이킬 수 없었다.

그렇다면 왜 그들은 하나님을 떠나 세상에 마음을 빼앗겨 버리고 말았던 것일까? 그들은 하나님께 간섭받지 않고 마음대로 믿고 싶었기 때문이다. 자신들의 이중생활을 더 사랑했기 때문이다. 하나님도 좋지만 여전히 다른 것을 의지하고 싶었던 유혹 때문이다. 이처럼 사탄은 우리의 시선이 다른 곳을 향하도록 유혹할 때가 많다. 좋은 구실을 만들어 그럴듯하게 다가오게 만든다. 일상생활 속에서 일, 공부, 사랑, 가족, 비전, 진로, 친구, 돈은 좋은 것이지만, 이것이 하나님보다 더 우선순위에 있다고 속삭이며 그것을 예배하게 만든다. 그러나 그것은 사탄에게 속는 것이다.

《성공하는 10대들의 7가지 습관》(김영사 역간)의 저자 숀 코비(Sean Covey)는 그의 책에서 프랑스 왕 루이 16세의 아들에 관한 이야기를 소개하고 있다. 1789년 프랑스 혁명으로 루이 16세의 아들은 왕을 내몰았던 사람들에 의해 붙잡혀 죽음을 기다리며 유배지에서 생활해야 했다. 사람들은 자신의 계획을 보다 쉽게 달성하기 위해 묘책을 생각해 냈다. 그것은 다름 아닌, 젊고 혈기왕성한 그를 온갖 술수로 유혹해서 도덕적으로 파멸시키는 것이었다. 그러면 모든 것이 끝장나 버릴 것이라 생각했다. 그들은 왕의 아들이 얼마 가지 못해 불명예와 불신의 나락으로 떨어져 버릴 것이라 생각했다. 사람들은 온갖 수단을 동원해 왕의 아들이 최악의 환경과 유혹의 덫에 걸려 넘어지게 만들고자 술책을 강구했다. 술, 여자, 도박, 음식, 창녀, 불량배들의 협박과 공갈 등 계속되는 회유가 이어졌다. 하지만 어찌된 일인지 6개월이 지나도록 그는 미동도 하지 않았다. 오히려 또렷한 정체성과 강한 신분 의식으로 무장해 왕으로서의 품위를 잃어버리지 않았다. 그리고 자신을 유혹하려는 그들에게 이렇게 외쳤다.

"나는 당신들이 요구하는 것을 절대로 수용하지 않을 것이오. 당신들이 아무리 나를 회유와 함정으로 넘어뜨리려 할지라도 그것은 시간 낭비일 뿐이오. 왜냐하면 나는 이 나라의 왕으로 태어났기 때문이오."

그가 세상의 온갖 유혹과 시험을 이길 수 있었던 비결은 왕의 정체성 때문이었다. 하나님의 은혜로 구원받은 우리도 세상 속에서 이러한 분명한 정체성을 가지고 살아야 하지 않을까?

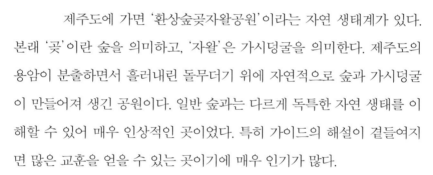

07 | 오케이 목장의 결투

제주도에 가면 '환상숲곶자왈공원'이라는 자연 생태계가 있다. 본래 '곶'이란 숲을 의미하고, '자왈'은 가시덩굴을 의미한다. 제주도의 용암이 분출하면서 흘러내린 돌무더기 위에 자연적으로 숲과 가시덩굴이 만들어져 생긴 공원이다. 일반 숲과는 다르게 독특한 자연 생태를 이해할 수 있어 매우 인상적인 곳이었다. 특히 가이드의 해설이 곁들여지면 많은 교훈을 얻을 수 있는 곳이기에 매우 인기가 많다.

한번은 곶자왈 방문 시 가이드가 숲을 해설해 줄 때였는데, 해설을 들으며 가장 인상적이었던 대목은 '갈등'이라는 어원에서였다. 본래 갈등의 '갈'은 칡을, '등'은 등나무를 가리키는 말인데 칡과 등나무가 같은 나무를 감고 올라가게 되면서 칡은 왼쪽으로, 등나무는 오른쪽으로 감아 올라가기 때문에 서로 문제가 생긴다고 한다. '갈등'의 어원은 이와 같이 칡덩굴과 등나무 덩굴이 서로 얽힌 모습에서 유래하게 되었다. 그러나 자연이 신비로운 것은, 나무 사이에 갈등이 일어나면 서로 숨이 막혀 죽게 되므로 누가 가르쳐 주지 않았는데도 본능적으로 타협하고 공존하는 법을 배우게 된다는 것이다. 대개 이런 나무들은 서로 다름을 인정하고 함께 질서를 찾아 가며 올곧게 자라게 된다. 하지만 그렇지 않은 나무는 갈등만 겪다가 흉측한 모양으로 썩어 버리고 만다.

그렇다면 신앙생활의 갈등은 어떤가? 자연계의 갈등과 영적인 갈등을 해결하는 법은 서로 상반되는 듯하다. 영적인 갈등에서 공존이란 없다. 북미 인디언들에게 오랫동안 전해 내려온 노인과 소년의 이야기를 소개해 보고자 한다.[40] 어느 날 노인이 소년에게 다음과 같이 말했다.

"사람 안에는 두 마리 늑대가 있단다. 한 마리는 탐욕과 독점과 미움과 보복과 경쟁의 늑대이고, 다른 한 마리는 절제와 나눔과 사랑과 용서와 긍휼의 늑대란다."

소년이 물었다.

"둘 중 어떤 늑대가 이기나요?"

잠시 후 노인이 소년에게 대답했다.

"네가 먹이를 주는 쪽이 이기지."

우리 마음속에는 두 마리의 늑대가 있다. 그리고 우리 마음에는 늑대에게 먹이를 주는 상반된 영향력이 공존하고 있다. 하나는 세상이 주는 영향력이고, 다른 하나는 하나님이 주시는 영향력이다. 만일 우리가 세상적인 영향력에 더 많이 노출되어 그것을 당연한 것으로 받아들이며 산다면, 우리 안에 어떤 늑대가 힘을 얻을지는 너무 분명해 보인다.

이런 의미에서 믿음 안에서의 갈등은 오로지 나의 선택에 달려 있다고 해도 과언이 아니다. 일단 하나님을 인생의 주인으로 모신 후에는 하

---

40   이훈,《함께 걷는 순례자》(서울: 두란노, 2008), p. 200.

나님과 맘몬을 겸하여 섬길 수 없고, 하나님과 바알은 함께할 수 없다. 내가 죽고 하나님이 사시든지, 내가 죽지 않고 하나님이 죽으시든지 둘 중 하나다.

구원 이후 이스라엘은 영적인 자유함이 주어졌음에도 왜 계속되는 신앙의 갈등에 넘어져야 했을까? 그것은 구원의 자유함과 책임 관계를 제대로 이해하지 못했기 때문이다. 하나님이 우리에게 자유를 주신 것은 우리 마음대로 살기보다 하나님의 뜻에 순종하고 책임 있게 살도록 구원하신 것이다. 동시에 그들이 느낀 갈등은 세상에서 살면서 누적된 오랜 죄의 습관에서 비롯되었다고 할 수 있다. 그들이 갈등할 수밖에 없었던 까닭은 하나님 나라와 인간 나라의 원리가 서로 다르기 때문이다.

가장 소중한 것은 하나여야 한다. 태양이 하나이듯 한 나라 안에 왕이 두 명이면 큰 혼란이 발생한다. 그래서 거룩한 말씀인 율법을 주신 것이다. 그러나 그들은 유일한 하나님의 말씀을 주의 깊게 듣지 않았다. 하나님의 말씀을 너무 가볍게 여긴 것이다. 십계명은 간단했다. 제1계명은 '나 외에 다른 신을 섬기지 말라'는 것이었다. 세상에서 우리를 옭아매던 세력이 얼마나 강한지를 아셨던 하나님은 '다른 주님'을 사랑하지 말라는 것으로 시작하신다. 하나님은 우리 삶의 모든 것의 주인이 되기를 원하신다. 그런데 우리는 여전히 세상 속에서 다른 신들과 함께 살아가려 한다.

법을 잘 지키기 위해서는 무엇보다 하나님이 왜 우리에게 율법을 주시려 했는가를 바로 알아야 한다. 그것을 알면 율법을 지키기가 수월해진다. 하나님은 율법을 우리 모두가 지킬 수 있어서 주신 것이 아니라, 오히려 율법을 통해 우리가 얼마나 죄인인가를 보게 하려고 주신 것이다. 죄의 본성은 율법이 아무리 선하고 거룩해도 그것을 지킬 수 없다. 율법은 구원의 필요성을 느끼고 더욱 하나님이 주시는 은혜를 의지하도록 주어진 것이다.

그래서 율법은 영적 현미경과도 같다고 말할 수 있다. 미생물과 같은 것은 현미경을 통해야만 볼 수 있듯이, 마음속에 있는 죄는 율법의 말씀을 통해야만 그 본성을 깨달을 수 있기 때문이다. 하지만 현미경이 미생물을 크게 만들 수 없듯이, 율법이 우리에게 구원을 주는 것은 아니다. 오직 믿음으로 주님 앞에 나아와 은혜를 구할 때, 하나님이 죄인을 긍휼히 여겨 주시는 것이다. 믿음으로 나아오는 자에게만 은혜로 구원이 임하는 것이다.

그러나 율법을 받은 이스라엘은 하나님의 은혜를 모르고 자격이나 조건 때문에 우리를 사랑하신 것으로 착각했다. 더구나 교만해진 그들은 하나님 없이 자신의 힘으로 율법을 다 지켜 구원을 얻을 수 있다고 생각했다. 그러면서 유대인의 정체성을 강화시켜, 이방인보다 도덕적으로 우월하다고 교만하게 굴었다. 시간이 흐르며 이러한 교만은 하늘을 찌를 듯했고, 이는 그들로 하여금 위선적 삶을 살게 만들었다. 메시아로 오신 예수님 앞에서도 그들은 세계 모든 민족 가운데서 자신들이 가장 정결하고 의롭다고 생각했다. 그들이 외식함으로 겉치레만을 중요시한 사이에 그들 내면의 세계는 악하게 변해 버리고 만 것이다. 죄를 짓고도 안 들키면 그만이라는 식이었다. 예수님은 이러한 외식을 회칠한 무덤에 비유하며 심하게 꾸짖으셨다(마 23:27-28).

이러한 죄성은 결국 이들이 끝까지 참된 회개에 이르지 못하게 만들었다. 하나님 앞에서도 회개하지 않으니 얼마나 딱딱하게 굳어져 있는 마음이었겠는가? 하지만 유대인들의 외식은 우리에게도 해당될 것이다. 하나님 앞에서 겸손하지 않으면 우리도 이렇게 변질될 수 있다는 점을 잊지 말아야 한다. 종교인으로서 '나르시시즘'과 '자아도취'에 빠지게 되고, 자신이 꽤 멋진 사람이라고 착각하며 살게 된다.

한때 모 기업에서 아주 잘나가던 형제가 있었다. 하지만 치열한 경쟁 사회에서 그에게는 남들이 알지 못하는 열등감이 생겼다. 우울증 약이 없으면 한순간도 버틸 수 없는 지경에까지 이르고 말았다. 그는 자신의 초조함을 이렇게 표현했다.

"누군가 저를 올라서거나 넘어설 것만 같아요. 저는 남에게 지고는 못 사는 성격이에요."

그러면서 그는 자신의 삶을 이렇게 정의했다.

"저는 하나님보다 출세와 승진을 위한 세상의 끄나풀이 더 소중하게 느껴져 상사의 비위를 맞추느라 갖은 고생을 다하며 이 자리까지 왔습니다. 하지만 결과는 복불복이었어요. 어떤 때는 성공했고, 어떤 때는 상사 때문에 곤욕을 치르기도 했습니다."

그런 그에게 나는 이렇게 질문했다.

"왜 항상 다른 사람보다 더 뛰어나야 하나요? 성공할 때도 있고 실패할 때도 있는 거죠. 자신은 절대 강자라는 생각은 누가 준 것인가요? 세상에 영원한 일등은 없어요. 우리는 사람 앞에서보다 하나님 앞에서 누구인가가 더 중요해요."

안타깝게도 오늘날 현대인들은 매일 절대적일 수 없는 남들의 평가를 받으며 살아가고 있다. 《아바의 자녀》(복있는사람 역간)라는 책에서 브레넌 매닝(Brennan Manning)은 자신이 살아온 인생을 간략하게 소개한다. 그는 지독한 외로움과 지독한 실패와 지독한 불행과 지독한 열등감에 시달리던 사람이었다. 그의 아픈 가족사를 보노라면 정말 불행하게 보인다. 이렇게 사랑할 만한 것이 하나도 없는 그에게 어느 날 하나님이 무서운 분이 아니라 사랑의 하나님으로 다가오셨다. 그러면서 그는 하나님이 자신을 어떤 조건이나 다른 가치 때문에 사랑하는 것이 아니라, 절대적인 사랑으로 사랑하신다는 사실을 알게 되었다.

이 책에서 그는, 하나님을 떠난 인류는 결국 두 가지 모습으로 살아간다고 말한다. 바로 '거짓된 자아'와 '사랑받는 자녀'로서 말이다. 거짓된 자아란 이 세상과 내가 인위적으로 만들어 낸 왜곡된 자아다. 즉 사람들에게 인정받고 싶어서 남들과 경쟁하고 피 튀기게 싸워 일등이 되기 위해 노력하는 세상의 프레임을 말한다. 경쟁에서 지거나 밀리면 능력 없는 자 내지 낙오자로 취급되는 경쟁 사회를 의미한다. 결국 그러한 세상은 남들보다 공부를 잘하면 칭찬받고, 남들보다 더 좋은 성과를 내면 실력 있다는 말을 듣고, 남들보다 더 탁월한 일을 하면 인정받지만 그렇지 못할 때는 사회로부터 냉정하게 버림받거나 쓸모없는 자로 무가치하게 평가받는다. 이것이 현대인들이 속고 있는 거짓된 자아라는 것이다. 그러한 사회는 좋을 때는 좋지만, 나쁠 때는 비참한 결과를 맞게 된다. 오늘날 사람들은 이러한 것에서 자신의 정체성을 찾기 때문에 항상 열등감에 시달리고 있는 것이다. 이것은 이스라엘과 같은 율법주의의 한 단면이다.

하지만 성경 속 하나님은 우리를 사랑받는 자녀로 창조하셨다. "보시기에 심히 좋았더라"(창 1:31)라고 말하며 우리를 있는 모습 그대로 받아 주신다. 마치 작품처럼 말이다. 작품과 상품의 차이를 아는가? 작가의 작품은 서로 비교하지 않는다. 그러나 대량 생산되어 나오는 상품은 늘 비교하고 열등감에 빠진다. 하나님은 우리를 작품으로 여기기에 있는 모습 그대로 받아 주신다. 하나님의 형상은 그 자체로 가치가 있고 소중하기 때문이다.

하나님은 우리를 종이 아닌 자녀로 불러 주셨음을 절대로 잊어서는 안 된다. 종은 주인에게 행위로써 평가받지만, 자녀는 관계로 평가받는다. 종은 일을 잘하고 성과를 낼 때만 사랑받지만, 자녀는 일과 상관없이 존재 자체로 사랑받는다. 하나님은 우리를 어떤 가치가 있어서 사랑하신 것이 아니다. 하나님이 우리를 있는 모습 그대로 사랑해 주셨기에 가치 있게 된 것이다. 우리는 하나님 앞에 은혜로 서 있어야 한다. 율법으로 살려 하면 오히려 하나님에게서 멀어진다.

오늘날에는 그 어느 때보다 신앙생활 가운데 정체성의 혼란을 느끼는 이들이 많다. 특히 구원의 확신이 약해 믿음이 크게 흔들리는 사람이 많다. 존 맥아더(John MacArthur Jr.)는 그의 책 《어떻게 구원을 확신하는가》에서, 오랫동안 교회에서 동역한 신실한 성도가 갑자기 편지로 자신은 구원받지 못한 것 같다고 말하는 상황을 지켜보며 목회자로서 구원의 확신 문제를 원점에서 심사숙고해 보기로 했다고 서문에서 말한다. 그리고 그 답을 진지하게 성경 속에서 찾으려 했다. 도대체 왜 사람들은 교회를 다니면서 구원의 확신을 갖지 못하는 것일까? 존 맥아더가 구원과 관련한 성경 구절들을 진지하게 분석한 뒤 내린 결론은, 그들은 한결같이 진리를 전체적으로서가 아니라 자기 마음대로 믿고 싶은 것만 골라서 믿으려 하기 때문에 구원의 확신을 갖지 못한 것이라고 말하며 경각심을 일깨워 주었다. 자신의 신실했던 성도도 구원과 관련한 성경의 구절을 믿고 싶은 것만 골라서 믿었기에 그런 영적 균형을 상실해 버린 것이라는 결론에 도달하게 된다.[41] 너무 공감이 가는 대목이었다.

거듭난 크리스천이 되었을 때 내게는 풀리지 않는 고민이 있었다. '왜 성경에서는 행위가 아니라 믿음을 강조할까? 교회에 처음 나오는 사람에게 믿으면 된다고 하는 것은 마치 그가 주체가 되어 하나님을 믿어 주는 행위를 하는 것으로 착각하게 만들 소지가 있는데 말이야. 왜 성경은 믿음의 주체를 혼동할 수 있는 여지가 있음에도 굳이 '믿음'이라는 용어를 사용하는 것일까?' 이러한 혼란이 있음에도 불구하고 성경은 믿음이라는 단어를 포기하지 않았다. 왜냐하면 하나님과 우리의 언약 관계를 믿음처럼 잘 표현해 주는 단어를 찾기가 어렵기 때문이다.

나도 처음에는 위와 같은 함정에 빠진 적이 있었다. 그러나 내가 헌금하고, 내가 봉사하고, 내가 전도하고, 내가 기도하고, 내가 예배하는 것처럼 말하지만, 기독교의 모든 행위에는 대전제가 있다. 그것은 하나님의 절대 주권과 섭리가 바탕에 깔려 있다는 것이다. 네덜란드 개혁교회 주보에는 절대 주권을 이렇게까지 광고하는 경우도 있다고 한다.

"이번 주 토요일 11시에 '주께서 허락하시면' 두 사람의 결혼식이 있을 예정입니다."

하나님의 절대 주권과 섭리에 대해 다소 지나치다고 말하는 사람도 있겠으나, 이것이 세상 역사와 기독교의 역사를 구분 짓는 섭리사관의 믿음이다.

기독교의 믿음은 신뢰에서 시작해 신뢰로 끝난다. 이는 하나님 안에

---

41 존 맥아더, 《어떻게 구원을 확신하는가》(서울: 코리아닷컴, 2016), p. 12.

서 약속의 확신을 가리키는 것이다. 이렇게 비추어 보면, 기독교의 믿음은 우리의 신념이 아니라 하나님이 우리를 위해 행하신 구원을 겸손하게 받아들인다는 수동적 의미가 강하다. 그러므로 구원은 하나님에게서만 나온다. 왜냐하면 하나님이 없던 우리의 영적 상태는 전적으로 부패하고 죽어 있었기 때문이다. 에베소서 2장 1절과 8-9절은 구원받기 전우리의 신분을 잘 드러내 주고 있다.

> "그는 허물과 죄로 죽었던 너희를 살리셨도다 … 너희는 그 은혜에 의하여 믿음으로 말미암아 구원을 받았으니 이것은 너희에게서 난 것이 아니요 하나님의 선물이라 행위에서 난 것이 아니니 이는 누구든지 자랑하지 못하게 함이라."

타락한 인간 안에는 믿을 만한 구석이 전혀 없기 때문에 성경은 이렇게 말하는 것이다. 따라서 우리의 믿음이라는 것은 하나님이 거저 주신 사랑(십자가의 구원과 하나님의 아들을 보내신 사랑)을 인정하고 받아들이는 것뿐이다. 구원을 받고 보니 내가 믿는 것처럼 보이지만, 알고 보면 구원의 환경조차 모두 하나님이 준비해 놓으신 것이다. 아브라함의 구원과 이스라엘의 구원 사건도 마찬가지다. 구원에는 인간의 자랑이나 행위가 개입될 여지가 하나도 없다. 구원은 오직 하나님이 베푸시는 사랑을 믿음으로 수용하고 순종하기만 하면 되는 것이다.

문제는 우리가 자꾸 하나님보다 앞서서 구원을 위해 무엇인가를 하려고 하는 데 있다. 광야에서 이스라엘이 세상으로 다시 돌아가려 했던 것은 조급함 때문이었다. 노력의 열매는 없고 오직 하나님에게만 순종하라니까 하나님이 불만족스러운 것이다. '왜 내가 이렇게 했는데 아무 일도 안 일어나지? 하나님은 나에게 관심이나 갖고 계신 것일까?' 다른 신들에 비해 시시하고 부족해 보였던 것이다. 그러나 복음은 하나님의 위대한 사랑 이야기이다. 하나님의 이 엄청난 사랑은 믿는 것 외에 다른 도리가 없다.

하나님이 우리 삶의 주인이 되시면 우리는 그분의 백성이 되는 것이 당연하다. 그러나 하나님의 구원을 받으면 이전과는 다른 삶을 살아가게 된다. 하나님의 자녀답게 말씀 안에서 살아가게 된다. 하나님이 우리를 새롭게 하셨으니 신분에 걸맞게, 사랑의 관계 속에서 친밀한 신뢰를 느끼며 살아가게 된다. 하나님의 사랑을 받은 우리는 삶의 모든 영역에서 하나님을 주인으로 인정하며 살아가게 된다.

칭의는 전적으로 하나님이 하시지만, 성화는 우리의 노력이 필요하다. 그러나 공통점은, 이 둘은 은혜 없이는 어떤 것도 불가능하다는 것이다. 그래서 결국 칭의와 성화는 하나님의 은혜로 시작해서 은혜로 끝나게 되는 것이다. 성화는 비록 우리의 책임일지라도 은혜를 통해서 가능하므로 결국에는 이것도 하나님이 하시는 것이다. 하지만 광야의 이스라엘 백성은 구원 이후 하나님 없이 말씀을 무시하고 자기 노력과 행위대로 살려고 했다. 하나님을 의지하지 않고 다른 것을 추구하고자 했다.

그러나 주의해야 할 것이 있다. 구원이 능동적인 것이 아니라 신적 수동태요, 값없는 선물이라 해서 값싸게 여기는 순간 그것은 '행위 없는 가짜 구원'이 될 가능성이 높아진다는 사실이다. '값없다'는 것은 우리가 값을 매길 수 없을 만큼 비싸다는 뜻이지 그 반대가 아니다. 만약 이러한 사랑을 오해해서 구원 이후 책임의식 없이 방종으로 치닫게 되거나 무책임하게 살아가는 사람이 있다면 복음을 제대로 이해하지 못한 것이다. 예컨대, 그들은 믿음으로 받은 구원은 잃어버릴 수 없으므로 제자 훈련 없이 자기 멋대로 사는 것은 자유라고 주장한다. 그러나 그것은 하나님의 구원과는 거리가 멀다. 하나님의 구원은 자유에 책임이 뒤따르기 때문이다. 구원 이후에도 은혜 아래 머물며 무책임하게 살지 않으려면 어떻게 행동해야 하는가? 계속 은혜 안에서 옛 생활의 사고를 십자가에 못 박고 하나님의 말씀으로 제자 훈련을 받으며 자라 가야 한다. 하나님과의 관계성 안에서 소극성을 벗어 버리고 적극적으로 행동할 필요가 있다. 이것이 하나님의 온전한 부르심이다.

달라스 윌라드는 개신교 역사에서 믿음만 강조되고 행위는 약화된 원인에 대해 기독교가 '행위'와 '공로'를 혼동했기 때문이라고 날카롭게 지적하고 있다. 사실 개신교 전통에서 종교 개혁 이후 모든 행위를 공로로 치부하던 때가 있었다. 로마가톨릭과 대항하다가 극단으로 치우쳤던 적도 있었다. 오직 믿음만을 강조해서 행위가 나타나지 않았던 때도 있었다. 심지어 지나친 섭리 사상으로 선교 행위가 중단된 적도 있었다. 그러나 이는 분명 잘못된 것이다. 구원론에서 '행위'(action)와 '공로'(works)는 엄연히 다르며, 이는 서로 구분되어야 한다. 예컨대, 가톨릭의 공로는 구원을 받기 위해 행위를 강조하지만, 개신교의 행위는 구원받고 난 성도들이 감사와 기쁨으로 하는 것이다. 구원이 너무 감사하고 은혜가 커서 믿음 안에서 선한 행실을 취하는 것이다.

이런 의미에서 믿음의 초보를 벗어나기 위한 구원 이후의 양육과 제자 훈련은 아무리 강조해도 지나치지 않는다.[42] 이신칭의로 구원을 받아

---

42 현대 교회의 제자 개념과 많은 차이가 있는 복음서의 예수님의 도제식 제자 훈련만이 초대 교회로부터 지금까지 보존되고 이어져 온 참된 영성 훈련이며, 그것만이 쇠락해 가는 교회를 다시

의롭게 되었다면, 그는 믿음의 관계성 안에 계속 머물러 있어야 한다. 그러한 사람은 하프타임 크리스천처럼 정체성을 잃어버리지 않으며, 구원의 확신이 흔들리지 않게 된다.

부흥시킬 수 있는 유일한 능력이 된다고 달라스 윌라드는 강조하고 있다. 그것을 우리 시대와 문화 속에 상황화하여 믿음 생활과 접목한 제자도 관련 책들을 소개하면 다음과 같다. 달라스 윌라드, 《잊혀진 제자도》(서울: 복있는사람, 2007), 《마음의 혁신》(서울: 복있는사람, 2009), 《하나님의 모략》; 제임스 패커, 《제자에게 요구되는 기본적인 특성》(서울: 여수룬, 1989); 데이비드 플랫, 《래디컬》(서울: 두란노, 2011); 카일 아이들먼, 《팬인가, 제자인가》(서울: 두란노, 2012). 한국인의 시각을 가지고 일상생활의 언어로 주 되심을 풀어 쓴 이용규의 《내려놓음》(서울: 규장, 2021)도 참조하라.

08 || 구멍 뚫린(Holey) 바이블

"하나님을 오해하면 하나님을 이해할 수 없다"는 말이 있다. 동시에 "하나님을 다 알 수는 없어도 바르게 알 수는 있다"는 말이 있다. 오직 복음과 그리스도를 통해서 말이다. 성경을 제대로 이해하기 위해서는 구속사적인 관점을 견지해야 한다. 예수 그리스도는 성경이라는 숲의 길이며 구속사적인 완성이시기 때문이다. 그래서 성경은 읽는 자의 마음과 매우 긴밀하게 연결되어 있다. 러브레터를 읽는 것처럼 하나님을 경외하는 마음과 교회를 사랑하는 마음으로 읽을 때 그 진의를 정확히 알 수 있다.

많은 이단이 잘못된 동기로 인해 성경을 자의적으로 해석하거나 한 부분만을 강조(구원, 종말, 성령론, 죄론, 기독론, 삼위일체 교리, 교회론 등)해서 그것을 절대적 진리라고 이야기한다. 마치 자신들만 특별하게 구원의 비밀을 아는 것처럼 말이다. 한마디로 배타적 진리만 가르치는 것이다. 그것도 사리사욕을 채우기 위해서 말이다. 이것은 매우 위험한 성경 해석이며, 파편화되고 찢어진 '구멍 뚫린' 바이블[43]에 가깝다. 마치 예수님이 바리새인의 잘못된 성경 해석을 그렇게 비판하신 것처럼, 성경은 물론 참된 진리도 모르는 자들과 같다.

왜 이스라엘은 구원 이후 바로 가나안 땅에 들어가지 못했는가? 왜 오랫동안 광야에서 방황해야 했는가? 그것은 성경적인 하나님을 자신의 생각으로 둔갑시키려 했기 때문이다. 그들은 애굽의 세계관으로 애굽적인 하나님 나라를 바라보려고 했다. 하나님도 애굽의 신들과 다르지 않을 것이라 착각했다. 그들은 하나님이 자신들을 구원하신 목적이 단순히 이 세상의 복을 얻게 하기 위함이라고 믿고 싶었다. 문제는 그들이 물질적인 복에는 관심이 많으면서도 하나님의 뜻을 제대로 이해하지 못했다는 데 있다. 선물(Gift)보다 선물을 주신 분(Gift-giver)이 더 크다는 사실을 알아야 했으나, 그들은 그렇지 못했다. 그래서 이 땅에 집착하다가 가나안 땅에 들어가는 데 실패하고 말았다. 늘 불평과 원망을 일삼았다. 애굽에서 나온 것도 원망했고, 광야에서도 불평했고, 훗날 가나안 땅에서도 감사를 잃어버리게 되었다.

유목민 시절의 이스라엘은 광야 생활을 하면서 정말 많은 훈련을 받았다. 그런데 막상 가나안 땅에 들어가 보니 유목민일 때와는 비교할 수 없을 정도로 풍요로운 삶이었다. 이제 고생할 필요 없이 한곳에 정착해서 풍요롭게 살아갈 수 있었다. 그러나 그들은 풍요로움 속에서 점차 가나안 일곱 족속에게 영향을 받기 시작했다. 예배를 소홀히 했고, 하나님께 드리는 헌신과 물질과 시간을 하찮게 여겼으며, 하나님을 의지하기

---

43 외국에서는 일부 구절만을 가지고 자의적인 해석을 일삼는 자의 성경을 소위 '파편화된 성경'(Fragmented Bible), '구멍 뚫린 성경'(Holey Bible)이라고 꼬집어 말하기도 한다.

보다 세상과 적당하게 타협하기 시작했다. 무엇보다 하나님의 말씀을 경외하지 않았다. 그때부터 하나님을 잊어버리고 이방 사람들의 삶을 흉내 내기 시작했다. 오로지 과거의 신앙과 표적만 추구했다. 그러면서 이렇게 에둘러 말했다.

"하나님이 살아 계시다면 왜 우리 시대에 만나와 메추라기 같은 기적이 안 보이는가? 하나님이 없기 때문은 아닌가? 하나님이 우리를 사랑하지 않기 때문은 아닌가?"

이처럼 이스라엘은 가나안 땅에 들어가 신앙을 아주 떠난 것은 아니었지만 세상 중심적으로 살아갔다. 풍요 속에 하나님을 귀찮게 여기며 자신의 노력으로 사는 것이 낫다고 여기게 되었다(삿 6:13). 유목민일 때는 하나님의 공급하심으로 살았는데, 가나안 땅에서는 모든 것을 내가 해도 잘되었기 때문이다. 그때부터 그들은 하나님을 마음에서 내쫓고 자신을 의지하기 시작했다.

한 형제가 극심한 생활고를 경험하고 있을 때였다. 그는 지푸라기라도 잡는 심정으로 취업만 된다면 뭐든지 하겠다는 일념으로 간절히 기도 부탁을 해 왔다. 나는 그를 위해 함께 기도해 주었다. 많은 이력서를 넣었음에도 아무런 회신 없이 몇 년 동안 취업이 안 되어 전전긍긍하다 마침내 한 직장에 취업이 되었다는 소식을 듣게 되었다. 주변에서는 박수를 쳐 주었고, 모두 하나님이 도와주셨기 때문이라며 말을 아끼지 않았다. 그 형제도 취업문이 가장 높을 때 남들이 부러워하는 직장에 들어갔으니 얼마나 뿌듯했겠는가? 감사가 넘쳤다.

이후 그는 일터를 하나님의 부르심으로 여기며 성실하게 일했다. 하지만 시간이 흘러 직장 문화에 익숙해지면서 당연하지 않은 것을 당연하게 여기기 시작했다. 감사가 사라지고, 하나님을 원망하기 시작했다. 믿음 생활도 예전에 비해 절박함이 사라졌다. 처음에는 주일 예배에 빠지는 것을 대수롭지 않게 생각하더니, 조금 뒤에는 정기적인 모임도 안 나오고 경건 생활도 서서히 건너뛰기 시작했다. 나중에는 대놓고 세상 사람들과 구별되지 않게 살아갔다.

한참의 시간이 흐른 어느 날, 다시 상담을 요청한 그는 지금 영적으로 너무 힘들다고 말했다. 회사에 들어가 보니 크리스천이 아닌 사람들이 더 행복하고 잘사는 것처럼 보여 손해 의식을 느끼기 시작했다고 한다. 그러다 보니 비교 의식과 열등감이 들어 교회에 가는 시간조차 아깝게 느껴졌다고 한다. 하나님이 자신의 앞길을 방해하는 것 같고, 자신의 성공을 가로막는 것같이 느껴졌다고 한다. 그래서 거룩을 포기하고 세상 사람의 방법을 따라 살게 되었다고 한다. 처음에는 하나님 없이 사는 것이 편해 보였는데, 연말에 자신을 이끌어 주던 상사로부터 버림당하면서 큰 충격을 받게 되었다고 한다. 그는 얼마 안 있어 모든 책임을 지고 옷을 벗어야 했다. 미래가 깜깜하고 마치 절벽 앞에 선 느낌이었다고 한다. 자신도 모르게 광야에 들어서고 만 것이다. 그때 텅 빈 사무실에서 그는 자신의 죄를 회개하기 시작했다고 한다. 기도하는데 어떤 강한 팔이 자신을 감싸고 있는 것이 느껴져 그때부터 다시 하나님 앞에 새벽 제단을 쌓기 시작했다고 한다. 자신이 얼마나 정체성을 잃어버리고 살았는지 하나님께 통회 자복했다고 한다.

어쩌면 일터에서 일어나는 영적 전쟁은 다른 사람의 이야기가 아니라 나의 이야기일 수 있다. 그 형제는 하나님의 은혜로 남들이 들어가기 어렵다는 직장에 취직된 것을 기적으로 여겼으나 성실함으로 직장 생활하는 것은 자신의 노력 때문인 줄 알았다. 그러나 그것은 착각이다. 당연하지 않은 것을 당연하게 여길 때 우리는 은혜를 모르고 살아가게 된다. 그러면서 세상의 힘을 의지해 살아가 보려고 한다. 따지고 보면 광야에서 매일 보여 주신 기적도 하나님의 은혜지만, 매일 직장에서 건강하게 일하는 것도 하나님의 은혜라는 사실을 놓쳐서는 안 된다. 이스라엘의 하나님은 특별 은총의 하나님이기도 하지만, 일반 은총의 하나님이기도 하시기 때문이다.

09 ║ 온실의 화초와
광야의 잡초

하나님은 우리를 제자로 부르신 후 온실이 아닌 광야에서 훈련 시키신다. 성경 속 하나님도 온실 속 하나님이라기보다 광야의 하나님 으로 등장하신다. 온실 속 제자는 너무 나약하고 쉽게 시들어 버릴 수 있기에 잡초와 같은 근성으로 우리를 강인하게 훈련시켜 나가시기 위해 서다(신 32:11-12).

초기 기독교가 발전할 때 영지주의만큼 교회에 심각한 도전을 준 거 짓 가르침은 없었다. 얼마나 기독교 진리의 훼손이 심각했던지, 성경은 그들을 '적그리스도'라 부르기도 했다. 그들의 겉은 기독교와 유사해 보 이나 속은 너무 세속적이었다. 그들은 헬라 철학에 영향을 받아 영은 선 하지만 육은 악한 것이라고 가르쳤다. 사람들은 혼란스러웠으며, 그들의 가르침은 교회 안에 들어와 복음을 심각하게 왜곡시켜 그리스도의 인성 까지 부정했다(요이 1:7). 초대 교회는 이것의 위험성을 알고 이에 맞서 순 수 복음을 지켜 내고자 모든 노력을 아끼지 않았다(골 2:8-9; 요일 4:2). 창조 세계는 죄로 인해 오염된 것이지, 그 자체가 악한 것은 아니기 때문이다.

창세기의 하나님은 창조 세계를 보고 '선하고 아름답다'고 경탄하셨다. 그래서 인간을 창조한 이후 '보시기에 심히 좋았다'라고 말씀하신 것이다.

죄로 인해 세상이 망가졌다 할지라도 하나님은 여전히 우리를 사랑하셨다. 그 사랑으로 우리를 구원하기로 선택하셨다. 그렇지 않았다면 어떻게 예수님이 우리와 같은 몸으로 성육신하셨겠는가? 그런데 영지주의자들은 예수님의 신성만 믿고자 하며 십자가의 죽음을 부정하는 데까지 이르게 된다. 얼마나 심각한 거짓 교리인가? 하지만 성경은 예수님을 완전한 신성과 완전한 인성을 가지신 분이라고 가르친다. 그리고 이러한 성육신의 통찰은 오늘날 세속화의 물결에 도전을 받는 교회와 크리스천의 삶에 강한 메시지를 던져 준다.

예수님은 거친 세상 속에 들어와 우리와 함께하셨다. 마찬가지로 예수님은 우리를 제자로 부르지만 온실의 화초로서가 아닌 광야의 잡초와 같이 훈련시키신다. 세상 속의 소금과 빛으로서 말이다. 그러나 아쉽게도 많은 크리스천이 세상 속에서 이러한 정체성을 망각할 때가 많다. 이를테면, 돈을 버는 일은 세상적이고 교회 일은 거룩하다는 생각처럼 말이다. 이는 자칫 세상 속에서 일하는 크리스천의 삶과 행위를 무가치하게 만들어 버릴 위험이 크다. 이것은 기독교 세계관이라기보다 헬라 철학과 영지주의적 사고에 가깝다.

성경은 하나님이 모든 만물의 주인이심을 강조한다. 하나님은 교회 안에서뿐 아니라 그분의 백성의 삶을 통해서도 영광받기를 원하신다. 하나님 나라는 하나님이 주인인 세상이기에 그분의 통치 안에 있으면 모든 것이 거룩해진다. 성경은 결코 개인의 구원과 영혼만을 중요시하거나 몸을 부정적으로 취급하지 않는다. 오히려 총체적인 변혁과 복음을 강조한다. 따라서 성경적 구원은 우리의 육체를 부정하기보다 오히려 우리의 몸을 더 적극적으로 사용할 것을 강조하고 있다.

바울은 로마서 6장에서 구원 이후 우리의 몸을 죄에게 드릴 것인지, 의에게 드릴 것인지의 선택이 의의 열매를 이루어 내는 비결이라고 강조한다(롬 12:1-2). 왜냐하면 하나님 나라는 개인 구원과 교회 성장만이 전부는 아니기 때문이다. 곧 모든 만물과 열방 가운데 하나님의 통치를 선포하며 그분이 왕이 되시게 하는 것이다. 하박국의 말씀처럼 '물이 바다를 덮는 것같이 온 세상이 하나님의 주권과 통치 아래 있게 될 것'임을 선포하면서 말이다(합 2:14). 이는 하나님의 통치가 전 우주적 영역에 미치게 될 것임을 예견하는 것이다. 오늘 일상생활의 '정치', '경제', '사회', '문화', '교육', '법', '예술', '가정', '교회' 등 모든 영역에서 말이다. 모든 영역 안에서 하나님이 주인이 되실 때 그곳에 평화와 샬롬이 임하게 된다. 그래서 하나님은 우리를 먼저 구원해서 당신의 뜻을 이루어 나가신다. 하나님 나라의 왕과 같은 상속자로서 말이다. 이런 의미에서 교회는 하나님 나라의 대사라 말할 수 있다.

하나님 나라의 복음은 '이웃'의 범위와 개념을 변화시키고 확대시킨다. 복음 안에 나타난 하나님의 뜻은 하나님 사랑과 이웃 사랑 외에 다른 것이 아니다. 예수님의 새로운 정의에 따르면, 하나님 나라 백성에게 이웃이란 도움이 필요한 모든 사람이다(눅 10:36-37). 이처럼 기독교는 건물이나 제도가 아니라, 언제나 하나님의 사람들을 통해 세상을 변화시키며 역사 속에 존재해 왔다. 기독교는 한 번도 탈 역사적이거나 그 시대의 사명에 무관심했던 적이 없었다.

한국 교회사에서도 비슷한 일이 일어났다고 볼 수 있다. 사실 한국 교회는 복음이 전래될 때 적지 않은 위기가 있었다. 하지만 위기 때마다 하나님의 도우심과 성령의 역사로 복음의 씨앗이 뿌려지게 되어 한 세대가 지난 뒤 교회와 성도 수는 헤아릴 수 없을 만큼 폭발적으로 성장했다.[44] 이는 전적인 하나님의 은혜였다. 또한 아주 모범적인 선교사들과 목회자들의 헌신 때문이었다.

교회 성장의 분기점이었던 1907년 평양 대부흥 운동이 끝나자 한국 교회는 1910년 경술국치로 역사적인 큰 위기를 맞았다. 하지만 풍전등화의 위기 속에서도 믿음의 불길은 꺼지지 않았다. 민족의 선각자인 크리스천들이 사회 곳곳에 누룩처럼 있었기 때문이다. 그들은 소수였음에도 불구하고 사회의 일에 관여했다. 당시 공개적으로 자신의 신분을 드러내는 것은 생명의 위협을 당할 소지가 있었다. 그러나 믿음의 선조들은 생명을 걸고 나라와 민족을 힘껏 도왔다. 그리고 기도했을 때 식민 지배에서 벗어나는 기적을 체험했다.

그러나 그 자유와 해방의 기쁨도 잠시, 극한 이념의 대립으로 한국 교회는 갈등의 소용돌이 속에 들어가고 말았다. 극한 이념의 대립으로 하나 되지 못한 한국 교회는 국가를 재건했음에도 불구하고 통일 국가를 이룩하는 데 실패하고 말았다. 이로 인해 한국전쟁이 발발해서 수많은 목숨을 앗아가고, 천만이 넘는 이산가족을 만들어 버린 비극을 낳고 말았다. 그러나 신앙의 자유를 찾아 남한 사회에 정착한 북한의 크리스천들은 철저한 반공정신과 특유의 성실성으로 남한 사회에서 가난을 극복하고 산업화하는 데 크게 이바지했다. 나는 비록 못 먹고 가난해도 오

---

44 김인수, 《한국기독교회의 역사》(서울: 장로회신학대학교출판부, 1998), pp. 242-282.

직 하나님 제일주의로 형제 사랑과 이웃 사랑을 실천해 한국 교회는 대사회적 신뢰를 얻게 되었다. 전후 국가의 재건과 산업 발전에 기여하면서 가난한 자를 돌보는 일과 애국의 기치를 전면에 내걸었기 때문이다. 선한 사마리아인처럼 말이다. 교회는 살아 있는 크리스천들의 믿음으로 부흥했던 것이다.

이처럼 한국 교회는 역사의 위기마다 발 벗고 나서서 사회를 통합하고 살리는 데 중추적 역할을 감당해 왔다. 이러한 이미지 때문에 한국 교회가 세계 교회 역사상 유례를 찾아볼 수 없을 정도로 눈부신 성장을 이루어 냈다는 것은 전혀 틀린 말이 아니다. 지난 반세기 역사 동안의 한국 교회의 성장과 통계가 이를 잘 웅변해 준다. 1966년 무렵에 90만 명(인구의 3퍼센트)이었던 크리스천의 수가 1970년에는 320만 명(10.2퍼센트), 1975년에는 400만 명(11.6퍼센트), 1980년에는 530만 명(14.3퍼센트), 1985년에는 650만 명(16.1퍼센트), 1991년에는 800만 명(18.5퍼센트), 1995년에는 870만 명(19.7퍼센트)으로 증가했으며, 이때 처음으로 국민 소득이 1만 달러를 넘게 된다. 그러다 2005년에 860만 명(18.3퍼센트, 1.4퍼센트 감소됨)이 되면서 처음으로 감소세를 보이게 된다.[45]

한국 교회는 전쟁 이후 산업화와 도시화 현상 및 맥가브란식(Donald Anderson McGavran) 교회 성장학의 도움에 힘입어 세계적인 대형 교회들이 대거 출현했다. 예컨대, 세계 50개 초대형 교회 중 23개, 출석 1만 명 이

---

45 그 후 2007년 서해안 기름 유출 사건, 2009년 용산 4구역 철거 현장 화재 사건 등에서 간혹 기독교의 사회 참여와 봉사로 일시적 증가 현상을 보이기도 하지만 1990년대에 들어서서 대체적으로 지속인 감소 현상을 보이고 있다. 이상은, 정병준 교수의 서울장신대 한국교회사 11강 강의(한국교회 성장의 원인과 반성, 2020년 6월 3일)와 임성빈 교수의 강의(교회갱신협의회에서 주최한 '한국사회/교회의 위기와 극복방안 모색', 2012년 8월 22일)에서 많은 도움을 받았음을 밝혀 둔다.

상인 대형 교회 15개가 한국에 몰려 있다는 사실만 보아도 이를 쉽게 알수 있다. 이러한 한국 교회 부흥의 역사는 하나님의 기름 부으심과 목회자의 탁월한 영적 리더십으로 가능했던 것을 부인해서는 안 된다. 동시에 그 이면에 있는 사회적인 배경도 간과되어서는 결코 안 된다. 특수한 경제 발전 시대에 카리스마적 리더십과 조직적인 제도, 소그룹의 활성화로 인해 교회가 지속적인 성장을 해 올 수 있었던 것은 틀린 말이 아니다. 70년대를 살펴보면 확실히 교역자의 학업 수준이 높아졌고, 경제 발전 논리와 교회 성장 제일주의가 맞물려 'bigger is best'라는 신드롬을 만들어 내기도 했다. 하지만 그 당시 대부분의 교회들은 개인 구원에 초점이 맞춰져 있어, 실제로도 영혼 구원과 구령의 열정이 교회의 가장 시급한 과제였다.

특별히 전도와 관련한 한국 교회의 폭발적 성장 이면에 또 하나의 숨은 공헌과 견인차 역할을 했던 것은 바로 선교 단체들의 노력이었다. 선교 단체들은 캠퍼스를 중심으로 지역 교회가 할 수 없었던 전략화된 개인 전도와 개 교회가 생각해 보지 못한 민족 복음화, 세계 선교의 기치를 내세워 거대한 성시화 운동을 이끌어 내며 교회들에게 엄청난 도전을 주었다. 그들의 역동적이고 체계적인 전도 운동과 대규모 부흥 집회는 1973년부터 1984년까지 여러 차례 있어 왔다. 민족 복음화의 꿈이 코앞에 있는 듯했다. 당시 선교 단체의 영향을 받지 않은 사람이 없을 정도로 선교 단체는 교회 성장에만 몰입해 있던 지역 교회를 깨우며 성경 공부와 제자 훈련을 도입해 신선한 충격을 주기도 했다. 이것이 한국 교회와 함께하신 하나님의 놀라운 역사였다.

그런데 이렇게 잘 성장하던 한국 교회에 빨간불이 켜지기 시작했다.

도대체 지나간 시간 속에서 한국 교회 안에 무슨 일이 벌어지고 있었던 것일까? 1990년대 후반부터는 한국 교회의 이곳저곳에서 균열의 조짐이 보이더니 급기야 정체 내지 급격한 쇠퇴의 징조를 보이기 시작했다. 1980년에서 1990년에 새 신자 270만 명, 교인 수 800만 명, 1995년에 870만 명(19.7퍼센트)으로 정점을 찍은 뒤 1995년(19.7퍼센트)에서 2005년(18.3퍼센트)에 이르는 동안 줄곧 14만 명씩 감소하기 시작했다.

연도	성도 수	증가 비율	인구 대비 비율
1950	500,198		2.4%
1960	623,072	24.6	2.5%
1966	905,000	45.3	3.1%
1970	3,192,600	252.8	10.2%
1975	4,019,000	25.9	11.6%
1980	5,337,000	32.8	14.3%
1985	6,489,300	21.6	16.1%
1991	8,037,500	23.9	18.5%
1995	8,760,300	9.0	19.7%
2005	8,616,000	-1.4	18.3%

(단위: 퍼센트)

종교 \ 연도	1985	1995(증가)	2005(증가)	증가 (지난 20년)
종교 인구	42.6	50.7(8.1)	53.7(2.4)	11.1
기독교	16.1	19.7(3.6)	18.3(-1.4)	2.2
불교	19.9	23.2(3.3)	22.8(-0.4)	2.9
천주교	4.6	6.6(2.0)	10.9(4.3)	6.3

● 자료 출처: 대한민국 통계청
● 한국 천주교는 그들의 신자 수를 4.46이라고 발표했다.

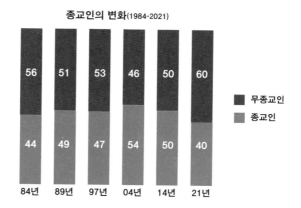

종교인의 변화(1984-2021)

84년: 무종교인 56, 종교인 44
89년: 무종교인 51, 종교인 49
97년: 무종교인 53, 종교인 47
04년: 무종교인 46, 종교인 54
14년: 무종교인 50, 종교인 50
21년: 무종교인 60, 종교인 40

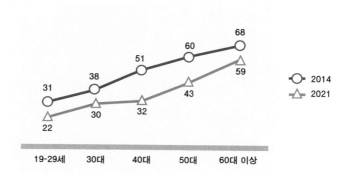

연령별 종교인 비율 변화(2014 vs. 2021)

2014 / 2021
19-29세: 31 / 22
30대: 38 / 30
40대: 51 / 32
50대: 60 / 43
60대 이상: 68 / 59

자료 출처: 한국갤럽, <갤럽리포트, 한국인의 종교 1984-2021>,
2021.5.18.-20.(제주 제외 전국 만 19세 이상 1,500명, 면접 조사, 2021.3.18.-4.7.)[46]

---

46 하이원 리조트에서 진행된 뉴노멀 시대에 대한 임성빈 교수의 강의 내용 중 '미래 사회를 만드는 교회'에서 일부 재인용(2022년 9월 23일)한 것임을 밝혀 둠.

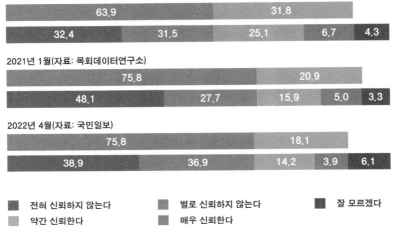

한국 교회 신뢰도 변화 추이(단위: %)

2020년 1월(자료: 기독교윤리실천운동)
63.9 31.8
32.4 31.5 25.1 6.7 4.3

2021년 1월(자료: 목회데이터연구소)
75.8 20.9
48.1 27.7 15.9 5.0 3.3

2022년 4월(자료: 국민일보)
75.8 18.1
38.9 36.9 14.2 3.9 6.1

■ 전혀 신뢰하지 않는다   ■ 별로 신뢰하지 않는다   ■ 잘 모르겠다
■ 약간 신뢰한다   ■ 매우 신뢰한다

　　많은 신학자가 한국 교회의 쇠퇴와 감소 이유로 물질주의와 권위주의 및 세속화와 성공제일주의를 꼽는다. "가난은 극복했으나, 풍요 속에 하나님을 잃어버렸다"는 말처럼, 사회는 고도의 경제 성장에서 탈권위주의를 표방하며 개인의 민주화로 급속도로 변화하는 데 반해 교회는 이를 따라가지 못하며 더 힘과 권위주의적인 모습을 보여 주고 말았다. 1990년까지 잘 성장하던 한국 교회가 성장이 멈추기 시작한 뒤에도 힘과 숫자를 자랑하다가 대사회적 신뢰를 잃어버리게 되었다.

　　특히 2005년부터 2015년 사이 연이어 터진 한국 교회의 스캔들과 일탈 행위는 사회가 교회와 크리스천들에게서 등을 돌리게 만드는 결정적 원인을 제공했다. 윤리 실종과 비도덕적인 일탈로 한국 교회의 명성은 한순간에 내리막길을 걷기 시작했다. 대사회적 신뢰도는 급격히 추락하고, 교세와 성도 수는 오래전부터 빨간불이 켜지기 시작했다. 급기야는 크리스천조차 교회를 떠나는 '뉴 엑소더스'(New Exodus) 현상까지 일어나 청년들의 탈교회화가 가속화되고 있다. 가나안 성도들은 하나님을 갈급하게 찾고 싶지만, 교회는 그것을 충족시켜 주지 못하고 있기 때문이다. 다음 세대를 걱정하며 한국 교회는 지금도 가나안 성도들의 문제의식에 대해 활발하게 논의하고 있다.[47] 그러면서 이구동성으로 교회의 양적 성장과 더불어 구원의 인플레이션과 명목상의 크리스천들이 교회에 넘쳐난다는 비판이 제기되기 시작했다.[48]

하지만 문제는 한국 교회가 스스로를 개혁하려는 자정 능력을 상실해 버렸다는 데 있다. 불의에 대해 희망이 되어야 할 교회가 오히려 '게토화'되어 선지자적 목소리를 낼 수 없었다. 이때부터 교회가 세상을 걱정하기보다 세상이 교회를 걱정한다는 말이 나돌기 시작했다. 교회는 사회적 눈높이에서 멀어져, 아무리 신실하게 전도해도 자동차 바퀴의 공회전같이 느껴졌다. 공적 영역에서는 물론 일상생활에서조차 신뢰받지 못하며 구원의 가치를 하락시켜 버렸다. 한국 교회의 대사회적 신뢰도가 얼마나 추락했

---

47 김동춘 책임 편집, 《탈교회: 탈교회 시대, 교회를 말하다》(논산: 느헤미야, 2020), pp. 19-39. 이 책에서 정재영은 '그들은 왜 교회를 떠나는가? 한국교회의 가나안 현상에 대한 이해'의 글에서 보다 자세히 뉴 엑소더스 문제를 다루고 있다.

48 교회와 세상의 관계성에 대해서는 여러 시각들이 있다. 김두식, 《교회 속의 세상, 세상 속의 교회》(서울: 홍성사, 2010); 조성돈, 《한국교회를 그리다》(서울: 기독교문서선교회, 2016); 강연안 외, 《한국교회, 개혁의 길을 묻다》(서울: 새물결플러스, 2013); 조성돈, 정재영, 《그들은 왜 가톨릭 교회로 갔을까》(서울: 예영커뮤니케이션, 2007); 정재영, 《교회 안 나가는 그리스도인》(서울: IVP, 2015), 《계속되는 도전》(서울: SFC출판부, 2022); 정재영 외, 《한국 교회 제자훈련 미래 전망 보고서》(서울: IVP, 2016). 나는 위의 책들 가운데 한국 교회가 사회와 세상 속에서 어떻게 살아가야 하는지에 관한 제자의 삶보다 교회 안에 최적화된 크리스천을 양산했다고 지적하는 《한국 교회 제자훈련 미래 전망 보고서》에 깊이 공감했다.

는지는 각종 통계 자료와 설문 조사를 보면 쉽게 확인할 수 있다.[49]

이때부터 사회는 교회를 향해 '당신들의 천국'이라는 비판을 멈추지 않으며 각종 영화나 미디어를 통해 우회적 비판을 시도했다.[50] 이기적이고 비상식적인 모습에 다음 세대들에게도 교회의 신뢰도는 급속히 추락하기 시작했다. 안타까운 점은, 한 교회가 언론에서 문제가 될 때마다 미디어의 영향으로 수많은 중소형 교회의 문이 닫혀 가고 있다는 것이다. 그러나 내가 보기에 더 심각한 문제는 교회 밖이 아니라 교회 내부에 있다. 교회 강단은 온전한 진리 대신 반쪽 진리가 넘쳐났다. "모두 부자 되

---

49 팬데믹 기간 한국 교회의 대사회 신뢰도 조사들을 보면 내부자들과 외부자들의 인식 차이가 상당하다는 것을 보게 된다. 외부자들에게 기독교의 사회적 신뢰도는 점점 부정적이 되어 가고 있다. 2020년 1월 기독교윤리실천운동 32.4(전혀 신뢰하지 않는다), 31.5(별로 신뢰하지 않는다)=63.9퍼센트, 2021년 1월 목회데이터연구소, 48.1, 27.7=75.8퍼센트, 2022년 4월 국민일보, 38.9, 36.9=75.8퍼센트. 더 자세한 내용은 다음의 책을 참조하라. 임성빈 외, 《코로나19와 한국교회에 대한 연구》(서울: 장로회신학대학교출판부, 2021); 정성진 외, 《격차의 시대, 격이 있는 교회와 목회》(서울: 글과길, 2022), 지용근의 '격차의 시대, 세상과 교회의 차이를 말하다'를 참조하라.

50 최근에 한국 교회가 사회로부터 비난을 받는 것은 영적 리더십을 발휘해 분열된 사회를 통합하려 하지 않고 오히려 분열의 시작이 되고 있기 때문이다. 최근 4년 동안 매 주일 대표 기도하는 장로님과 권사님들의 기도가 목사인 내게 깊이 와 닿는다. 그들의 두렵고 떨리는 기도 소리는 "주여, 교회가 사람이 만든 이념으로 분열되고 양분되어 보수와 진보로 난립하고 있습니다. 주여, 아주 오래전부터 우리는 '지역 간', '계층 간', '세대 간', '성차별', '이념 간' 심각한 분열과 대립이 지속되고 있습니다. 우리의 죄를 용서해 주소서"라고 읊조리고 있었다. 기독교에 대한 사회의 비판적 시각에 대해 한 언론과의 인터뷰에서 교계의 양심인 손봉호 교수(고신대 석좌교수)가 바르게 지적하듯, 교회는 결코 사회에서 정치적인 힘이나 권력을 자랑해서는 안 된다. 그것은 예수 그리스도가 보여 주신 모습이 아니기 때문이다. 기독교는 그분의 발자취를 따라 세상 속에서 희생하고, 손해 보고, 힘과 권력을 감출 때에야 오히려 사회로부터 더 존경을 받게 된다. 정치 운동과 사회 참여를 하고 싶다면 차라리 용기를 내어 목사와 교회라는 타이틀을 떼어 버리는 것이 더 교회를 위한 나은 선택이라고 주장했다. 일반 기독교에 무지한 사회는 교회와 목사라고 할 때 모두 싸잡아서 하나로 인식해 비난하는 경향성이 존재하기 때문이다. 정재영 외, 《태극기를 흔드는 그리스도인》(서울: IVP, 2021); 고영은, 《한반도 통일과 기독교》(서울: 총회한국교회연구원, 2017), pp. 201-232 참조. 그리스도의 몸 교회론의 시각에서 산마루교회의 이주연 목사는, 언론에서 대형 교회의 문제가 터질 때마다 문제의 교회는 건재한데 오히려 미자립 교회와 개척 교회들이 피해를 본다고 성토했다. 일반인들은 기독교와 모든 교회를 하나로 보기 때문에 각종 사건 사고가 발생하면 힘없는 교회들이 언론 보도의 피해를 가장 직접적으로 보게 된다고 고백한 적이 있다.

세요"라는 광고 문구처럼 교회와 세상은 다르지 않았다. '유사 복음', '성공주의', '물질주의', '번영 신학'과 '기복 신앙'이 교회의 강단을 휩쓸기 시작했다. 이러한 세속화의 영향으로 복음이 전래된 이래 한국 교회와 기독교는 최대 위기에 빠져들게 된 것이다. 십자가의 진리는 자취를 감추고 이기적인 '나' 중심의 소비자 기독교(consumer Christianity)가 등장하며 자기부인의 삶을 부정해 버리게 만들었다.

바로 이 시기가 이단과 사이비가 발흥하는 시기와 맞물린다는 것이 너무 뼈아픈 부분이다. 신학자와 역사가들은 기독교 역사에 사이비 이단이 등장할 때마다 바른 복음이 사라진 시기였다고 입을 모은다. 이때부터 복음의 자리를 대신해 수많은 이단 종파가 교회 안에 침투해 성도들의 삶을 유린하기 시작했다. 교회에 실망한 이들의 영혼을 갉아먹기 시작한 것이다. 기성 교회를 비판하며 등장한 이단 세력은 겉으로 볼 때 꽤 매력적이게 느껴졌다. 복음의 알맹이가 빠진 이단과 사이비는 나홀로 구원과 내세적인 신앙생활만 가르치거나, 믿음을 빼고 오직 자기 열심을 강조하는 공로주의 신앙을 주입시켜 나갔다. 마치 기성 교회에 있으면 구원을 잃어버리기라도 하는 것처럼 호들갑을 떨며 구원론의 문제를 매우 곡해하기 시작했다. 그들은 현재 다니고 있는 기성 교회를 떠나야 구원받는다는 식으로 엉터리 교리를 퍼뜨리기 시작했다.

지금까지 논의한 내용을 간략하게 종합하면, 한국 교회는 60-90년대 초까지 양적 성장을 이루었으나 개인 구원과 교회 안의 제자 훈련 프로그램은 급격한 사회 변화로 인해 2000년대 이후 지금까지 심각한 정체와 쇠퇴를 맞이하고 있다. 이로 인해 교회가 힘을 잃자 이단들이 발흥하기 시작했으며, 오늘날까지 급격한 성도 수의 감소와 쇠퇴 및 가나안 성도의 심각한 문제가 나타나고 있다.[51] 하지만 진짜 문제는 현세대보다 다음 세대의 선교와 교회에 있다고 할 수 있다. 미래 사회는 초고령화 시대와 급격한 인구 감소로 다음 세대의 선교와 신앙 전수에 위기감이 돌고 있기 때문이다.

한때는 잘나가던 한국 교회가 왜 이러한 총체적 난국에 빠지고 말았을까? 나는 급변하는 시대와 하나님 나라의 제자도 결핍 때문이라고 본다. 제자도 훈련의 대가인 고(故) 옥한흠 목사님이 지적한 대로, 과거는 물론 오늘의 한국 교회에 오로지 교회 성장을 위한 제자도는 있지만 하나님 나라의 교회론이 부재한 것은 아닌지 깊이 반성해 보아야 한다.[52] 따라서 하프타임 크리스천 시대에 기존의 교회론은 하나님 나라의 교회론으로 재정렬될 필요가 있다고 본다.[53] 현대 사회의 문제에 신학적으로

51 박용규, 《한국교회를 깨운 복음주의운동》(서울: 두란노, 1998). 물론 70-80년대에 복음주의 운동을 주도했던 교회가 전혀 없었던 것은 아니다. 이 책은 한국 복음주의 운동이 한국 교회에 미친 긍정적인 공헌과 역할에 대해 체계적이며 매우 균형 있게 잘 정리해 주고 있다.

52 2007년, 서울월드컵경기장에서 열린 한국 교회 부활절 연합 예배에 설교자로 나선 옥한흠 목사님의 설교를 육성으로 들을 수 있었다. 목사님은 울먹이면서 강단에서 수많은 영혼을 울리는 명설교를 선포하셨다. "주여, 이놈이 죄인입니다. 내가 바로 한국 교회를 망친 장본인입니다. 제자 훈련을 한답시고 하나님 앞에 설 면목이 없습니다. 하나님 나라의 제자를 키우기보다 교회 안에서 성도들을 끌어 모으려 했고, 편안하게 하고 안주하게 하는 제자로만 키웠습니다. 주여, 이놈이 회개합니다. 내 죄를 용서하여 주소서." 가슴을 찢는 설교로 역사에 길이 남을 명설교가 아닐 수 없다.

53 체코의 개혁주의 신약학자 포코르니(Petr. Pokorný)가 그의 에베소서 주석 중 '특주 그리스도의 몸과 충만으로서의 교회'에서 아래의 도표(p. 160 그림 참조)를 설명한 바 있다. 바울은 교회와 그리스도의 양자 관계에서 한 단계 더 나아가 교회와 그리스도와 세상의 삼자 관계로 확대하고 있는 점을 주목해 볼 필요가 있다. 즉 그리스도는 교회의 머리일 뿐 아니라 세상의 머리요, 만물의 머리가 되신다(골 2:10). 세상과 교회에 대한 이러한 그리스도의 머리 되심이 갖는 이중적인 기능은 예수 그리스도께서 교회를 통해 세상을 다스리심을 의미한다. 교회를 통한 그리스도의 세상 통치와 관련해서 골로새서와 에베소서는 가정을 교회와 세상을 잇는 가교로 보고, 기독교 가정에 대한 교훈으로 가정교훈 목록을 제시한다(골 3:18-4:1; 엡 5:22-6:9). 장흥길, 《신약성경윤리》(서울: 장로회신학대학교출판부, 2002), pp. 236-241에서 재인용.

응답하며 사회적 책임을 도외시하지 않는 하나님 나라의 교회론으로 확대될 필요가 있다.[54] 그것이 본래 하나님이 의도하신 하나님 나라의 복음의 뜻이기 때문이다.

> "좋은 소식을 전하며 평화를 공포하며 복된 좋은 소식을 가져오며 구원을 공포하며 시온을 향하여 이르기를 네 하나님이 통치하신다 하는 자의 산을 넘는 발이 어찌 그리 아름다운가"(사 52:7).

> "아름다운 소식을 시온에 전하는 자여 너는 높은 산에 오르라 아름다운 소식을 예루살렘에 전하는 자여 너는 힘써 소리를 높이라 두려워하지 말고 소리를 높여 유다의 성읍들에게 이르기를 너희의 하나님을 보라 하라 보라 주 여호와께서 장차 강한 자로 임하실 것이요 친히 그의 팔로 다스리실 것이라"(사 40:9-10).

> "요한이 잡힌 후 예수께서 갈릴리에 오셔서 하나님의 복음을 전파하여 이르시되 때가 찼고 하나님의 나라가 가까이 왔으니 회개하고 복음을 믿으라 하시더라"(막 1:14-15).

이상 위의 구절들과 같이, 신구약에서 말하는 '복음'이란 창조주 하나님이 우리의 왕이 되시고 우리는 그분의 백성이 되는 언약 관계 외에 다른 것이 아니다.

---

54 하나님 나라의 교회론과 변화하는 시대에 대해서는 다음의 책들을 참조하면 유익하다. 존 스토트, 《현대 사회 문제와 그리스도인의 책임》(서울: IVP, 2011); 2010년 제3차 로잔 대회 공식문서, 《케이프타운 서약》(서울: IVP, 2014); 마이클 프로스트, 《새로운 교회가 온다》(서울: IVP, 2009), 《성육신적 교회》(서울: 새물결플러스, 2016).

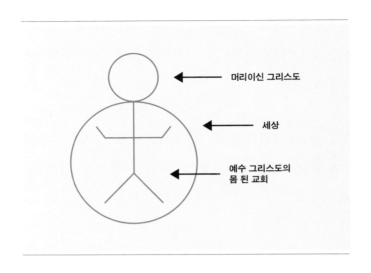

머리이신 그리스도

세상

예수 그리스도의
몸 된 교회

　지금까지 2부에서는 하프타임 크리스천에 대해 살펴보았다. 하프타임 크리스천은 구원 이후 우선순위의 문제로 갈등하는 크리스천이라고 묘사해 보았다. 하나님은 우리를 값없이 구원해 주셨음에도 우리는 여전히 세상의 가치관을 가지고 살아갈 때가 많다. 이런 하프타임 크리스천들은 두 세계 사이에서 영적인 정체성과 소속감이 희미하다. 왜냐하면 눈에 보이는 세상적인 유혹 때문에 하나님을 사랑하는 것이 쉽지 않기 때문이다. 그래서 하나님은 여전히 세속화된 부분을 제거하기 위해 광야를 지나가게 하신다. 위대한 고난의 학교를 통해 거짓된 가치관을 벗어 버리게 하신다. 이런 의미에서 광야 생활이란 단순히 나를 빚어 가시는 거룩한 사랑이라 말할 수 있다. 물론 아픔과 고통이라는 대가가 지불되기도 하지만, 하나님만 의지하도록 하기 위해 나를 단련하는 시간이라 할 수 있다.

　그렇다면 이제 어떻게 일상생활 속에서 부분적인 크리스천의 삶이 아닌 전방위 크리스천으로 살아갈 수 있는지 살펴보도록 하자. 3부에서는 어떻게 크리스천이 세상의 유혹을 벗어나 능력 있는 모습으로 살 수 있는지 그 비결을 알아보고자 한다.

3부

"천국은 마치 밭에 감추인 보화와 같으니
사람이 이를 발견한 후 숨겨 두고 기뻐하며
돌아가서 자기의 소유를 다 팔아 그 밭을 사느니라"

(마 13:44).

풀타임
크리스천

01 | 나는
풀타임 크리스천이 되고 싶습니다

어렸을 때 우리 집에는 〈신앙계〉(신앙계)라는 잡지가 수북이 쌓여 있었다. 그 잡지 안에는 '산골짜기에서 온 편지'라는 고(故) 대천덕 신부의 칼럼이 있었다. 어려운 신앙적 문제들을 속 시원하게 답변해 주는 코너여서 선풍적인 인기를 끌었다. 오래된 내용이라 자세히 기억할 수 없지만, 한번은 이런 내용을 읽은 적이 있다.

"대천덕 신부님, 저는 크리스천이 되고 싶습니다. 진정한 신자로 살아가고 싶은데 아직도 힘이 듭니다. 어떻게 해야 참된 크리스천이 될 수 있나요?"

죄에 넘어지고 나면 교회에 갈 엄두도 안 난다며 안타까운 심경을 토로했다. 차라리 이럴 바에는 세상으로 돌아가는 것이 더 낫지 않느냐는 질문이었다. 사연을 들은 대천덕 신부님은 그분을 위해 이렇게 답변했다.

"형제님, 많이 힘들었겠어요. 너무 안타깝습니다. 그러나 형제님께 몇 가지를 묻고 싶습니다. 다음 질문에 정직하게 대답해 보시기 바랍니다. 형제님은 정말 하나님을 믿습니까? 정말 예수님이 형제님의 죄를 위해 십자가에서 죽으시고 부활하여 형제님의 주님이 되셨다는 사실을 믿습니까? 아무리 죄에 넘어지더라도 형제님이 정말 하나님을 믿는다면 진짜 크리스천 맞습니다. 성화의 과정이니 힘들어도 교회와 공동체는 떠나지 마십시오."

청년 교역자로 사역할 당시 나는 신앙 문제로 갈등하는 청년들을 많이 만나 보았다. 청년들이 직장에서 이중생활의 문제로 얼마나 힘겹게 살아가고 있는지 잘 알고 있다. 교회를 다니며 하나님의 뜻대로 살고 싶지만 반복되는 죄의 문제로 고통 받고 있다는 것도 알고 있다. 벌써 10년도 훌쩍 넘은 일 같다. 한번은 주초(술과 담배) 문제로 힘들어하는 청년을 도와준 적이 있다. 그가 힘들어하고 있을 때 나는 대천덕 신부님처럼 조언을 해 주었다. 죄에 걸려 넘어질지라도 교회는 떠나지 말라고 말이다. 그리고 꼭 공동체에 붙어 있으면서 다시 넘어진다면 신뢰할 만한 사람들에게 그것을 나누고 기도를 요청하라고 조언해 주었다. 이후 5년간 가족과 함께 한국을 떠나 있었던 관계로 오랫동안 그 친구를 보지 못했다. 5년 뒤 한국으로 돌아왔을 때 메일 한 통이 왔는데, 그 친구로부터 온 것이어서 무척 반가웠다. 그러나 메일을 열어 보는 순간 나는 크게 실망하고 말았다. 여전히 그 친구는 믿음이 자라지 않고 있었기 때문이다.

"목사님, 어제 직장 회식 자리에서 또 죄에 넘어졌어요. 이상하게 믿음과 행동이 따로 놀아요. 목사님, 술을 마시면 지옥에 가나요? 정말 구원을 잃어버리나요?"

메일을 읽는 동안 무척 속이 상했다. 그를 대학생 때부터 알았는데 아직도 같은 굴레에서 벗어나지 못하고 있었다. 이는 하나님 앞에서 권리 포기와 소유권 이전이 잘 안 되어 있기 때문이라고 생각한다. 소유권 이전은 하나님을 사랑하는 기독교 신앙인들에게 가장 중요한 사항이자 관문에 해당한다.

02 ‖ 내 삶의 소유권,
이전했습니까

구찌(Gucci) 가문의 몰락을 그린 〈하우스 오브 구찌〉(House of Gucci)라는 영화를 본 적이 있다. 이 영화에는 파트리치아라는 주인공이 나온다. 그녀는 인간의 탐욕과 끝없는 욕망의 화신으로 등장한다. 가난하게 자란 그녀가 파티에서 한 남자를 만나 하루아침에 신데렐라가 된다는 이야기다. 말 그대로 신분 상승이 이루어진 것이다. 남자의 가문에서는 신분 차이 때문에 한사코 만류했으나, 마침내 그들은 부부가 된다. 그러던 어느 날, 파트리치아는 남편 삼촌의 생일 파티에 가서 구찌 가문의 화려한 모습을 알고 충격을 받게 된다. 그 후 탐욕이 그녀의 눈을 가리고 마음을 지배해, 그녀는 사치와 욕망의 늪에 빠져들고 만다. 그리고 어떻게 해서든지 그 가문을 자신의 손에 넣기 위한 소유욕에 불타오르게 된다. 이후 그녀는 온갖 사치스러운 명품으로 치장하고 허세를 부리다 끝없는 탐욕 때문에 청부 살인까지 지시하게 된다. 하지만 얼마 가지 못해 범죄가 들통 난 그녀는 감옥에 들어가 혹독한 죗값을 치르게 된다. 이후 구찌 가문이 오랫동안 쌓아 올린 회사의 명성은 끝까지 살아남아 오늘날까지 그 브랜드의 명맥을 유지하게 된다.

이 영화는 관객들에게 궁금증을 자아낸다. '하루아침에 사라질 것 같았던 구찌 가문이 몰락하지 않고 세계적인 기업으로 우뚝 서게 된 비결은 무엇일까?' 아이러니하게도 구찌 가문이 모두 경영에서 손을 떼고 물러나면서부터이다. 경영난으로 몰락할 회사를 전문 경영인에게 위탁했을 때 비로소 세계적 브랜드가 될 수 있었다는 것이다.

믿음 생활도 마찬가지다. 하나님이 우리의 주인이 되시고 우리는 권위자인 하나님께 순종할 때 비로소 우리의 삶은 완전히 새로워지게 된다.

03 ║ 영혼의
지도

청년 사역자 시절 같은 공동체에서 청년들과 함께 아웃리치를 떠난 적이 있다. 너무 많은 사람이 지원했기에 서로를 알아 가는 팀 빌딩의 시간이 필요했다. 일명 'Get to know'(알아 가기) 시간이었다. 기도를 위해 모이기로 한 날 팀장에게 전체 진행을 맡겼는데 그가 이런 제안을 했다.

"자, 우리 모두 주 안에서 한 팀이 되었는데, 먼저 좀 더 깊이 알아 갔으면 합니다. 그다음에 기도했으면 좋겠습니다. 지금부터 조별로 흩어져서 각자의 삶을 오픈하고 나누었으면 해요. 즉 개인의 삶에서 가장 기쁠 때는 언제였고 가장 슬플 때는 언제였는지 서로 말해 봅시다."

그러더니 그는 가방에서 무엇인가를 꺼내며 말을 이었다.

"자, 지금부터 펜과 종이를 나누어 드릴 테니, 하나님이 어떻게 자신의 삶을 인도해 오셨는지 발표해 보세요."

나도 이 나눔에 동참했다. 그렇게 30분 정도 소그룹별로 나눔을 하고 나니 정말 친밀해지는 느낌이 들었다. 내 차례가 돌아왔을 때 소그룹 리더가, "인생에서 가장 슬픈 때는 언제였나요?"라고 묻자 나는 이 질문에 이렇게 삶을 나누기 시작했다.

"저는 중학교 2학년 때였던 것 같아요. 여름 방학이 끝난 개학 첫날이었는데, 담임선생님이 그날따라 매우 늦게 수업에 들어오셨어요. 워낙 칼 같은 분이신데 그날은 30-40분 정도 늦게 교실에 들어와 말씀하셨어요. 제 짝이었던 친구가 방학 때 교통사고를 당해 하늘나라로 가게 되었다는 거예요. 선생님 말씀이 믿어지지 않았던 친구들은 술렁이기 시작했어요. 늘 해맑고 반 분위기를 주도하던 개구쟁이 녀석이었는데 너무 안타까웠어요. 그날 아침 저희 반은 눈물바다가 되었던 것으로 기억해요. 특히 사춘기를 겪고 있을 때라 감수성이 매우 예민했는데, 저 또한 충격이 컸는지 며칠 동안은 밥을 먹지 못하고 학교 운동장 벤치에서 덩그러니 하늘만 보고 앉아 있었던 것이 생각납니다. 그날 이후로도 죽음의 충격이 쉽게 가라앉지 않아 잠자리에서 가위에 눌렸던 일이 기억나요. 교실에 들어갈 때마다 친구의 빈자리가 너무 크게 보였기 때문이죠. 그게 가장 슬픈 일인 것 같아요."

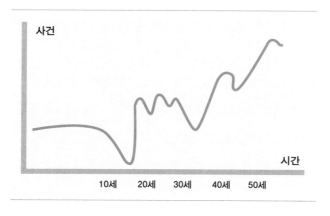

<영혼의 지도>(Spiritual Mapping)

미국의 북서부 끝 쪽을 여행하다 보면 삼나무와 적색삼나무들을 쉽게 만나 볼 수 있다. 그 식물들의 생태를 보존하기 위해 연구하는 학자들에 따르면, 그 나무의 절단면인 나이테를 통해 해마다 나무가 어떻게 성장했는지에 관한 생태 정보들을 쉽게 찾아낼 수 있다고 한다. 즉 어떤 해에 가뭄이 심했고 언제 번개와 벼락이 있었는지 유무와 언제 홍수가 범람했는지, 어떤 해에 산불과 사나운 병충해와 질병들이 유행했는지를 나이테를 통해서 정확히 확인할 수 있다고 한다.[55] 마치 오늘날 피 한 방울로 몸의 모든 상태를 알 수 있는 것처럼 말이다.

하나님보다 사역이 우상이 되어 살아가던 서른여덟 무렵이었을까? 월요일 새벽 예배를 마치고 동이 터 올 무렵, 사무실 서재에서 별 생각 없이 눈을 감고 쉬고 있었다. 그러다 잠깐 눈을 떴는데 한 권의 책이 시선에 들어왔다.[56] 마치 내가 본 것이 아니라 그 책이 나를 주시하고 있는 느낌이었다. A.D. 386년, 33세였던 어거스틴의 '톨레 레게'(Tolle lege, 책을 펴서 읽으라)를 연상시키는 듯 나는 책과 하나가 되고 있었다. 처음에는 잠시 서서 그리고 책상에 앉아서 그리고 형광펜으로 밑줄을 그어 가며 앉은자리에서 다 읽어 버렸다. 책을 다 읽어 갈 무렵 아내로부터 전화가 왔다.

"무슨 일이에요? 왜 월요일인데 아직도 집에 안 들어와요?"

볼멘소리로 빨리 오라고 채근했다. 곧 정리하고 들어가겠노라고 말한 뒤 바로 집으로 들어갔다.

아직도 그때를 생각하면 내가 책을 읽었다기보다 하나님이 나에게 말

---

55 데이빗 A. 씨맨즈, 《상한 감정의 치유》, p. 19.

56 고든 맥도날드, 《하나님이 축복하시는 삶》(서울: IVP, 1996), pp. 11-30.

씀해 주신 것만 같다. 하나님은 며칠 동안 잊히지 않는 이미지 하나를 보여 주셨다. 그 그림은 책 안에 있던 것으로, 모든 인생은 배를 건조하는 사람과 같다는 사실과 배를 지을 때 가장 중요한 것은 수면 위가 아니라 수면 아랫부분이라는 것이 핵심 내용이다.

사실 이 책을 읽기 전까지는 배의 보이지 않는 부분이 그렇게 중요한지 잘 알지 못했다. 그런데 저자는, 배를 건조하는 사람이라면 누구나 배의 수면 아랫부분이 폭풍이 몰려오는 바다에서 다시 오뚝이처럼 일어서게 만드는 가장 중요한 부분이라는 것을 모두 알고 있다고 말했다. '밸러스트'(ballast)라 부르는 평형수는 배의 구조를 아는 사람에게는 심장과도 같은 부분이다(사전적 의미로 '밸러스트'란 선체의 안정을 유지하기 위해 배의 바닥에 싣는 물이나 모래 따위의 중량물을 의미한다). 이것이 없이는 먼 항해에 제대로 성공할 수 없다. 이것 때문에 모든 배는 폭풍과 거친 파도를 이겨 낼 수 있는 것이다.

저자는 이것을 영적인 부분과 연관 지어 설명한다. 영적인 세계를 믿지 않는 사람들은 눈에 보이는 부분에만 관심을 쏟는다는 것이다. 그들은 더 크게, 더 화려하게, 더 높게 피라미드를 짓는 바로처럼 일평생 세상의 부귀와 영광만을 위해 살아간다. 이것을 '크리스천의 삶'에 비유하자면 구원 이후 보이지 않는 부분, 즉 내면세계를 전혀 신경 쓰지 않고 있다는 말과 같은 것이다. 반대로 배의 수면 아랫부분에 우선순위를 두는 지혜로운 사람도 있다. 이들은 보이지 않는 세계에 더 많은 관심을 두고 있다. 이들은 믿음의 세계와 영혼의 관리에 최우선 순위를 두고 살아간다. 인생이라는 바다에서 폭풍과 비바람은 전혀 예기치 않게 찾아올 수 있다. 성경은 인생에서 이것을 잘 대비하는 것이 '지혜'라고 말한다.

이 책은 세상의 유혹과 시험이 몰려올 때 어떻게 극복하고 이겨 낼 수 있는가를 묻고 있다. 하지만 저자에 따르면, 오직 내면에서 그것을 이길 수 있는 힘이 나온다는 것이다. 성경은 그 내면세계를 '영혼', '마음', '정신'이라고 다양하게 표현하고 있지만, '내면의 세계'라고 통칭해서 부르기도 한다. 이 책은, 사람은 영혼이 변해야 다른 것이 변할 수 있다는 평범한 이야기일 수 있다. 반대로 영혼이 바뀌지 않으면 아무 열매도 맺지 못한다는 말로 이해할 수도 있다. 나는 전적으로 공감하고 동감했다. 교회를 아무리 오래 다녔다 할지라도 내면이 변하지 않으면 새로운 삶은 시작되지 않는다. 우리 마음의 자리에 하나님이 왕으로 오셔야만 한다. 그렇지 않으면 목사이든 선교사이든 교회 중직자이든 아무 소용이 없다. 그런 타이틀은 하나님 앞에 전혀 중요한 것이 아니기 때문이다. 이러한 이유 때문에 영성가들은 믿음 안에서 시작된 생명을 '내면을 찾아 떠나는 여행'이라고까지 표현하기도 했다. 영혼의 중심에서 하나님이 주인으로 인정되지 못한다면 우리는 얼마든지 육적인 모습으로 신앙생활할 수 있다는 것을 알게 된 것이다.

다시 앞의 주제로 돌아가서, 그날, 그 시간, 그 사무실에서 무릎을 치며 알게 된 것은 왜 그동안 나의 삶에서 기쁨과 평안이 사라졌는가였다. 그동안 나는 파트타임 크리스천이거나 하프타임 크리스천으로 살아왔다는 것을 깨달았다. 사람들이 보는 앞에서만 열심인 척하는 목회자였지, 하나님과 내적인 사귐을 중요하게 생각하지 못한 크리스천에 불과하다는 것을 인식하게 된 것이다. 회심 이후 정말 중요한 인생의 발견이었다. 그동안 하나님의 뜻보다 나 중심적인 사역을 하면서 하나님의 영광보다는 세상적인 생각을 가지고 교회를 섬기고 있는 모습을 보게 된 것이다.

우리 집 두 아이가 아주 어릴 때였다. 저녁 늦게 들어갈 때마다 어김없이 나를 기다리던 아이들은 정말 영혼의 비타민 같았다. 문을 열자 달려오는 아이에게 사랑의 입맞춤을 해 주곤 했었다. "아빠가 사랑해" 그러면 아이들은 "네, 아빠, 저도요"라고 말했다. 그 순간 아이 품에서 나는 냄새가 그렇게 좋을 수 없었다. 하지만 다음 날이면 사랑스러운 모습은 온데간데없고 사고뭉치로 돌변해 있었다. 집 안을 온통 어지럽히고 사고를 치고 다니며 엄마를 사랑하지 않는 것처럼 행동했다. 이때의 자녀들은 하라는 것은 안 하고 하지 말라는 것만 골라서 한다. 청개구리처럼 말이다. 학교 다녀와서 숙제했다고 거짓말하고 놀거나 사랑한다는 말을 밥 먹듯이 하지만 그때뿐인 광경을 바라보며 부모로서 속상할 때가 한두 번이 아니었다.

하나님과 우리의 관계가 이런 광경과 비슷하지 않은가? 입으로는 늘 사랑한다고 하면서도 행동으로는 엉뚱한 짓을 하는 것처럼 말이다. 이기적이고 자기중심적으로 행동하는 아이를 보면 꼭 고장 난 내 영혼을 보는 것 같다. 이는 들을 귀는 사라져 버리고 듣지 못하는 세상이 된 것과도 같다. 우리의 불성실에도 불구하고 아직까지 우리를 포기하지 않는 것은 오래 참으시는 하나님의 성품 때문이다.

1부에서는 파트타임 크리스천의 모습을 다루며 창세기에서 아브라함의 구원에 대해 살펴보았다. 아브라함은 이스라엘의 조상으로 묘사되지만, 사실 그 또한 나그네였으며 이방인에 불과했던 것을 확인할 수 있었다. 그를 이스라엘의 조상이 되게 하신 것은 사실이지만, 아브라함만을 위한 것은 아니었다. 그를 통해 모든 민족이 복을 받게 하시기 위함이었다. 그래서 구원을 값없는 하나님의 은혜라 부르는 것이다. 하나님은 이스라엘을 통해 세상 민족이 구원을 받게 하고 싶으셨기 때문이다.

2부 하프타임 크리스천에서는 이스라엘의 선택과 구원에 대해 살펴보았다. 창세기에서 아브라함과 언약을 맺으신 하나님은 당신의 때에 신실하게 이스라엘을 찾아와 애굽에서 구원해 주셨다. 우리의 노력이라기보다 하나님의 성실함 때문이었고, 하나님이 꿈꾸시는 나라를 세우기 위함이었다. 하지만 이스라엘은 하나님의 뜻을 제대로 이해하지 못했다. 그들은 하나님의 뜻을 곡해했으며, 선지자들의 말을 듣지 않음으로 하나님의 통치를 받지 못했다. 그들은 자기 방식대로 하나님을 섬겼으며, 참된 믿음이 아니라 행위에 걸려 넘어지고야 말았다. 그래서 하나님의 은혜를 떠나 이방 신과 우상 숭배 그리고 도덕적 우월주의에 빠져 하나님을 의지하지 못했다.

이러한 위선은 극에 달해 시간이 갈수록 이중적인 삶을 살아가게 되었다. 하나님 앞에서 정직하게 살지 못했다. 겉으로는 경건한 척하면서도 속으로는 이방인보다 더 세속적인 사람들로 변질되어 갔다. 혼합주의 영성으로, 겉으로는 유대인임을 자랑하지만 속은 이방인과 같이 물질적인 탐욕으로 가득했다.

하나님은 이들의 모습을 기뻐하지 않으셨다. 그들은 안에서 나오는 것이 우리의 겉 사람을 더럽힌다는 것을 알지 못했다(렘 17:9-11; 막 7:15-16). 결국 이들은 하나님 나라를 세우는 제사장 나라에 실패하고 말았다. 하지만 자비와 긍휼이 풍성하신 하나님은 그들을 인내하고 아브라함과 맺은 언약을 이루어 가셨다. 인간의 일방적인 언약 파기에도 하나님은 끝까지 그들을 품어 주셨다. 그리고 당신이 직접 새 일을 시작하기로 작정하셨다.

마침내 새 언약을 통해 사람이 할 수 없는 구원을 하나님이 직접 성취하셨다. 그 언약의 성취가 바로 십자가를 통해 드러난 하나님 나라의 통치였다. 하나님 나라의 새 언약은 인간이 할 수 없던 일을 하나님이 하신 사건이다. 그동안 감추어진 비밀이 하나님의 뜻에 따라 종말론적 메시아이신 예수 그리스도를 통해 보이게 된 것이다. 하나님을 사랑하고 싶지만 인간의 연약함으로 할 수 없는 부분을 하나님께서 다 해결하신 것이다. 이제 우리는 우리의 노력과 행위가 아니라 하나님이 행하신 그 일을 믿기만 하면 된다. 겸손하게 수용하고 인정하고 받아들이면 믿음으로 구원을 얻게 된다.[57] 이를 통해 아무도 흔들 수 없는 구원의 비밀을 맛보게 된다. 우리가 하나님을 인정하면 그분이 우리 삶에 왕이 되겠다고 말씀하신다.

---

57 이와 관련해 바울은 에베소서 2장 1-9절에서 하나님 나라의 새 창조와 새로운 사회에 대한 비전을 희망의 공동체로 제시한다. 단 구원의 주도권은 인간으로부터가 아니라 하나님으로부터이며 십자가에서 시작된 사랑은 구원의 선물이라고 설명한다. 이는 믿음으로 장차 하늘과 땅이 주 안에서 통일되게 하시려는 하나님 나라의 계획 때문이다.

풀타임 크리스천이란 하나님 나라의 주권을 인정하는 자들이다. 하나님 나라의 왕은 하나님이기에 그분의 주권을 인정하지 않는 자는 왕의 통치를 경험할 수 없다. 따라서 풀타임 크리스천은 언제, 어디서든, 어떤 상황에서라도 그분을 신뢰하며 그분이 우리의 주인이심을 고백하게 된다. 이들은 부분적인 사랑을 거부하고 오직 하나님만 사랑하며, 하나님께 영광을 돌리는 데 헌신되어 있다.

　오래전 어떤 무명의 크리스천은 믿음의 삶에 대해 다음과 같이 말한 적이 있다. "한 번 죽는 것은 쉽다. 그러나 매일 죽는 것은 어렵다."[58] 얼핏 들으면 불신앙을 표현하는 것 같으나 사실 이 말은 믿음으로 받는 구원이 쉬워 보여도 그 오랜 성화의 과정은 값비싼 대가가 지불된다는 것을 암시한다. 풀타임 크리스천은 현실을 부정하는 자들이 아니다. 그들에게도 유혹과 시험이 있다. 하지만 믿음으로 날마다 옛 사람과 세상의 유혹을 떨쳐 내고 주님만 따르는 삶이 영원한 가치가 있다는 것을 잘 알고 있는 자들이다. 그래서 풀타임 크리

---

58 미스티 버넬, 《20세기 마지막 순교자 캐시 버넬》(서울: 상상북스, 2000). 이 책의 원서명인 《*she said yes*》는 1999년 4월 20일, 미국 콜로라도 소재 리틀턴 콜럼바인 고등학교 총기 난사 사건으로 무려 열다섯 명의 학생이 희생되기 전, 범인이 그의 딸 캐시 버넬을 지목하며 "너, 하나님을 믿어?"라고 물었을 때 캐시 버넬은 용기 있게 "나는 크리스천이다. 나는 하나님을 믿는다"라고 해서 붙여진 제목이다. 이 책은 그녀의 엄마가 딸과의 소중한 추억을 간직하며 쓴 회고록이다. 이 책에서는 초대 교회 당시 한 무명의 크리스천이 한 말을 인용하고 있다.

스천은 세상의 질서와 맞지 않아 바보(folly, fool)같이 살아간다는 소리를 자주 듣기도 한다. 이미 바울은 고린도전서에서 십자가의 길이 깨닫지 못하는 세상 사람들에게는 터무니없이 미련한 것처럼 보인다고 여러 번 강조한 바 있다(고전 1:18-25). 세상의 지혜로는 하나님의 지혜를 결코 이해할 수 없기 때문이다. 하지만 풀타임 크리스천은 하나님의 지혜인 예수를 바로 보여 주기 위해 모험을 감행하는 사람들이다. 이들은 매 순간 주님을 바라보며, 하나님을 부분적으로 사랑하지 않는다. 온 마음과 뜻과 힘을 다해 하나님을 온전히 사랑한다(신 6:5). 매 순간 하나님의 권위에 순종하는 것을 후회하지 않으며 그 믿음의 결단을 매우 즐거워한다. 날마다 옛 사람과 세상의 유혹들을 거부하고 진정한 주인을 섬기기로 한 그들의 거룩한 삶의 방식과 존재 방식들 말이다.

풀타임 크리스천의 라이프 스타일을 보다 분명히 이해하기 위해서는 하나님 나라의 개념을 올바르게 이해할 필요가 있다. 처음 신학교에 입학했을 때 첫 수업의 과제를 결코 잊을 수 없다. 그 주제는 바로 '하나님 나라'였다. 과제를 위해 온종일 도서관에서 관련 자료를 찾느라 진땀을 흘렸는데 한국과는 공부하는 방식이 달라 읽고 정리하는 시간이 턱없이 부족했다. 결국 나는 제시간에 과제를 제출하지 못했고, 할 수 없이 교수님을 찾아가 딱한 사정을 이야기하며 제출 일정을 연장해 달라고 부탁해야 했다. 다행히도 교수님은 나의 사정을 이해하고 흔쾌히 연장해 주셨다. 그리고 마침내 과제를 제출했을 땐 아주 뿌듯했다.

헬라어로 '바실레이아'는 '나라', '국가'라는 뜻이다. 그런데 '바실레이아 투데우'(하나님 나라)의 의미는 기존에 알던 것보다 훨씬 광범위하고 폭이 넓었다. 결국 수많은 참고 서적과 백과사전을 뒤적거리며 그 정확한 의미를 알게 되었을 때 나는 적잖은 충격을 받았다. 그동안 알고 있던 천국의 개념과는 다소 차이가 있었기 때문이다.[59] 여기서 하나님 나라는 일반적 나라의 개념보다 왕의 '통치' 또는 '주권'을 힘주어 강조하는 것으로 왕국(Kingdom) 혹은 왕권(Kingship)을 상징한다. 현대적인 나라의 개념보다 고대 세계의 왕의 통치 내지 주권을 드러내는 의미에 가깝다. 한 예로, 구약에는 하나님 나라가 나오지 않지만 '멜렉'(왕), '말쿠트'(왕의 주권)라 하는 '왕의 주권', '왕의 통치', '왕국'을 의미하는 용어가 사용되는 것으로 보아 하나님 나라의 개념은 왕의 주권과 통치와 같은 의미라고 해도 무방하다.

하나님 나라는 예수님이 직접 이 세상에 와서 만들고 보여 주신 그분의 나라를 의미한다. 곧 예수님은 메시아로서 당신의 뜻보다 하나님의 뜻을 성취하기 위해 온 하나님 나라의 대리자로 공생애를 섬기셨다. 무엇보다 예수님은 사역 시 하나님의 뜻을 가장 중요시하셨던 것으로 유명하다. 그리고 그분은 다윗의 자손이며 하나님 나라의 전권을 위임받은 하나님 나라의 왕으로서

59 바울의 복음을 신구약을 관통하는 하나님 나라의 언약 사상 안에서 새롭게 보기 시작한 학자들이 많아지고 있는 것은 매우 고무적인 현상이라 할 수 있다. 다음의 책들을 참조하라. 김세윤, 《복음이란 무엇인가》(서울: 두란노, 2003), 《구원이란 무엇인가》(서울: 두란노, 2001), 《칭의와 성화》(서울: 두란노, 2013), 《칭의와 하나님 나라》; 김세윤 외, 《하나님 나라 복음》(서울: 새물결플러스, 2013); 김형국, 《하나님나라의 도전》(서울: 비아토르, 2019); 박영호, 《다시 만나는 교회》(서울: 복있는사람, 2020); 안용성, 《로마서와 하나님 나라》.

의 정체성을 지니고 계셨다(삼하 7:12-16; 시 110:1-2). 그래서 예수님을 통한 하나님 나라가 임할 때 세상 나라들은 모두 그분의 말씀을 듣고 순종해야 한다. 그분을 믿을 때 구원이 임하며, 그분의 통치 안에서 생명과 참된 평안 그리고 기쁨과 자유를 맛보게 된다. 그리고 하나님 나라의 백성은 하나님과의 깨어진 관계성을 회복하게 된다.

예수 믿는 자들이 '그리스도를 닮은 자'(크리스투스)라 불리면서 '작은 예수'라는 말이 생겨나기 시작했다. 이는 예수를 믿지 않던 사람들이 붙여 준 별명이기에 우리의 독특한 정체성이라 할 수 있다. 크리스천은 하나님을 주인으로 삼고 그분의 주권을 인정하며 살아가는 라이프 스타일을 가지고 있었기 때문이다. 그만큼 세상과 구별된 정체성을 가지고 살았으며, 그들은 세상 사람들과 달리 자유함이 있었다.

존 스토트는 《나는 왜 그리스도인이 되었는가》에서 크리스천이 누리는 자유를 다음과 같이 분류했다. 크리스천은 심판으로부터의 자유, 자기중심성으로부터의 자유, 두려움으로부터의 자유를 그리스도 안에서 누리게 되는데, 이러한 소극적 자유는 더 적극적인 자유로 확대되어 나가야 한다.

> "너희는 세상의 빛이라 산 위에 있는 동네가 숨겨지지 못할 것이요 사람이 등불을 켜서 말 아래에 두지 아니하고 등경 위에 두나니 이러므로 집 안 모든 사람에게 비치느니라"(마 5:14-15).

즉 하나님이 본래 우리를 창조하신 그리스도의 형상에 이르기 위한 자유가 되어야 한다는 의미다. 개인을 넘어 온 세상을 향해서 말이다. 이런 의미에서 존 스토트는 기독교가 가진 자유의 의미를 더 자세하게, 구체적으로 기술하고 있다.

> 진정한 자유는 하나님이 나를 만드시고 의도하셨던 원래의 진정한 나 자신이 되는 자유입니다. 그런데 하나님은 나를 사랑을 위해 만드셨고 이 사랑은 주는 것, 곧 자기 자신을 주는 것입니다. 따라서 나 자신이 되기 위해서는 자신을 부인해야 하며, 하나님과 다른 사람을 사랑하는 데 자신을 내어 주어야 하는 것입니다. 자유롭기 위해서는 섬겨야 합니다. 살기 위해서는 자기중심성에 대해 죽어야 합니다. 나를 찾기 위해서는 사랑함으로 나를 잃어버려야 합니다. 미켈란젤로의 말처럼 내가 당신의 것일 때 나는 비로소 완전한 나 자신이 됩니다. 내가 당신(하나님과 이웃)의 것이기 전에는 나 자신이 아니기 때문입니다.[60]

복음서에서 예수님은 제자들에게 하나님 나라를 누리며 살아가는 방법, 곧 '영적 자유'에 이르는 길을 소개하며 급진적인 제자도를 제시해 주셨다. 그것은 마가복음 8장 34-36절에 가장 잘 나타나 있는데, 이 말씀은 제자도의 핵심 구절이라고 알려져 있다. 바울도 갈라디아서 2장 20절에서 크리스천의 자유함을 '그리스도의 내주하심'으로 표현했으며, 로마서 6장 전체에서 그것을 '믿음을 통한 그리스도와의 연합'(union with Christ)으로 표현하기도 했다. 예수님은 참된 크리스천이 되기 위해서는 다음과 같은 제자 됨의 대가가 필요하다고 말씀하신다.

---

60 존 스토트, 《나는 왜 그리스도인이 되었는가》(서울: IVP, 2004), p. 105.

"아무든지 나를 따라오려거든 자기를 부인하고 날마다 제 십자가를 지고 나를 따를 것이니라"(눅 9:23).

이 말은 모든 크리스천이 세상 사람들과 어떻게 구별되는지를 보여 주는 '천국의 헌장'과도 같다고 생각한다. 이 짧은 구절에는 세 가지 중요한 크리스천의 정체성이 드러나기 때문이다.

누군가 풀타임 크리스천으로 살기 원한다면 세 가지가 필요하다. 그것은 삶의 주도권(initiative), 영적 우선순위(priority), 삶의 소유권(ownership) 문제와 결부되어 있는데, 첫째, 과거의 삶과 옛 자아를 부인해야만 한다. 이것은 앞서 파트타임 크리스천에게 가장 부족한 자질이었다. 누군가 하나님을 사랑하고 영원한 자유를 맛보기 원한다면 과거의 삶과 결별하고 죄의 자리를 떠나야 한다. 그리고 그 자리에 하나님을 왕으로 모셔야 한다. 그분이 주인이 되셔야 한다. 그렇지 않으면 누구라도 온전한 자유를 누릴 수 없게 된다. 하나님을 잘 따르고 싶은데 여전히 자기중심적 생활에 머물러 있다면 그 영혼이 어떻게 자유로울 수 있겠는가? 오히려 자신에게 더 얽매여 있을 뿐이다. 그래서 예수님은 자신이 인생의 주인이 된 과거의 삶에서 떠나라고 말씀하신다. 믿음의 면도날을 사용해서라도 그것을 끊어 내야 새로운 창조가 시작된다.

둘째, 하나님 나라의 참된 백성이 되기 원한다면 자신의 뜻을 내려놓고 십자가의 길을 가야만 한다. 이것은 하프타임 크리스천들에게 가장 요구되는 자질이라 할 수 있겠다. 여기서 십자가란 인간의 육신의 욕망과 대비되는 하나님의 뜻을 의미한다. 주님의 길을 가려 할 때 가장 어려운 것은 나의 뜻과 하나님의 뜻이 서로 갈등을 일으키는 때다. 예수님이 세상의 유혹에 맞서 죄를 극복하신 것은 십자가로 사는 모습을 우리에게 몸소 보여 주려 하셨기 때문이다 (마 4:1-11). 이처럼 예수님의 공생애는 언제나 단순했다. 십자가가 필요한 곳은 어디든 달려가셨으며, 당신의 뜻이 아닌 하나님의 뜻대로 행동하게 해 달라고 기도하셨던 삶이었다(눅 22:42).

이러한 십자가의 삶은 그리스도를 따르는 모든 자에게 주어진다. 그런 의미에서 오늘날 크리스천도 세상의 유혹과 시험 앞에서 갈팡질팡해서는 안 되며, 어떠한 대가를 지불하고서라도 십자가의 길을 가야 한다. 그래서 십자가는 넓은 문이라기보다 좁은 문이며, 내 힘으로는 불가능하고 오직 은혜로만 가능한 거룩한 길이다. 주님을 따르는 대가로서 다른 것을 포기해야 하지만, 십자가를 통과하면 옛 사람에서 새사람으로 나아가게 된다. 그러므로 '자기 십자가를 지라'는 말은 나의 뜻을 하나님의 뜻에 맞추어 살라는 것이다.

셋째, 예수님을 따라야만 한다. 본회퍼는 예수님의 '나를 따르라'라는 말씀에 대해, 예수님은 '나를 따르라'라고 할 때 우리를 죽음의 자리까지 따르도록 초대하신다고 표현했다. 여기서 '따르다'라는 것은 '누구든지 나를 따르려거든'이라 말할 때 첫 번째 자연인의 모습을 의미하지 않는다. 그것은 믿음으로 십자가의 길을 선택해 옛 자아를 극복한 새사람의 모습을 의미한다. 그것이 진정한 제자의 삶이며 하나님과 동행하는 자의 모습이다. 동시에 십자가의 길을 걸어가는 순종의 모습이기도 하다. 이것이 바로 성령 안에서 새 마음으로 살아가는 풀타임 크리스천의 풍성한 삶을 의미한다. 이러한 크리스천은 부분적으로 주님을 따르거나 순종하는 사람이 아니다. 이러한 크리스천은 부분적으로 주님을 사랑하거나 세상과 짝하며 주님을 따르려 하지 않는다. 언제, 어디서나 주님의 음성에 귀 기울이며 민감하게 살아간다. 하나님의 법과 죄의 법을 구분해서 온 마음과 뜻과 정성과 목숨을 다해 주 하나님만을 사랑하게 된다. 이것이 예수님이 걸어가신 십자가의 삶이기도 하다.

이처럼 마가복음에 제시된 참된 제자의 삶은 인생의 주도권을 하나님에게 맡기고, 일상 속에서 하나님 중심으로 우선순위를 조정하며 자신의 모든 삶을 주님께 바칠 때 가능하게 된다. 예수님을 따르는 모든 사람에게 예외란 있을 수 없다. 그들은 자신의 가장 소중한 것을 '포기하고'(밭에 감추어진 보화, 좋은 진주를 구하러 가는 상인이 자신의 전 재산을 팔아 그것을 소유했다[아고라조]고 할 때 '팔다'의 정확한 의미는 소유권 이전, 명의 이전을 나타내는 용어임을 반드시 기억해야 한다) 주님을 따르는, 소유권을 이전한 사람을 의미한다. 그렇다면 예수님을 따르기 위해 모든 대가를 치를 준비가 된 풀타임 크리스천의 삶은 어떤 것인지 하나하나 살펴보도록 하자.

■ 풀타임 팩트 체크

☐ 나는 십자가에서 그리스도와 함께 죽었다는 사실을 믿으며, 부활하신 주님이 항상 나와 함께하심을 믿는다.

☐ 나는 복음이 하나님이 통치하시는 영향력과 주권이라고 믿는다.

☐ 나는 일상생활에서 성령의 음성에 민감하며, 하나님 중심으로 의사 결정을 내리고 있다.

☐ 나는 교회 안뿐 아니라 삶의 모든 영역이 하나님의 통치 아래 있음을 믿는다.

☐ 나는 하나님의 말씀 앞에서 내면의 세계를 정기적으로 성찰하고 묵상하는 것을 좋아한다.

- ☐ 나는 하나님 앞에서 겉과 속이 다르지 않고 언행 심사가 일치된 삶을 살아가려고 한다.
- ☐ 나는 주님의 뜻이라면 시간과 물질을 기꺼이 포기할 수 있다.
- ☐ 나는 가정과 직장과 교회와 사회 속에서도 예배자가 되기 원한다.
- ☐ 나는 이해할 수 없는 고난에도 하나님의 절대 주권과 섭리를 확실히 믿으며 살아간다.
- ☐ 나는 일상이 하나님 나라의 무대임을 믿는다.
- ☐ 나는 현실에 안주하기보다 한 번도 가 보지 않은 믿음의 모험을 즐기는 편이다.
- ☐ 나는 세상 속에 있지만 세상에 휘둘리는 삶을 살지 않는다. 오히려 크리스천의 믿음의 방식을 중요시한다.
- ☐ 나는 모든 크리스천이 선교사이며 선교적 삶을 살아야 한다고 믿는다.
- ☐ 나는 세상 속의 정착민이 되기보다 거류민이며 순례자라는 분명한 인식을 갖고 있다.

위의 목록을 통한 크리스천의 삶은 전혀 자기중심적이지 않고, 세상의 질서에 쉽게 동화되지도 않으며, 그렇다고 세상을 벗어나 있지도 않은 것을 보게 된다. 오히려 그들은 세상 속에서 삶의 모든 영역에 하나님의 주권을 선포해 그분의 영광만이 드러나기를 원한다. 그들은 하나님의 통치가 없는 곳에서 갈등을 회복시키고 치유하려 한다. 따라서 미래적인 하나님 나라에만 천착하지 않고 예수님처럼 성육신의 모험을 감행해 역사 안에서도 하나님 나라를 세우려고 한다. 이 불완전한 세상에서 하나님을 신뢰하며 그분의 나라를 세워 가려고 한다.

우리가 살고 있는 현대의 도시는 점점 반기독교적으로 되어 가는 등 반신문화가 팽배하고 있다. 고도로 발달되는 문명과 문화는 사람을 편리하게 만들어 주기도 하지만, 점점 영원한 세계에 대해 무관심하게 만들고 있다. 사치와 향락에 물든 도시인들은 영적으로 거칠게 하나님을 부정하거나 영원한 세계에 무관심한 채 사적인 쾌락과 오락에만 몰두하게 된다. 한마디로 창조 질서와 권위를 부정하는 대신 인권을 강조하며, 초개인주의적 사생활을 매우 중요시하는 문화가 되어 가고 있다.

앞으로 발전하는 미래에 일어날 일들을 생각해 보라. 디지털 세계를 비롯한 각종 보안과 안전 요원들로 둘러싸인 프리미엄 고급 아파트, 멋진 세단, 거대한 마천루, 도시 빌딩 숲, 사무실과 직장 공간은 현대인들에게 하나님의 은혜와 십자가의 사랑을 어떻게 효율적으로 전할 수 있을지 의심하게 만든다. 아마도 다가올 미래 사회는 지금보다 빠르게 첨단 과학 문명의 발달 속에 진입할지 모른다. 게다가 사회는 더 빠르게 비인간적이 되어 사람들로 하여금 사회적 빈곤과 소외감을 느끼게 만들 수도 있다. 이러한 무신론적 사회에서는 더 철저한 감시 기능을 가진 보안 카메라와 과학 기술이 집약된 첨단 장비를 동원해 복음 전도자들이나 낯선 사람들을 미연에 차단해 버릴지도 모른다.

이러한 사회 환경의 변화로 교회는 가장 안전한 곳이 될 것인가, 아니면 위험한 교회로의 모험을 단행할 것인가? 낙관적이라기보다 비관적인 현실 속에서 어떻게 주님의 지상 대 명령의 과업을 완수하며, 어떻게 잃어버린 영혼에게 구원의 필요성을 알게 할 것인가? 특별한 방법론을 대답해 주기는 어렵지만 답은 오직 하나다. 과거처럼 거대한 건물과 제도 안에 사람들을 한꺼번에 모이게 할 수는 없다. 오히려 크리스천을 좀 더 철저한 복음의 능력으로 재무

장시켜 세상과 일상으로 파송하는 방법 외에는 뚜렷한 대안이 없다.

결국 예수님이 선택하신 사람이 유일한 대안이다. 이것이 사람이 제자도의 핵심이고 기독교의 미래이기도 한 이유다. 하나님은 사람을 통해 일하시기 때문이다. 특히 오늘날 4차 산업 혁명의 시대는 대면과 비대면을 통한 개인이 교회가 되는 시대이며, 지역과 개 교회가 열린 하나님 나라의 시대로 나아가고 있기에 더더욱 이러한 접근법이 지향되어야 한다. 아무리 시대가 바뀌고 사회가 변하더라도 사람의 영혼은 만남과 진정한 공동체를 갈망하고 있기 때문이다. 달리 말하면, 모든 사람은 하나님 나라를 보기 원한다.

그러나 솔직히 이 세상은 불완전하다. 이 세상은 고장 나 있으며, 기댈 곳은 물론 안전한 곳조차 없다. 하나님은 깨어지고 불완전한 세상에 대해 어떤 계획을 가지고 계실까? 당신이 창조주이기에 두 손 놓고 수수방관하지는 않으실 것 같다. 이에 대한 명쾌한 대답을 알기 원한다면 복음서에서 예수님이 세상을 어떤 관점으로 바라보셨는지를 확인해 보면 된다.

많은 사람이 천국을 장례식 이후에 갈 장소쯤으로 이해한다. 때로는 교회를 하나님 나라로 보는 사람도 있다. 그러다 보니 크리스천들은 자신의 일과 하나님 나라가 어떤 관련이 있는지 제대로 이해하지 못한다. 예를 들면, 일터에서 어떻게 직장생활의 보람을 찾을 수 있는지, 매일 먹는 식사 준비와 요리의 즐거움은 어디에 있는지, 출산 후 지친 육아와 끝없는 자녀 양육 문제는 나의 믿음과 어떤 의미가 있는지, 예술 활동과 스포츠 활동이 하나님과 무슨 연관이 있는지, 사회적 방향을 결정하는 정치, 사법 기관 분야에서 크리스천들이 어떤 의미를 가지는지 모르게 된다. 과학과 의학 분야, 기술 연구에 종사하는 연구자들도 마찬가지다. 그러다 보니 교회는 세상으로부터 게토화되고, 세상은 크리스천들의 세계와 더 소통이 어려워져 가고 있다. 이로써 소통이 핵심인 선교는 공회전되고, 세상에서 더 많은 시간을 살아야 하는 크리스천들은 탈역사화 되어 버리는 악순환이 이어지고 있다. 결국 성과 속으로 이원화된 교회는 복음의 생명력을 잃어버리게 되었다.

이러한 의미에서 폴 마샬(Paul Marshall)은 《천국만이 내 집은 아닙니다》라는 책에서 새로운 기독교 세계관을 제공하고 있다. 이 책의 논지는, 크리스천들이 세상을 이원론적으로 생각하거나 심판받아 멸망할 장소로만 이해해서는 안 된다고 힘주어 말한다. 왜냐하면 예수님은 성육신적 자세로 부정적인 면을 넘어 희망의 세계를 바라보셨기 때문이다. 예수님이 그러하셨다면 우리도 예수님을 믿고 추종하는 자로서 반드시 이러한 풀타임 기독교 세계관을 견지해야 한다. 다원화되고 다문화 된 사회 속에서 크리스천들이 사람을 변화시켜 세상으로 들어가게 하지 못한다면 하나님 나라의 선교는 불가능해질 수도 있기 때문이다. 즉 이 세상에서 책임 있게 반응할 수 없는 삶으로 전락해 버리게 된다. 그래서 폴 마샬은 "어리석은 사람은 어두움에 대해서만 불평하지만 지혜로운 사람은 빛을 비추려 한다"고 말하며, 크리스천은 세상 속에서 소금의 기능만이 아니라 빛의 사명도 온전하게 감당할 수 있어야 하나님이 원하시는 삶을 살게 된다고 역설한다. 즉 "할리우드 영화와 세상 문제에 비난 혹은 보이콧만 하기보다 크리스천의 대안 문화를 적극적으로 만들어 낼 수 있어야 한다"고 말한다. 그의 말이 설득력이 있는 까닭은, 오늘날 기독교는 선을 행하기보다 악을 피하는 것에 능하고, 경기 규칙을 위반하지 않으려고 안전 플레이만 하다가 졸전을 치르는 선수들 같아 보이기 때문이다.

우리가 잘 아는 것처럼 요한복음 3장 16절은 아주 유명한 구절이다.

"하나님이 세상을 이처럼 사랑하사 독생자를 주셨으니 이는 그를 믿는 자마다 멸망하지 않고 영생을 얻게 하려 하심이라."

이 구절을 이해하는 서로 다른 세 가지 접근 방법이 있다. 첫째는, 하나님이 창조하신 세계는 선하며 하나님은 지금도 우리를 여전히 사랑하고 보살피고 계시다고 믿는 것이고, 둘째는, 하나님의 창조 세계는 죄로 인해 타락해서 완전히 심판받고 멸망되어야 하는 것으로 여기는 것이고, 셋째는, 회색 지대인 세상을 어떻게 변혁시킬까보다 자신을 바라보고 두려워하며 절망하는 것이다. 그러나 이것이 과연 세상을 창조하신 하나님의 구원 계획이었을까? 그렇지 않다. 놀랍게도 성경 속 하나님은 상황이 좋을 때나 안 좋을 때나 신실한 구원자이셨음을 잊어서는 안 된다.[61] 심지어 하나님의 백성이 멸망하고 바벨론의 포로로 잡혀간 암흑시대에도 말이다.

우상 숭배가 난무하고 이방 신전으로 가득한 세상 속에서도 하나님은 구원의 소망을 포기하지 않으셨다. 아무리 시대가 절망적이고 어둡다 할지라도 시대의 소명 앞에 하나님은 더 소금과 빛이 되기를 원하셨다. 전문가들은, 앞으로 펼쳐질 세상과 미래는 더 전망이 밝지 않을 수 있다고 경고한다. 이를테면 예측 불가능한 기후 변화, 생태계의 파괴, 4차 산업 혁명과 하이테크 기술, 노동의 소외, 과학과 의학의 윤리적 문제 등 매우 복잡하고 어려운 문제들이 크리스천을 위협하게 될지 모른다. 그러나 두려워하지 마라. 역사의 수레바퀴를 돌리는 분은 하나님이시다. 그것은 근대 과학의 눈부신 역사를 살펴보아

---

61 폴 마샬, 《천국만이 내 집은 아닙니다》(서울: IVP, 2014), pp. 31-68.

도 쉽게 알 수 있는 부분이다. 기독교는 단 한 번도 역사 속에서 과학 기술의 진보와 미래를 두려워한 적이 없다. 오히려 그것을 창조 질서와 영광을 이해하는 수단으로 보았기 때문에 세상에 주도권을 빼앗기지 않고 선한 영향력을 발휘할 수 있었다. 이는 오늘날 현대 크리스천들에게 꼭 필요한 자세라 할 수 있다.

크리스천의 삶에는 변하는 세상보다 우리와 함께하시는 하나님이 계시는가, 계시지 않는가가 더 중요한 문제가 되어야 한다. 소극적인 자세를 벗어나 도대체 왜 하나님은 우리에게 이 시대를 허락하셨는지, 하나님 나라의 뜻과 사명을 어떻게 세워 나가야 할지 깊은 연구와 사색이 더 필요할 수 있겠다. 사태를 정확히 이해하는 것이 승리의 첫걸음이기 때문이다.

04 ∥ 킹덤 파이오니어(Kingdom Pioneer)와 크리스천 아너 코드(Honor Code)

기독교 미래학자요, 언론인이며, 선교사로 활약하고 있는 탐 사인(Tom Sine)은 하나님 나라의 제자도에 있어 신선한 통찰력을 제시하는 학자다. 그는 《하나님 나라의 모략》(IVP 역간), 《겨자씨 vs 맥세상》(예수전도단 역간), 《하나님 나라를 이루는 제자도》(터치북스 역간)라는 책에서 크리스천들에게 기성 교회 안의 제자 훈련을 탈피해 하나님 나라의 제자도로 살아갈 것을 일관되게 주창해 왔다.[62] 그는 창조 세계 속에 일하시는 광대하신 하나님처럼 크리스천들도 교회 안과 제도라는 울타리를 벗어나

---

62 우주 과학에서 '궤도 수정'이란 의미는 다음과 같다. 우주기(로켓, 인공위성 등)가 우주로 발사되면 불가피하게 외부의 힘에 의해 목표 지점에서 이탈하게 된다. 이때 우주기의 궤도나 자세의 인위적 변경 조작을 하게 되는데, 궤도 수정은 궤도 진입, 모이는 집합 지점, 궤도 이탈의 보정 등을 통해 이루어진다. 탐 사인은 하나님 나라의 운동을 교파나 교단을 초월해서 혼란스럽고 급변하는 시대 속에 대안 문화를 만드는 거대하고 역동적인 운동력으로 묘사하고 있다. 따라서 특별한 시대에 하나님이 주도하시는 일을 역행해서는 안 되고, 주도면밀하게 신학적인 비판과 함께 서로 대화해 나가며 도전받을 것을 독려하고 있다. 이를테면, 하나님 나라 운동은 이머징 교회, 선교적 교회, 모자이크 운동, 수도원 운동, 오순절 운동 등으로 전 세계에서 다양한 모습으로 통일성 있게 나타나고 있다. 이런 의미에서 하나님 나라는 독창이 아니라 합창임을 잊어서는 안 된다. 전통적인 교회와 이머징 교회를 뛰어넘는 제3의 창의적인 교회론을 주장한 책으로는 다음과 같은 것이 있다. 짐 벨처, 《깊이 있는 교회》(서울: 포이에마, 2011); 팀 루카스, 워렌 버드, 《리퀴드 처치》(서울: 규장, 2022).

담대한 하나님의 선교에 동참할 필요가 있다고 강조해 오고 있다. 즉 예수님의 가르침인 겨자씨 전략처럼 일상생활 속에 침투해서 초대 교회와 같은 존재 방식으로 하나님 나라를 이루어 내고, 지역 사회뿐 아니라 다른 세계와 지구촌의 소외된 자들 및 사회적 약자를 돌보는 것이 중요하다며 책임의식을 강조하고 있다.

오늘날 사회는 그의 말보다 더 급변하고 있다. 변화도 올바로 인지하지 못해 속도를 따라잡지 못할 세상이 되어 버렸다. 이렇게 급변하는 세상 속에서 크리스천은 어떻게 살아가는 것이 진정한 제자다운 삶이라고 말할 수 있을까? 나는 풀타임 크리스천의 전략만이 한국 교회의 대안이 될 수 있다고 믿는다. 풀타임 크리스천의 라이프 스타일은 다음과 같다. 그들은 하나님을 교리적으로 믿는 자들이 아니다. 그들은 십자가의 속죄뿐 아니라 부활하신 주님이 우리 삶에 영원히 함께하시는 것을 믿으며, 장차 올 세상뿐 아니라 우리가 사는 세상 속에서 하나님 나라를 이루어 감을 믿는 자들이다. 그것이 하나님의 뜻이고 부르심이라면 시대적인 사명이라 여기고 세상 속으로 침투해 들어가게 된다. 이제 예수님을 통해 나타난 하나님 나라의 삶을 어떻게 일상 속에서 이루어 갈 수 있는지 다섯 가지 핵심 가치를 살펴보고자 한다.

05 | 소비 사회에서 가치혁명으로

하루는 한 성도의 가족과 모처럼 식사하는 시간을 가졌다. 두 가족 모두 비슷한 연령대에 또래의 자녀들까지 있어 흥미진진한 대화를 이어 가고 있었다. 남편 되는 분이 식사 도중 자녀와 관련된 에피소드를 말하자 나는 무척 공감이 되었다. 사업하며 바쁘게 사는 맞벌이 부부로서 자녀들이 매일 스마트폰과 태블릿 패드만 가지고 노는 것이 너무 안쓰러워 가족과 함께 제주도 한 달 살기에 도전했다고 한다. 그런데 도시와 전혀 다른 한적한 곳에서 아이들의 태도가 변화되었다는 내용이었다. 가족과 함께 걷기도 하고, 여유를 가지고 조개도 줍고, 낚시도 즐기고, 함께 자전거도 타 보고, 새롭게 시작한 사업장 공사에 아이들을 데려가 보여 주니 훨씬 더 행복해하더라는 것이다. 그러면서 제주도에 머무는 동안 도시에서 살 때와는 달리 아이들과 함께 있는 것만으로도 자연스럽게 대화가 많아졌다고 했다. 그러자 보이지 않던 것이 보이고 더 자상한 부모가 되면서 한 달이 지나 다시 집으로 오게 되었을 땐 자녀들의 생활에 무엇인가 달라진 것이 눈에 들어왔다고 한다. 그것이 무엇이었을까?

"목사님, 아이들이 집에 돌아와서는 스마트폰과 태블릿 패드를 찾지 않고 집 안이 아니라 친구들과 밖에 나가 놀려고 해요."

하루는 자녀들에게 이렇게 질문해 보았다고 한다.

"너희들, 왜 자꾸 집에서 놀지 않고 밖에 나가려고 하니?"

"아, 이제 집에서 게임하는 건 별로 재미없어서요."

우리 부부의 눈이 번쩍 떠지는 순간이었다. 그렇다. 사람은 더 좋은 가치를 만나면 낮은 가치를 찾지 않는다. 그리고 방향 전환을 하게 된다. 사람은 항상 더 나은 가치를 추구하기 때문이다. 영적인 세계도 그렇다. 정신없이 사느라 세상일에 파묻혀 살던 사람이 눈에 보이는 세계가 전부인 줄 알았다가 어떤 사건을 통해 눈을 뜨게 되면 그동안 추구해 오던 모든 가치를 전부 내려놓게 된다. 왜냐하면 믿음의 세계는 세상이 주는 기쁨과 비교할 수 없기 때문이다.

우리가 살아가는 후기 자본주의 시대와 소비 사회는 늘 우리에게 분주하고 쫓기는 삶을 강요한다. 필요 이상으로 과도한 경쟁과 소비를 부추기고 탐욕의 세계만을 강요한다. 그래서 현대인들은 불안하다. 그러나 우리가 살펴보게 될 하나님 나라는 이러한 소비 사회를 전면 거부한다. 그 나라는 이 세상과는 전혀 다른 원리에 의해 움직이며, 영원한 세계로 우리를 안내한다. 그렇다면 모두가 열망하는 그 영원한 나라는 지금 어떻게 우리에게 오는 것일까?

하나님 나라는 예기치 않게 찾아올 수 있다

마태복음 13장 44-45절에는 우연히 어떤 밭을 지나다 값진 보화를 발견한 사람이 집에 돌아가 자신의 재산 전부를 팔아 그 땅 전체를 사 버렸다는 내용이 나온다. 일명 '밭에 감추어진 보화'의 이야기다. 고대 세계에서는 전쟁이 자주 일어나다 보니 자신의 재산을 안전하게 보관할 수 있는 방법이 필요했다. 그래서 사람들은 소중한 물건일수록 밭에 묻어 두곤 했다. 그런데 오랜 세월이 지나 보화의 주인도 죽고 보화도 사람들의 기억에서 잊히게 되는 경우가 많았다. 보화는 바로 이와 같은 상황에서 발견된 것이다.

예수님은 믿음이란 마치 이와 같다고 말씀하신다. 보화를 발견한 사람이 그 가치를 보고 집에 돌아가 자신의 전 재산을 팔아 그것을 소유했기 때문이다. 돈이 아깝지 않았을까? 땅의 일부분이나 절반만 사도 충분했을 텐데 왜 밭 전체를 다 사 버린 것일까? 그것은 그 보화가 다른 것과는 비교할 수 없었기 때문이다. 자신의 소유 전부를 주고 사도 전혀 아깝지 않게 느껴졌기 때문이다. 하나님 나라를 경험한 사람도 이와 같다는 뜻이다. 하나님을 만나고 믿음의 세계를 맛보면 삶의 소유권을 이전해서 그분의 인도하심을 받게 된다는 뜻이다. 풀타임 크리스천이란 부분적인 시간과 헌신을 드리는 것이 아니라, 모든 것에 그분의 통치를 받게 한다는 것이다. 이 보화는 바로 예수 그리스도를 의미한다. 이렇게 주님을 인생의 주인으로 모신 사람들은 영혼의 가치 혁명을 일으키게 된다.

오늘날 크리스천들은 상품화된 자본주의와 비인격적인 탐욕의 꼭짓점에서 살아가고 있다. 이러한 세속적 환경에서 우리의 믿음은 위축되고 크게 흔들릴 수밖에 없다. 때로는 극심할 정도로 정체성의 혼란을 느끼거나 방향 감각을 상실해 버리면서 말이다. 세상의 가치로 물든 사람들은 돈만 있으면 세상을 다 소유할 수 있다는 높아진 생각으로 크리스천의 세계를 위협할 때도 있다. 하지만 크리스천은 더 높은 가치를 바라볼 필요가 있다. 잠시 잠깐이면 사라져 버릴 물질만능주의 세상을 즐기기보다 영원한 나라의 가치와 의미를 기억할 필요가 있다.[63] 소비 사회는 일시적 기쁨은 줄지 몰라도 내면의 세계에 참된 만족을 줄 수는 없기 때문이다. 물질세계는 육신의 편함은 줄지 몰라도 영혼의 평안을 줄 수는 없기 때문이다.

2018년에 개봉한 영화 〈바울〉(Paul, Apostle Of Christ)의 내용 가운데 바울이 선교 여행 중 붙잡혀 로마 감옥에 갇혀 있다가 간수에게 복음을 전하는 장면이 나온다. 그가 간수에게 복음을 전하게 된 계기는 그의 딸이 아팠기 때문이다. 바울이 그의 딸을 기도로 고친 것을 계기로 두 사람은 좋은 관계성을 맺게 된다. 그리고 바울은 그 기회를 놓치지 않고 그에게 복음을 전하고자 한다. 바울이 "영원한 나라가 있으니, 예수 믿고 구원을 받으라"고 말하자 간수는 바울을 보고는 피식 웃는다. 그리고 이렇게 질문한다.

"바울 선생, 내가 로마 제국의 공무원으로 죄수인 당신의 말을 듣고 싶긴 하지만, 그렇게 해서 로마의 명예로운 직업을 잃게 되면 어떡하오. 그래서 나는 당신의 신을 믿기 어렵다오."

---

63 존 캐버너, 《소비사회를 사는 그리스도인》(서울: IVP, 2017), pp. 243-348. 소비 사회 속에서 살아가지만 어떻게 크리스천의 정체성을 잃어버리지 않고 하나님이 요구하시는 대안 문화를 가치 창출해 낼 수 있는지 해결 방법을 모색한다. 그러면서 저자는 창조 세계 안에 있는 인격적 관계성과 공동체가 그 해답이라고 제시하고 있다.

그러자 바울은 그에게 이렇게 대답한다.

"여보게, 자네가 직업을 잃어버리게 되는 게 자네의 삶에 그렇게 아깝단 말인가? 내가 보기에 그것은 마치 이와 같은 거라 할 수 있다네. 바다 한가운데 자네와 내가 배를 타고 가는데, 내가 손으로 바닷물을 한 줌 움켜쥐어 길어 올렸다고 생각해 보게나. 그 손안에 있던 물은 어떻게 되는지 자네는 아는가? 금방이라도 내 손안에서 모두 사라져 버리고 말 걸세. 우리의 짧은 인생이 그와 같은 거라네. 잠시 있다가 사라지는 안개와 같은 걸세. 영원한 세계에서 자네의 직업은 겨우 손에서 흘러내리다가 사라지는 한 줌의 물과 같은 것이라네."

하나님 나라는 간절히 찾는 자에게 임한다

마태복음 13장의 두 번째 비유는 좋은 진주를 찾아 전 세계를 돌아다니는 상인의 이야기다. 당시 보석 상인들은 부자들에게 미리 예약금을 받고 세계 곳곳을 돌아다니며 진주를 구하는 것이 보편적이었다. 그러다 그렇게 찾던 진주 하나를 발견했을 때의 기쁨은 말로 다할 수 없을 것이다. 이것이 본문이 말하고자 하는 핵심 내용이다. 보석 상인이 그토록 찾고 싶었던 보석을 만났을 때의 반응을 보여 주고 있다. 그 또한 자신의 전 재산을 팔아 그토록 찾던 소중한 진주를 손에 넣게 되었다는 내용이다.

예수님은 우리가 하나님을 만나는 과정이 위의 두 경우와 같다고 말씀하신다. 단지 차이가 있다면, 밭에 감추어진 보화는 우연히 발견한 것이고, 좋은 진주는 노력해서 발견했다는 점이 다를 뿐이다. 그러나 두 비유의 공통점은, 소중한 가치는 어딘가에 감추어져 있다는 것이다.

왜 하나님 나라는 진리라면서 눈에 보이지 않게 감추어져 있는 것일까? 하나님은 숨바꼭질을 좋아하시는가? 우리를 골탕 먹이시려는 것인가? 그렇지 않다. 이 말의 의미는, 하나님은 다 보여 주고 싶어도 믿지 않으려는 인간의 죄성 때문에 숨겨져 있는 것처럼 보인다는 것이다. 죄에 타락한 인간은 자기 위주로 보고 싶은 것만 보고 듣고 싶은 것만 들으려 하기 때문에 하나님 나라를 제대로 이해할 수 없다는 것이다. 이사야서의 말씀처럼 말이다.

> "눈이 있어도 보지 못하고 귀가 있어도 듣지 못하는 백성을 이끌어 내라"(사 43:8).

마태복음 11장 25-27절에도 비슷한 내용이 나온다.

> "천지의 주재이신 아버지여 이것을 지혜롭고 슬기 있는 자들에게는 숨기시고 어린아이들에게는 나타내심을 감사하나이다"(마 11:25).

'지혜롭고 슬기 있는 자'는 당시 종교 지도자들을 의미한다. 반대로 '어린아이'는 순수하게 믿는 참된 제자들을 나타낸다. 다 안다고 생각하는 교만한 자들에게는 지금도 하나님 나라가 비밀로 감추어져 있다는 것이다. 그러므로 진리가 감추어진 것은 하나님의 문제라기보다 진리를 거부하는 우리의 문제로 보아야 한다. 그래서 예수님은 거듭난 영혼을 '귀 있는 자'로 표현하며 "귀 있는 자는 들을지어다"(마 11:15)라고 말씀하신다.

하나님 나라는 값비싼 대가가 지불된다

두 비유가 우리에게 교훈하는 바는 무엇일까? 하나님 나라는 값비싼 대가가 지불되더라도 무조건 소유해야 한다는 것이다. 동시에 이 두 가지 비유는 하나님이 찾아오셨을 때 어떻게 반응해야 하는지를 보여 주고 있다. 하나님의 사랑 앞에 믿음의 결단을 촉구하고 있는 것이다.

우리는 하나님이 주인이라는 소식 앞에 그분의 주권을 인정하고 그분이 우리의 왕이심을 신뢰해야 한다. 하나님을 믿는 데 어떤 장애물이 있다 하더라도 골든 타임을 놓쳐서는 안 된다. 내 삶의 소유권을 명의 이전해야 하는 것이다. 그분의 높으심을 인정하고 나의 낮음을 이해해야 한다. 지금까지 나 중심적인 삶을 수정해 주님의 길을 따르고 그분의 통치를 받으라는 것이다. 왜냐하면 이 세상에는 복음에 견줄 만한 가치가 없기 때문이다. 사람들은 하나님을 모를 때 세상이 제일인 줄 알고 떠들며 살아간다. 하지만 하나님을 알게 되면 세상의 가치는 전혀 무의미해진다. 태양 앞에 선 촛불처럼 초라하게 느껴진다. 하나님의 참된 사랑을 맛보게 되면 세상에서 중요하게 여기던 돈, 권력, 명예, 세상의 가치를 주님의 발아래에 내려놓게 된다. 왜냐하면 내 인생의 보좌에는 오직 한 주인만 앉을 수 있기 때문이다.

한국 교회사에는 예수님을 너무 사랑했던 청년, 맹의순이라는 인물이 있다. 그는 1926년 1월 1일, 평양 소재 맹관호 장로의 둘째 아들로 태어났다. 그러나 그가 조선신학교 3학년 재학 중일 때 한국전쟁이 일어나고 말았다. 수많은 피난 행렬 가운데 대구로 내려가던 중 그는 미군에게 인민군으로 오해받고 포로수용소에 갇히는 신세가 되었다. 하지만 그는 포로수용소에서 하나님의 사랑을 전하며 인민군과 중공군들이 모여 있는 천막에 광야교회를 세웠다. 그리고 그들에게 매일 십자가의 사랑과 복음을 전했다.

시간이 흐르자 놀라운 일이 벌어졌다. 주님의 은혜로 세워진 광야교회가 자라고 성장해서 하나님을 모르던 사람들이 주님의 자녀로 돌아오는 일이 일어나기 시작한 것이다. 그러나 포로수용소 바깥세상에서는 수소문 끝에 그에 대한 안타까운 소식을 접하게 된 배명준 목사(남대문교회)가 중등부 교사 시절 제자들과 함께 그의 석방을 요청하려고 수용소까지 내려갔다고 한다. 이때 맹의순은 그들 앞에서 '하나님이 자신을 광야교회로 인도하신 목적이 있을 것'이라며 자신은 저들을 두고 나갈 수 없다 하여 석방의 기회를 포기하고 만다. 그리고 그곳에서 뇌막염으로 마지막 숨을 거두기까지 26년 8개월의 짧은 생을 살다가 하나님 품에 안기게 된다.

그의 죽음을 지켜본 광야교회 성도들(인민군과 중공군)은 거룩한 충격을 받았다. 그가 죽기 직전 외친 마지막 외마디가 "내 잔이 넘치나이다"였기 때문이다. 어떻게 맹의순은 젊은 나이에 세상의 일락보다 십자가의 길을 더 사랑해서 선택할 수 있었을까? 그것은 그가 하나님 나라의 가치를 보았기 때문이라고밖에 달리 설명할 길이 없다.《십자가의 길》이라는 책에는 그가 어떻게 광야교회를 설립하고 활동했는지 그 당시 새벽 기도회와 설교 내용 요약, 포로들을 향한 이념을 초월한 사랑이 고스란히 담겨 있다.[64]

---

64 맹의순, 《십자가의 길》(서울: 홍성사, 2017).

06 ‖ 파트타임에서
풀타임으로

○

어느 날 낙타 가족이 대화를 나누고 있었다. 아기 낙타가 엄마 낙타에게 물었다.

"엄마, 엄마, 왜 우리는 다른 동물들과 달리 눈썹이 이렇게 길어요?"

"아, 그건, 하나님이 우리를 특별하게 만드셨기 때문이란다. 사막에 모래 폭풍과 미세 먼지가 많을 때면 눈이 따가울 수 있는데, 긴 눈썹이 흙 먼지가 눈에 들어오는 것을 막아 준단다."

"아, 그렇군요. 그런데 엄마, 또 다른 질문이 있어요. 왜 우리 등에는 혹이 두 개나 튀어나와 있는 거예요?"

"아, 그건 말이지, 뜨거운 사막 길을 오랜 시간 여행할 때 우리가 지치거나 쓰러질 수 있기 때문이지. 이때 힘을 공급하는 지방을 많이 저장할 수 있도록 하나님이 물탱크처럼 만드신 거란다."

"와, 정말이요? 정말 신기하고 놀랍네요. 그런데 엄마, 마지막으로 질문이 있는데요. 우리 발굽은 왜 다른 동물처럼 굽이 갈라져 있지 않나요?"

"아, 그건, 먼 사막을 여행하려면 굽이 갈라지지 않아야 다치지 않고 편하게 모래사막을 걸을 수 있기 때문이란다. 하나님이 다른 동물과 달리 우리를 이렇게 특별하게 만들어 주신 거지. 놀랍지 않니?"

"네, 맞아요. 그런데 엄마, 왜 지금 우리는 동물원에 있어요?"

"…."

누군가가 지어낸 우스갯소리 같지만 뼈가 있는 말처럼 다가온다. 오늘날 야성을 잃어버린 내 모습과 너무도 닮아 있기 때문이다. 예수님은 이러한 믿음 없는 세대를 아신 듯 누가복음 9장에서 급진적인 제자도의 삶을 요청하신다. 더 안전하고 편안하게 걷고 싶은 유혹을 벗어나 하나님의 온전하신 뜻을 이루어 가라고 말씀하신다. 왜냐하면 메시아로서 하나님의 뜻을 이루는 것보다 더 중요한 문제는 없기 때문이다. 오늘날 크리스천들은 믿음의 길을 가로막는 장애물이 너무 많아 쉽게 믿음을 잃어버리고 있다. 하나님만 사랑하기보다 세상과 타협하는 일이 더 많아지고 있다. 우리의 신앙이 다시 생명력을 회복하고 일어서려면 어떤 자세가 필요한가?

크리스천은 편리함과 안락함을 추구하지 않는다

예수님과 제자들은 예루살렘으로 가기 전 사마리아에 머물고자 했다. 하지만 사마리아인들이 거세게 반발해 무산되었다. 잘 알다시피 사마리아 사람은 유대인을 매우 싫어했기 때문이다. 이에 분노한 제자들은 '당장 저들에게 불을 내려 심판하자'고 주님께 건의했다. 하지만 예수님은 그럴 수 없다고 말씀하셨다. 이는 믿음의 길이 편안하고 안락하기보다 오해와 반대와 공격이 많은 가시밭길이며 고난의 길일 수 있다는 것을 암시한다. 바로 그때였다. 제자들과 나누는 대화가 끝나자 갑자기 한 사람이 대화 속에 끼어들어 이렇게 질문한다.

"어떤 사람이 여짜오되 어디로 가시든지 나는 따르리이다"(눅 9:57).

그러자 예수님은 이렇게 말씀하셨다.

"여우도 굴이 있고 공중의 새도 집이 있으되 인자는 머리 둘 곳이 없도 다"(눅 9:58).

이는 이런 뜻이다. '진짜 네가 나를 따를 수 있겠느냐? 정말 네가 이 길을 능히 갈 수 있다고 생각하느냐? 다시 잘 생각해 보아라. 이 길은 꽃 길이 아니다. 철저하게 계산해 보고 따라와야 한다. 여우도 굴이 있고 새 들도 보금자리가 있지만, 내가 가는 길은 그런 곳과는 거리가 멀다.' 예수님이 가시는 길은 가시밭길이요, 낭만적인 길이 아니라고 가르쳐 주신 것이다. 인간적인 생각으로 시작하다가 자칫 중간에 쉽게 포기하게 될지도 모른다는 것이다. 그러니 철저하게 손익 계산을 따진 후 따르는 것이 더 나음을 말씀해 주고 계신 것이다. 래디컬한 제자도를 명령하신 주님께서 이렇게 말씀하시는 데는 이유가 있다. 그것은, 풀타임 크리스 천으로 산다는 것은 엄청난 대가를 지불해야 하는 일이기 때문이다.

크리스천은 소위 성공하거나 출세하는 길이 아니다. 하나님의 뜻과 부르심을 더 소중하게 생각하는 사람이다. 그럼에도 불구하고 오늘날 교회를 다니거나 크리스천이 되는 것이 마치 중산층이 되고 출세의 길로 접어드는 것처럼 잘못 비춰지고 있는 것은 매우 안타까운 일이다. 본문에서 말씀하시는 예수님의 가르침에 따르면, 풀타임 크리스천이란 안락함보다 주님과 함께 고난을 달게 받는 삶이다. 이 길은 사적인 일과 같은 것도 아니고, 하나님을 위해 오해를 받기도 쉬운 삶이다. 하지만 풀타임 크리스천은 이러한 비난에도 진리의 편에서 돌아서지 않는다. 하나님의 뜻을 위해서라면 어떤 대가든 지불하기 원한다.

몇 년 전, 서른 명의 성도와 함께 스리랑카에 다녀온 적이 있다. 선교지에서 큐티 강의와 현지 교회를 방문해 의료 사역을 하기 위한 목적이었다. 그곳은 샤먼 목사가 섬기는 임마누엘 현지인 교회였다. 그와 며칠간 교제를 하며 그의 삶이 하나님 앞에서 은혜가 넘치고 있다는 것을 알게 되었다. 그는 아내와 함께 코리안 드림을 가지고 한국에 와서 7년 동안 안산에서 살았다고 한다. 오직 돈을 많이 벌기 위해 체류했던 것이라고 했다. 이 때문인지 그는 한국말이 매우 유창했고, 몸에 친절이 배어 있었다.

알다시피 스리랑카는 불교가 강한 지역이어서 영적으로 매우 척박할 텐데 어떻게 목회자가 될 생각을 했는지를 물었을 때, 그는 목사에 대해 아예 생각이 없었다고 말했다. 하나님을 알기 전에는 오직 부자가 되기 위해 열심히 살았는데, 안산에서 근무할 때 그곳 사장이 모 교회의 장로였다고 한다. 평소에도 신실했던 이들은 명절 때마다 집에 초대해 따뜻한 음식을 만들어 주며 자기 부부를 극진히 섬겨 주었다고 한다. 그러면서 복음을 전하고, 하나님의 사랑을 몸소 행동으로 보여 주었다고 한다.

그렇게 시간이 지나고 스리랑카로 돌아갈 무렵, 그는 아내에게 신학교에 가고 싶은 비전을 진지하게 나누었는데, 아내도 기꺼이 자신의 말에 동의해 주어 신학교를 졸업한 후 이곳에 교회를 세울 수 있었다고 한다. 한국에서 번 돈은 가난한 친인척에게 나누어 주고, 자신과 아내는 낮은 곳에서 지금까지 영혼 구원을 위해 열심히 살아가고 있다고 삶을 나누어 주었다. 그렇게 결정한 것을 후회한 적은 없느냐고 물었을 때 그는 즉각 말했다. 그가 한 번도 후회하지 않고 이 길을 갈 수 있었던 것은 한국에서 장로님이 보여 준 진짜 믿음의 모습 때문이라고 했다. 자신은 불교의 나라인 조국에서 그 사랑의 빚을 갚고 있는 중이라고 말했다. 그는 주님을 따를 때 치르는 대가를 전혀 어려워하지 않았다. 오히려 기쁨의 미소가 가득한 채로 십자가의 길을 걸어가고 있었다.

권혁만 감독의 〈그 사람 그 사랑 그 세상〉이라는 다큐멘터리 영화는 두 아들을 죽인 공산당 청년을 양아들로 삼아 같이 데리고 살았던 사랑의 원자탄 손양원 목사님의 생애를 묘사하고 있다. 손양원 목사님이 용서의 사랑을 실천하고자 했을 때 그런 아버지가 도무지 이해되지 않았던 그의 딸 손동희 권사가 어린 나이에 손양원 목사에게 따지듯이 물었다고 한다.

"아버지, 아무리 크리스천이라 해도 오빠를 죽인 자를 용서하는 것까지는 하나님의 사랑이라 이해가 되지만, 그 원수를 자신의 아들로 삼고 딸인 저에게 '오빠'라고 부르게 하는 것은 너무합니다. 저는 그렇게 할 수 없습니다."

그녀는 아버지가 너무 야속하고 원망스러웠다고 한다. 그때 손양원 목사님은 어린 딸에게 이렇게 말했다고 한다.

"동희야, 그거 참 이상하구나. 네가 읽는 성경과 나의 성경은 차이가 나는 것 같구나. 내가 읽는 성경에는 하나님의 말씀에 원수를 사랑하라고 했지, 내가 사랑하고 싶은 사람만 사랑하라고 하지 않았다. 하나님의 말씀은 일점일획도 다르게 적용해서는 안 된다. 그건 크리스천의 모습이 아니란다.”

손동희 권사는 너무 속상해서 울다가 잠들었는데, 새벽에 어떤 소리에 잠이 깨어 밖으로 나갔을 때, 거기서 그녀는 아버지의 황소같이 우는 모습을 보고는 큰 충격을 받았다고 한다. 손양원 목사님도 인간인지라 죽은 아들을 그리워하며 아무도 보지 않는 새벽에 짐승처럼 큰 소리로 목 놓아 울고 있었다고 한다. 겉으로만 슬픔을 감춘 것일 뿐, 떠나보낸 자식을 가슴에 묻고 무척이나 그리워하고 있었던 것이다. 이처럼 주의 길을 따른다는 것은 외롭고 고독한 가시밭길 같은 것이다.

크리스천은 영적 우선순위가 분명해야 한다

사마리아 마을을 떠나 예루살렘으로 길을 가던 중 예수님은 한 사람을 가리켜 말씀하셨다. 그에게 “나를 따르라”고 하자 즉시 순종할 듯했으나, 그는 의외로 당혹스러워하며 “주님, 저는 예수님을 사랑합니다. 저는 하나님 나라의 일도 너무 좋습니다. 그런데 제게 조금만 여유를 주시면 안 될까요”라고 물었다. “제가 지금 급한 용무가 있습니다. 먼저 아버지의 장례식을 치르고 주님을 따르면 안 될까요?” 이때 주님은 차갑고 단호하게 말씀하셨다. “죽은 자들로 죽은 자를 장사하게 하고 너는 나를 따르며 하나님 나라를 전파하라.”

이 말씀을 해석할 때는 주의가 필요하다. 평소와 달리 자비롭고 은혜로운 주님의 모습으로는 보이지 않기 때문이다. 다른 성경에서는 하나님의 사랑을 가르치셨고, 특히 "네 부모를 공경하라"는 것은 구약의 십계명에도 나오는데 부모의 장례도 치르지 말라는 것은 너무한 것 아닌가? 아무리 하나님의 일도 중요하지만, 기독교는 인륜지대사와 안 맞는 것 아닌가? 정말 기독교가 효의 종교가 맞는가? 여러 의구심이 들 수 있다. 하지만 이 말씀을 그렇게 해석해서는 안 된다. 예수님은 다른 복음서에서 많은 장례식에 참석해 유족들의 슬픔을 공감하셨기 때문이다.

그러면 여기서 '죽은 자들로 하여금 죽은 자들을 장사지내게 하라'는 말은 어떤 의미일까? 개인적인 견해로, 이때는 아직 병상에 누워 있는 아버지의 임종을 지키는 자에게 하시는 말씀 같아 보인다. 보통 부모가 아프면 언제 돌아가실지 잘 모른다. 한 성도의 부탁으로 어머님의 임종 예배를 드리기 위해 병원에 갔을 때 가족들이 다 한자리에 모였다. 그런데 임종 예배를 드린 후 며칠이 지나도 그 어른은 임종하지 않으셨다. 결국 일주일이 지나도 생명이 지속되자 자녀들은 일상생활을 위해 다시 해외 각국으로 돌아가 버리고 말았다. 그리고 한참 후인 몇 개월 뒤에 돌아가셨다는 연락을 받았다. 안타깝게도 장례식에는 모든 가족이 그때처럼 다 모일 수 없었다. 예수님도 이런 상황을 염두에 두고 말씀하신 것 같다. 부모가 아파서 언제 돌아가실지 모르는 상황에서 하나님의 일은 무한정 미루어질 수 없다. 오히려 풀타임 크리스천이라면 부모의 생명을 다른 형제나 주님께 맡기고 가장 긴급하고 중요한 일에 더 우선순위를 두어야 한다는 것이다. 육적인 죽음만큼 영적인 죽음도 안타까워하라는 것이다.

우리는 가끔 이 땅에서 우선순위가 뒤바뀐 채로 살아갈 때가 있다. 육적인 생명에는 그렇게 관심이 많으면서 영적인 생명에는 무관심한 모습을 볼 때도 많다. 그래서 주님은 당신을 따르는 제자들에게 언제나 영적 우선순위를 먼저 살피라고 하신다. 그렇지 않으면 세상의 일과 세상의 걱정으로 인해 맡긴 사명을 제대로 감당하기 힘들 때가 오기 때문이다. 반대로 세상일이 바빠 장례에 참석하지 못하는 경우 비교적 관대하게 넘어가는 것을 자주 보지 않는가?

하지만 구원의 시간과 하나님의 때가 항상 나를 기다려 주는 것은 아니다. 갑자기 찾아온 영적인 기회를 잃어버리면 우리의 짧은 삶에 어떤 일이 일어날지 전혀 예측할 수 없기 때문이다. 하나님 앞에서 가장 좋은 태도는 말씀을 듣고 즉시 순종하는 것이다. 하나님을 즉각 내 삶의 주인으로 모시는 것이 바람직한 태도다. 도대체 교회에 나오지 못하는 사람들에게 있어 하나님보다 더 긴급하고 중요한 일이라면 그것이 과연 올바른 삶일까? 사람들은 이런저런 핑계를 댈지도 모르겠지만, 한 가지 분명한 것은, 믿음이 약한 사람은 늘 하나님이 우선순위에 있지 못하다는 것이다.

주님을 믿고 싶은 자들에게 하나님에 대한 반응은 언제나 즉각적이어야 한다. 세상에서 할 것 다 하고 남는 시간에 하나님을 믿겠다고 하면 누가 과연 하나님을 제대로 믿을 수 있을까? 아마도 그때 가면 또 다른 일로 인해 우선순위에서 밀려 주님을 따를 수 없고, 다른 핑계나 관심사가 나를 지배하게 될지 모른다. 하나님은 어떤 죄인이라도 구원하실 수 있으나, 구원의 때를 놓친 사람은 구원하실 수 없다는 점을 명심하자.

크리스천은 한 자리에 두 주인을 모시지 않는다

공생애 기간 동안 행하신 예수님의 사역은 이스라엘 전역에 큰 소문이 났다. 각 마을과 동네에는 예수님을 만나고 싶어 하는 사람들로 넘쳐났다. 바로 그 무렵이었다. 한 청년이 다가와 예수님께 말했다. "저는 어디를 가든 주님을 끝까지 따르겠습니다." 그러나 앞의 사람들과 마찬가지로 조건을 내걸었다. "저로 먼저 가서 가족들에게 작별 인사를 하게 해 주십시오." 그러자 이번에도 예수님은 단호하게 말씀하셨다. "한 손에 쟁기를 잡고 뒤를 돌아보는 사람은 하나님 나라에 합당하지 않다."

이 말은 무슨 뜻일까? 세상의 일은 부정하니 거룩하지 못한 세상일을 그만두라는 말일까? 그것도 아니면 교회에만 몰두하라는 말일까? 이 말은, 제자의 길을 가는 사람은 '두 주인', '두 마음'을 가져서는 안 된다는 것이다. 하나님을 따르는 자가 두 주인을 섬기게 되면 자칫 위선적이거나 이중생활을 할 수 있기 때문이다. 한시적으로 두 마음을 가지고 주님을 따르는 것이 가능할 수는 있다. 그러나 시간이 갈수록 사람의 마음은 잘 변한다. 처음에는 주님을 잘 따르는 척하다가 손해를 보는 듯하면 얼마든지 제자의 길을 포기할 수 있다. '돈과 하나님', '권력과 하나님', '명예와 하나님', '직장과 하나님', '자녀와 하나님', '사업과 하나님' 사이에 주인이 아닌 것이 주인 행세를 하려 하기 때문이다. 모든 우상은 처음에 매력적인 모습으로 다가온다. 그러다가 우리의 영혼을 좀먹고, 신앙의 양심을 저버리게 만드는 강력한 세력으로 나타나게 된다. 예수님은 우리의 부패한 마음을 꿰뚫고 계셨다. 마음의 동기까지 읽고 계셨던 것이다. 즉 하나님 나라에 최우선순위를 정하지 못하면 세상과 하나님 사이에서 이중생활을 하거나, 다시 세상의 유혹에 미혹될 수 있다고 보신 것이다. 하나님과 어떤 대상을 두 주인으로 섬기다 보면 양쪽에게 버림당할 수 있기에 언제나 깨어 있어야 한다.

기독교사에서 5세기에 살았던 성 패트릭(St. Patrick)의 삶[65]은 우리에게 적지 않은 감동을 준다. 웨일스 출신인 패트릭은 열여섯 살이 되던 무렵 비극적인 사건을 경험한다. 그는 아일랜드 해적들에게 노예로 끌려가 강제로 노역을 하는 아픔을 겪게 된다. 6년 동안 노예 생활을 하다가 하나님의 부르심에 이끌려 탈출에 성공한 그는 프랑스 레랑 섬에 도착해 18년간 수도원에서 훈련을 받으며 수도원장에게 깊은 하나님의 말씀을 배우게 된다. 그리고 어느 날 다시 웨일스로 돌아가 사랑하는 가족의 품에 안기게 된다.

고향에서 가족과 함께 안락하게 살고 있는데 어느 날 마게도냐 환상과 같은 한 아일랜드 사람의 음성을 듣게 된다. "패트릭, 이리로 와서 우리와 함께 지냅시다. 패트릭, 이리로 건너와서 우리를 도와주시오." 이 환상과 비전은 그에게 주님의 음성처럼 들려왔다. "패트릭, 너는 너의 안락한 삶을 포기하고 황무지와 같은 아일랜드로 가서 나의 복음을 전할 수 없겠니?" 이에 고민하던 패트릭은 다시 가족과 헤어져 아일랜드에 들어가 하나님의 복음을 전하다가 그곳에서 생을 마감하게 된다. 하지만 말씀에 순종했을 때의 열매는 놀라웠다. 패트릭이 그곳에 들어갈 때는 교회와 신자가 전혀 없었는데, 그가 죽을 무렵 그 마을과 나라에는 신자가 아닌 사람이 없을 정도였다. 한마디로 그의 풀타임 크리스천의 삶은 마을과 나라가 모두 주께로 돌아오게 되었을 정도로 거룩한 영향력을 남겼던 것이다.

---

[65] 온누리2000선교본부, 《와이 미션?》(서울: 두란노, 2015), pp. 98-101. 이현모 교수는 '열방에 하나님 나라를 수놓다'라는 글에서 성 패트릭이 유럽 선교뿐 아니라 켈틱 선교 운동에 미친 놀라운 영향력에 대해 자세히 소개하고 있다.

07 ┃ 나의 믿음에서
그리스도의 믿음으로

예수님 당시에는 불의한 로마 제국 아래서 고통 받는 자들이
많았다. 식민지에서 제국의 노예로 살아간다는 것은 얼마나 힘겨운 삶
이었을까? 요즘 청년들과 MZ세대만큼의 분노와 실패, 커다란 좌절이
있지 않았을까? 예수님을 만나기 전의 사도 요한도 그랬다. 성경에서 요
한의 이름은 '보아너게'(우레의 아들)로 알려져 있다. 보아너게는 '우레',
'번개'라는 말로 그가 다혈질인 사람임을 알 수 있다. 그런 분노의 사람
이 예수님을 만나고 사랑의 사도로 변했다.

사도 요한과 같이 하나님을 만나고 변화된 사람이 또 있는데, 그가 바
로 마가복음의 기자인 청년 마가이다. 요한처럼 마가는 로마를 생각할
때마다 피가 거꾸로 솟구쳐 올랐다. 왜냐하면 로마의 약탈로 인해 자신
의 민족은 꿈을 잃어버렸기 때문이다. 유대인 청년들은 내일의 소망이
없었다. 사실 아무리 어렵더라도 내일을 꿈꿀 수 있다면 어떤 어려움도
이겨 낼 수 있을 것이다. 그러나 유대의 청년들은 꿈꿀 권리조차 없었다.
꿈을 잃어버렸다는 것은 얼마나 큰 상실감일까? 그러던 그가 하나님의

사랑을 알게 되었다. 그리고 그는 복음 전도자가 되었다. 그는 예수님을 만나고 세상을 다르게 보기 시작했다. 세상의 문제는 모두 죄 때문이며, 그 죄 문제를 해결한 십자가만이 세상의 유일한 소망이라고 보았던 것이다. 마가는 이 십자가만이 깨어진 세상을 치유하는 대안이 될 수 있다고 선포하기 시작했다.

절망의 시대에 희망으로 오신 예수님

마가는 예수님이 오시기 전의 세상은 어둡고 절망적이었다고 한다. (막 1:1-15) 그래서 세례 요한의 이야기로부터 시작하고 있다. 마가는 복음을 소개하기 전에 왜 세례 요한의 이야기를 언급하고 있는 것일까? 그는 세례 요한의 시대를 매우 불의한 시대로 보았기 때문이다. 헤롯 대왕의 둘째 아들인 헤롯 안티파스는 매우 불의한 사람이었다. 그는 근친상간을 일삼고 백성을 잔혹하게 통치하기로 아주 유명했다. 그런데 더 심각한 문제는 종교 지도자들에게 있었다. 세상의 빛이 되어야 할 종교 지도자들마저 권력의 하수인으로 전락했기 때문이다. 종교인들은 기득권을 누리며 호의호식하고 살았다. 이로 인해 소망이 없던 백성은 더 고통스러워했다. 하지만 세례 요한만큼은 모두가 침묵하고 있을 때 하나님의 의를 외쳤다. 그 예언자적 외침 때문에 그는 결국 감옥에 투옥된 후 참수형을 당하고 말았다. 그래서 마가는 세례 요한의 사건을 매우 중요하게 다루고 있는 것이다.

시대가 어두울수록 고통을 더 크게 느끼는 부류는 대개 가난하고 소외된 자들이다. 그들은 의지할 것이 없음은 물론 그 누구에게도 참된 위로를 받을 길이 없다. 그러나 이렇게 어둡고 절망적인 시대에 예수님이 구원자로 오셨다. 그것도 가장 가난하고 소외된 자들을 위한 메시아로 말이다. 풀타임 크리스천은 이것을 주목해 보아야 한다. 참된 크리스천이라면 예수님처럼 가난하고 소외된 자들에게 소망을 주는 복음을 전해야 한다.

하나님의 시간에 구원자로 오신 예수님

청년 마가는 하나님 나라를 소개하며 "때가 찼다"라는 말로 표현하고 있다. 하나님 나라는 이 세상과 다르다. 그것은 하나님의 약속에 따라 성취된 것이기 때문이다. 마가가 살던 때는 메시아 대망 사상이 가장 절정에 다다르고 있던 시기였다. 예수님이 오시기 전 400년 동안의 묵시 문학과 제2성전 기간에는 메시아의 기대감이 가장 충만했다.

왜 이스라엘 사람들은 메시아를 갈망했을까? 그들은 오랜 포로 생활로 지쳐 있었기에 메시아가 오셔서 다윗과 같은 영광을 회복시켜 줄 것에 대한 기대감이 있었다. 이방 민족들의 손에서 자신들을 구원하면서 말이다. 하지만 그 꿈은 이루어지지 않았다. 그들은 세상적인 메시아와 세상적인 나라를 혼동하고 있었기 때문이다. 그들은 하나님의 생각을 이해하지 못했다. 그들은 오히려 메시아가 오시면 자신의 나라를 잘 살게 해 줄 것으로 믿고 있었다. 지나친 현세의 복을 갈망했기에 그들도 모르게 하나님 나라를 곡해하기 시작했다. 후에는 이러한 오해가 예수를 믿지 못하게 만들고 메시아를 죽게 만드는 원인이 되었다. 그들의 눈에는 예수님이 매우 무기력해 보였기 때문이다. 아무 능력도 없고, 흠모할 만한 구석도 찾지 못했기 때문이다. 이것이 그들로 하여금 예수님을 믿지 못하게 만드는 결정적 원인이 되었다.

그러나 마가는 마가복음에서 예수님을 '고난 받는 종'으로, '그가 우리를 죄에서 구원할 자'라고 표현했다. 그는 사람들이 버린 돌이었지만 모퉁이 돌, 곧 하나님 나라의 초석이라고 믿었다(눅 20:17). 왜냐하면 십자가에 달리신 예수님만이 세상의 답이 되었기 때문이다. 인간은 죄 문제가 해결되지 않으면 결코 행복해질 수 없다. 그래서 예수 그리스도는 그 나라를 가르치셨고, 하나님 나라의 기적과 비유를 통해 복음의 소식을 전하셨던 것이다. 예수가 가져온 하나님 나라는 로마 황제처럼 세상을 힘과 무력으로 다스리는 나라가 아니라, 자기희생과 사랑과 섬김의 나라였다. 그것은 대속의 은혜이자 하나님의 사랑이었다. 풀타임 크리스천이라면 하나님 나라 안에 나타난 십자가의 구원과 속죄의 복음에서 벗어나지 말아야 한다.

십자가에서 죄 문제를 해결하신 예수님

마가는 죄인인 우리가 어떻게 하나님 나라에 들어갈 수 있다고 말하는가? 누구든지 회개하고 하나님 나라의 복음을 믿으면 구원을 얻는다고 가르치고 있다. 인종이나 문화에 있어 차별이 없다. 죄를 회개하고 복음을 믿기만 하면 된다. 왜 예수가 내 삶의 주인이 되려면 회개가 필요할까? 그것은 회개의 정의를 이해함으로 답변될 수 있다. '회개'란 과거 살아오던 삶의 방식, 하나님이 없던 '옛 사람', '옛 성품', '옛 기질', '죄의 습관'에서 돌이키는 것을 의미한다. 하나님 나라의 백성이 되고 하나님의 통치를 받기 위해서는 이러한 회개가 먼저 필요하다. 내가 섬기던 옛 주인이 나의 삶에 주인 노릇을 하게 되면 하나님의 통치는 사실상 불가능하기 때문이다. 내가 계속 그 다른 신을 하나님처럼 섬기고 있기 때문이다.

이런 의미에서 하나님 나라를 선포하기 전 세례 요한도 회개의 세례를 먼저 베풀었다는 것에 주목할 필요가 있다. 세례 요한이 베푼 회개의 세례에는 두 가지 의미가 있다. 하나는, 물에 잠기는 순간 나의 옛 사람이 죽고, 물에서 올라올 때는 새사람으로 다시 태어난다는 것이다. 다른 말로 나는 죽고 예수로 다시 사는 것이다. 물세례는 하나님이 이제부터 내 인생의 주인이시라는 사실을 고백하는 것과 같다. 더 이상 하나님 외에 다른 것을 섬기지 않겠다는 믿음의 고백이다. 다른 신이 나에게 주인 노릇을 할 수 없음을 선언하는 것이다. '주권 전이'와 '주권 교체'라 할 수 있다.

마가는 복음을 전할 때 이러한 구원의 사건이 임하게 될 것이라고 예고한다. 그래서 마가복음의 전체 내용에는 구원의 이야기로 가득 차 있다. 그래서 예수님이 가는 곳마다 가르치시고, 선포하시고, 치유하셨다는 것을 강조하고 있다. 죄 사함의 은혜와 용서의 복음을 만나는 사람들마다 선포하셨던 것이다. 믿음으로 순종하고 회개하는 사람들에게 말이다. 풀타임 크리스천은 하나님을 믿고 그분을 주인으로 인정하는 변화된 삶을 뜻한다.

한국 기독교 초기 을지로 부근에는 곤당골교회가 있었다. 그 교회는 소위 양반 교회로 널리 알려져 있었다. 왜냐하면 고종 황제의 주치의였던 올리버 R. 에비슨(Oliver R. Avison) 선교사가 곤당골교회를 개척한 선교사와 매우 친분이 가까워서 교회에 자주 방문하곤 했기 때문이다. 그는 그곳에서 성도들에게 복음을 전하며 많은 사람의 병을 치료해 주곤 했다. 또한 그가 고종 황제의 주치의라는 것이 소문이 나면서 고위직과 양반들이 교회로 몰려와 출석하고 있었다.

그런데 어느 날, 백정 출신인 박성춘이 곤당골교회 선교사에게 죽어가는 자기 아들을 고쳐 달라고 애원하게 되었다. 하지만 당시 조선은 반상 제도의 문화가 매우 엄격했다. 사람들은 감히 백정 주제에 양반 교회에 오는 것을 못마땅하게 생각하고 있었다. 그러나 올리버 선교사는 그리스도 안에서 사람은 평등하며 차별이 없다고 믿고 있었다. 자신이 백정의 아들을 치료해 주는 것에 따가운 시선이 있었음에도 그는 박성춘의 아들을 치료해 주었고, 마침내 아들이 낫게 되는 기적을 체험했다. 모든 것이 꿈만 같았다. 이 사건으로 백정인 박성춘의 가족은 모두 예수를 믿게 되었고, 시간이 지난 후 그 아들은 박서양이라는 한국 최초의 양의사가 되었다.

하지만 이 사건으로 곤당골교회는 결국 분열하게 되었다. 백정이 많이 모이는 교회를 양반들은 지켜만 볼 수 없었기 때문이다. 고종 황제의 주치의가 백정을 치료해 준 사건으로 양반들은 큰 충격을 받게 되었고, 결국에는 그 교회를 떠나 다른 곳에 양반 교회를 세우게 되었다. 시간이 지난 후 곤당골교회는 양반이 없는 서민들의 교회로 변해 갔다. 올리버 선교사가 복음의 정신에 입각해서 사람들을 차별하지 않았기 때문이다. 갈라디아서 3장 28절 말씀처럼 "유대인이나 헬라인이나 종이나 자유인이나 남자나 여자나 다 그리스도 예수 안에서 하나"라는 진리의 확신을 가지고 복음의 진리를 바르게 가르쳤던 것이다.

08 ‖ 교회 제도에서
하나님 나라의 제자도로

●

성경에 나타난 하나님 나라를 한마디로 요약한다면 어떻게 설명할 수 있을까? 예수님은 그것을 '하나님 사랑과 이웃 사랑'이라고 말씀하셨다(눅 10:27). 사랑만이 신구약을 관통하는 율법의 핵심이며 산상수훈의 핵심 가치임을 언급하고 계시다. 팔복이라 알려진 마태복음 5장의 산상 수훈의 구조를 보면 결국 1-4복까지는 하나님 사랑을 설명하고, 5-8복까지는 이웃 사랑을 묘사하는 것 외에 다른 것이 아니다.[66]

그러나 기독교 역사를 보면 의외로 교회와 세상의 관계가 잘못 이해될 때가 많았다. 대표적인 세 가지 경우를 살펴보면, 첫째, 교회와 세상은 서로 대립되어 있다는 입장이다. 이러한 시각은 교회는 거룩하지만 세상은 그렇지 않다는 입장으로 교회와 세상을 서로 분리시키는 모델이다. 당연히 이러한 입장에서 교회와 세상은 서로 대립 관계를 형성한다

---

66 존 스토트, 《존 스토트의 산상수훈》(서울: 생명의말씀사, 2011), p. 8. 그는 이 책에서 크리스천이 된다는 것은 세상으로부터 구별되는 것이고, 동시에 종교인으로 살아가는 명목상의 크리스천들과도 구별되는 것이라고 말한다. 즉 크리스천의 정체성은 오직 하나님의 뜻을 순종할 때만 발생하는 독특한(unique) 기독교적 대항문화(alternative culture)라고 설명한다.

(Church against Culture).

둘째, 교회는 세상을 위해 존재한다고 생각하는 입장이다(Church for Culture). 이러한 시각은 교회와 세상은 서로 구분되지 않으며 타협과 중재를 원하는 입장을 취한다. 하지만 세상과 구별되지 못한 교회는 세상을 사랑한다는 명목 하에 세상 안에서 동화되어 버리기 쉽다. 과거 교회가 사회 운동을 모방하다가 세속화되어 버리는 경우가 대표적이라 할 수 있다.

셋째, 교회와 세상을 개혁주의적 입장에서 보는 모델로, 예수님의 성육신적 모델과 같아야 한다는 견해다(Church into Culture). 즉 교회가 세상안에 있으나 세상 안에서 자신의 정체성을 잃어버리지 않고 세상을 변혁시켜 나가야 한다는 입장이다. 하지만 세 번째 입장이 앞의 두 모델과 다른 점은, 세상을 대립적인 입장이나 타협의 대상으로 보기보다 변혁의 대상으로 보고 있다는 점이다. 이는 하나님 나라와 부합하며, 예수님의 성육신적인 모델로 구원 이후 순례의 길을 걸어가는 풀타임 크리스천에게 가장 적합한 모델이라 할 수 있겠다.

이러한 크리스천은 세상 속에 안주하거나 정착하지 않고 확실한 본향을 바라보며 순례의 길을 걸어가게 된다. 왜냐하면 우리는 관광객이 아니라 천국의 유목민이기 때문이다. 예컨대, 바다는 세상이고 배는 교회라고 볼 때, 배는 항상 바다 위에 존재해야 한다. 바다를 항해하는 배 안에 바닷물이 들어오게 해서는 결코 안 되는 것과 같은 이치다. 교회와 세상 사이에 있는 풀타임 크리스천의 삶의 방식도 마찬가지다. 그들은 예수님처럼 성육신적인 모습으로 세상에 존재해야 한다. 세상의 소금과 빛처럼 말이다.

크리스천은 일상생활의 변혁을 꿈꾸는 자다

예수님은 언제나 하나님 나라를 비유로 설명하기를 좋아하셨다. (마 13:31-33; 눅 13:18-21) 예컨대, '들에 핀 백합화', '공중 나는 새', 우연히 길을 지나가시다가 본 '무화과나무', '포도나무와 가지' 등이 그렇다. 일상생활 속 사물의 예를 가지고 하나님 나라를 설명하기도 하셨다. '씨', '소금', '겨자씨', '누룩'처럼 소량으로 엄청난 변화를 일으킬 수 있는 것들로 말이다.

유대인들은 가장 작은 것을 의미할 때 '겨자씨 한 알만큼 작다'라고 표현하곤 했다. 이런 문화에 비추어 볼 때 하나님 나라는 마치 겨자씨와 같다고 했으니, 그 나라는 매우 작게 시작한다는 것을 알 수 있다. 하나님 나라는 처음부터 결코 크게 시작되지 않는다. 기도하는 사람, 창조적 소수에 의해 아주 작게 시작된다. 미처 다 갖추지 못하고 시작될 때도 있다. 하지만 하나님은 그 속에서 믿음의 사람을 통해 역사를 일으키신다. 사람이 전혀 생각하지 못하는 방식으로 역사하신다. 그러나 하나님이 한번 그 일을 시작하시면 그 누구도 그 운동력을 막을 수 없다. 문을 열면 닫을 자가 없고, 닫으면 열 자가 없으신 분이 하나님이기 때문이다. 그리고 그분의 통치는 거대하고 우람하게 되어 모든 이들의 피난처가 된다. 이 얼마나 역동적인 나라인가.

이것은 또한 하나님 나라 안에 있는 풀타임 크리스천의 삶을 의미하기도 한다. 한 사람이 세상 속에서 미칠 수 있는 선한 영향력의 범위를 표현하는 것이다. 구약의 다니엘서도 작은 씨앗이 영향력 있는 나무 이미지로 묘사되고 있는데, 이는 온 세상을 향한 바벨론 제국의 통치와 범위와 영향력의 크기를 보여 준다(단 4:10-12, 22). 한 나라의 권세와 주권이 미치는 범위와 크기가 이 정도라면, 온 세상을 창조하고 다스리시는 하나님 나라의 주권과 통치는 얼마나 더 크고 광대하겠는가? 그것은 인간의 생각과 언어로 다 표현할 수 없을 정도다.[67]

크리스천은 삶의 존재 방식을 변화시킨다

하나님 나라의 두 번째 특징은 누룩으로 설명되고 있다. 일상생활에 사용되는 누룩은 밀가루에 적은 양을 넣었을 때 반죽이 크게 부풀어 오르게 하는 곰팡이다. 아무리 적은 양이라도 시간이 흐르면 그 안에서 화학적 반응이 일어난다. 예수님은 이러한 역동적 반응이 크리스천의 삶과 같다고 말씀하신다. 여기서 밀가루는 세상을 의미하고, 소량의 누룩은 크리스천의 삶을 나타낸다.

세상과 하나님 나라는 지향하는 목표와 가치가 서로 다르다. 세상 나라는 외적인 변화를 목표로 하지만, 하나님 나라는 내적인 변화가 목표다. 세상 나라는 내면의 변화에는 큰 관심이 없으나, 하나님 나라는 내면이 변화되어야 사람의 외면이 변화될 수 있다고 믿는다. 영적으로 죽어 있는 인간은 결코 교육이나 환경, 윤리를 통해 개선될 수 없

---

67 최근에 젊은 목회자들에 의해 시도되는 창의적인 복음 이해는 시기적절하다고 생각된다. 그들이 꿈꾸는 하나님 나라는 복음이 개인 구원의 차원을 넘어 하나님의 창조 질서와 일상의 평범한 삶 속에서 하나님의 통치가 잘 드러나도록 적용하는 것을 크리스천의 소명이자 교회의 역할로 해석해 내고 있다. 좀 더 자세한 내용을 알기 원한다면 다음의 책을 참조하라. 신성관, 《노마드 교회》(서울: 새물결플러스, 2018); 이도영, 《코로나19 이후 시대와 한국교회의 과제》(서울: 새물결플러스, 2020); 송하용, 《어쩌다 쿠팡으로 출근하는 목사》(서울: 한사람, 2021); 김정주, 《안녕, 기독교》(서울: 토기장이, 2019), 《안녕, 신앙생활》(서울: 토기장이, 2022); 손성찬, 《일상의 유혹》(서울: 토기장이, 2020); 전대진, 《하나님, 저 잘 살고 있나요?》(서울: 넥서스CROSS, 2022).

는 존재라고 이해한다. 사람은 영적이기에 영혼이 먼저 변화되어야 나머지 삶이 바뀔 수 있다고 믿기 때문이다.

예수님이 가져오신 하나님 나라는 이러한 영적인 변화를 일으킨다. 그래서 하나님 나라를 말씀하실 때 예수님은 세상의 왕들처럼 풍요와 세상의 번영을 약속하지 않으셨다. 오히려 죄 문제의 해결과 깨어진 하나님과의 관계 회복에 역점을 두셨다. 예수님은 십자가의 속죄를 통해 제자들의 내면을 변화시킴으로 사회를 변혁시켜 나가셨다. 오직 은혜와 사랑으로 우리의 존재를 바꾸어 나가기 시작하셨다. 그리고 변화된 내가 세상 속에서 또 다른 십자가의 전달자로 살아가게 하신다.

이것이 바로 누룩의 힘이다. 누룩은 소량이지만, 일단 밀가루 서 말 속에 들어가서 인내와 소망으로 기다리면 존재의 변화가 일어나게 된다. 교회와 세상의 관계로 보자면 밀가루는 이 세상과 문화라고 할 수 있다. 물론 예수를 믿는다고 모든 것이 하루아침에 달라지지는 않는다. 그러나 확실한 회개 이후 하나님 나라를 믿으면 그들의 삶의 방식을 통해 세상에는 반드시 변화가 일어난다. 그들이 직접 세상이나 환경을 바꾸기보다 그들의 존재 방식을 통해 선한 영향력이 일어난다. 가는 곳마다 생명의 역사가 나타난다.

위의 두 가지 비유에서 '밭'과 '밀가루'는 각각 '세상의 일'을 의미한다고 볼 수 있다. 세상에서 크리스천의 존재는 시시하고 힘이 없어 보일지라도, 풀타임 크리스천의 삶의 방식을 통해 세상이 변혁될 수 있음을 시사하는 것이다. 나는 지금도 이러한 성령의 역사와 임재를 믿는다. 이같은 예수님의 가르침을 통해 1세기 초대 교회가 세상을 변화시킨 방법은 존재의 변화와 삶의 방식이었다.

우리 한국 교회에도 이러한 아름다운 간증들이 많이 있다.[68] 한국국제 기아대책기구의 초대 회장이었던 최태섭 장로는 우리나라 근현대사 의 아픔을 온몸으로 겪은 크리스천이다. 일제 강점기, 해방, 한국전 쟁 등의 커다란 부침을 겪었으나 늘 하나님 앞에서 은혜에 빚진 자로 살아갔다. 한국유리의 창업자로 알려진 그는 자신이 데리고 있는 직원 들을 자녀처럼, 동생처럼 아낀 사장으로 꽤 유명하다. 자신의 입장과 다른 노동조합원도 아끼고 사랑한 기업의 대표로서 하나님의 성품을 닮 은 삶으로 널리 알려져 있다. 그는 영락교회가 시작될 무렵 고(故) 한경 직 목사님을 도와 학교와 고아원도 세우고, 세계 선교에도 힘을 쏟았다.

그의 인생에는 하나님의 손길과 사랑이 넘치는 삶의 간증이 많은데, 젊은 날 최태섭 장로는 사업을 위해 빌린 돈을 은행에 갚으려고 가던 길에 1.4후퇴를 만났다고 한다. 한국전쟁에 가세한 중공군에 밀려 국 군이 남으로 이동하자 사람들은 보따리를 싸서 피난을 떠났다. 그는 순간 북새통에 돈을 상환하지 않고 도망갈까 하는 유혹을 받았다고 한 다. 하지만 그때마다 '나는 예수 믿는 사람이지, 하나님 앞에 정직하고 신실해야지' 하면서 유혹을 뿌리치고 은행으로 곧장 향했다고 했다. 그 러나 정작 은행 직원들도 도망가고 지점장과 여직원 둘만 남아 서류를 불태우고 있었다고 한다. 그들은 돈을 갚으러 왔다며 봉투를 내미는 그 를 보고는 눈이 휘둥그레졌다. 이 난리에 그러한 사람은 처음 보았다며 신기해했다.

전쟁이 끝난 후 최태섭 장로는 원양어업에 뛰어들었다. 급하게 자금

---

68 최태섭 지음, 수도교회 엮음, 《나는 사랑에 빚진 자입니다》(서울: 바이북스, 1999).

221

이 필요해 은행에 돈을 빌리러 다녔으나 담보할 재산이 없어 쉽지 않았다. 그러던 중 마지막이라는 심정으로 찾은 은행이 있었다. 그곳 지점장이 최태섭 장로의 얼굴을 보더니 이 사람은 담보가 필요 없다며 무조건 대출해 주라고 해서 돈을 빌릴 수 있었다고 한다. 알고 보니 1.4후퇴 당시 돈을 상환하러 갔다가 만난 그 은행의 지점장이었던 것이다. 이때 빌린 돈이 종자돈이 되어 오늘의 한국유리를 일으켰다고 한다.

예수 믿으면 한시적으로 손해 볼 때도 있으나, 하나님 앞에서 손해 본 것은 하나님이 언젠가 성공으로 갚아 주실 때가 분명히 온다. 그때까지 기다리며 인내하는 것이 크리스천의 중요한 정체성이다.

크리스천은 한 길로 계속 순종하며 주님을 따르는 자다

앞에서 언급한 두 비유의 핵심은 무엇일까? 예수님은 이 이야기를 통해 하나님 나라의 특징을 말씀해 주고 싶으셨던 것 같다. 교회는 오랫동안 세상의 문화와 관계를 맺는 데 어려움이 많았다. 역사적으로 많은 시행착오를 겪었다. 그만큼 교회와 세상의 관계가 어렵다는 것을 보여 준다고 할 수 있을 것이다. 왜냐하면 사람들은 자주 하나님 나라를 권력이나 힘으로 오해했기 때문이다. '성도 수', '헌금', '건물 크기' 등으로 미루어 세상의 권력으로 생각할 때가 많았다. 하나님 나라의 삶과 정반대로서 말이다. 교회는 세상을 성속의 이분법적으로 보아서는 안 된다. 예수님은 오히려 시간을 두고 인내와 소망의 복음을 굳게 붙잡으라고 말씀하신다. 왜냐하면 복음은 겨자씨나 누룩처럼 지금 당장 눈으로 볼 수 있게끔 나타나는 것이 아니기 때문이다. 한 알의 썩는 밀알같이 내가 죽고 희생할 때 생명의 역사가 나타나게 된다(요 12:24). 그러한 주의 약속을 신뢰하며 믿음으로 순종해 세상 속으로 들어가 있어야 한다. 오랫동안 한 길로 순종해 그 길을 가면 열매가 나타나 운동력을 발휘한다.[69] 그리고 그곳에 하나님의 통치가 임하게 된다.

한국 교회사를 배울 때 가장 도전이 되었던 선교사는 바로 언더우드(Horace G. Underwood)였다. 그는 최초의 개신교 선교사로서 매우 중요한 가교 역할을 했기 때문이다. 만일 첫 단추로서 그가 잘못된 선례를 보이기라도 했다면 한국 교회의 선교가 어떻게 되었을까를 생각해 보았을 때 그렇다. 그의 자서전을 읽어 보면 그가 실로 얼마나 열정적인 인물이었는지 감동을 받게 된다. 그는 지칠 줄 모르는 선교사였고, 소명 의식이 투철했으며, 그는 조선인보다 조선을 더 사랑했다. 그는 기회가 될 때마다 조선에 대한 사역을 알리고 홍보했다. 그리고 많은 도움을 요청했다. 사업가인 그의 친형을 통해 엄청난 물질의 도움을 받기도 했으며, 다른 미국의 친구들을 한국의 선교사로 초대해 오게 하는 데 큰 활약을 하기도 했다. 결국 그는 자신의 몸을 돌보지 않을 정도로 열심히 사역에 몰두하다가 몸이 아파 미국으로 돌아갔는데, 거기서 하나님의 부르심을 받게 된다. 하지만 그의 한국 땅을 향한 사랑은 거기서 멈출 수 없었다. 그가 죽은 뒤 언더우드 일가가 차례대로 들어와 그의 사역을 이어갔다(1세 원두우[1859-1916]; 2세 원한경[1890-1951], 제암리 학살 사건 외국에 보도, 연희전문학교장, 부산에서 한국전쟁 구호 사업; 3세 원일한[1917-2004], 한국전쟁 유엔군으로 참전,

---

69 유진 피터슨, 《한 길 가는 순례자》(서울: IVP, 2001), pp. 15-22. 유진 피터슨(Eugene H. Peterson)은 이 책에서 크리스천의 삶을 관광객이 아니라 순례자로 표현하고 있으며, 제자의 삶은 한 길로 오랫동안 걸어가는 자(A Long Obedience in the same direction)라고 표현했다. 왜냐하면 하나님은 그분의 부르심과 목적에 맞게 우리를 더 강하게 훈련시켜 멋진 모습으로 거듭나길 원하시기 때문이다.

정전 협정 통역관, 한남대와 배제대 설립 공헌; 4세 원한광[1943-], 연세대 영어영문학과 교수로 30년 봉직).[70] 어떤 자녀는 한국전쟁 통역사로, 어떤 자녀는 연세대 교수로, 다른 자녀는 한국 경제를 이롭게 하는 세계적 경제학자로 그의 일가는 지난 100년 동안 조선을 아낌없이 사랑하고 모든 열정을 다 쏟아 부었다. 그래서 "그의 가정이 몰락할수록 대한민국이 잘되었다"는 말은 아직까지도 널리 유머처럼 회자되고 있다. 초대 선교사들의 모습을 보며 닮아 가는 것이 교회 생활인 줄 알았다는 한국 초기 교회 성도들의 말에 긴 여운이 남는 것은 왜일까?

---

70 릴리어스 호턴 언더우드, 《언더우드》(서울: IVP, 2020).

09 | 평범함(Ordinary)에서 비범함(Extraordinary)으로

본래 크리스천이란 특별한 대접을 받거나 섬김을 받는 자리가 아니다. 예수님은 그것을 매우 경계하셨다. 하나님을 믿어 성공하고 돈 좀 벌어 높은 자리에 올랐다고 어떤 특권 의식이나 권위 의식을 내비쳐서는 안 된다. 거꾸로 하나님이 왜 나를 이만큼 성공하게 하고 높이셨는가를 깨달아 더 무거운 책임 의식을 지녀야 한다. 신앙생활할 때 무엇을 이룬 대단한 사람으로 착각하며 살려 해서도 결코 안 된다. 한 알의 썩는 밀알처럼 희생하는 척하면서 퇴비 냄새를 고약하게 풍겨서도 안 된다(요 12:24).

불행히도 우리 주위에는 실제로 이런 크리스천들이 너무 많다. 그렇다고 자연스러운 사회적 신분을 부정하자는 것은 결코 아니다. 크리스천은 공히 하나님의 은혜로 신분이 변화되었다는 정체성을 분명히 하자는 뜻이다. 크리스천의 겉모습은 세상 사람들처럼 평범해 보이지만, 이들은 받은 은혜 때문에 비범하게 살아가는 자들이다.[71]

---

71 존 비비어, 《은혜》(서울: 두란노, 2010), pp. 12-19.

시장에 가면 유정란과 무정란이 있다. 둘의 차이는 겉으로 드러나지 않는다. 이들은 그 속에 생명이 있는가, 없는가로 판가름 난다. 초대 교회의 삶을 기록하고 있는 누가복음과 사도행전은 교회가 건물이나 제도가 아니라 삶의 존재 방식임을 생생하게 보여 준다. 그의 복음서를 읽다 보면 크리스천이란 다른 이보다 특별한 사람이 아님을 알 수 있다. 매우 평범하지만, 동시에 비범한 사람들로 묘사하고 있다. 왜냐하면 그들 안에는 영적인 생명이 충만했기 때문이다. 그들은 모두 예수님을 닮은 사람이었다. 그래서 세상 속에서 평범하지만 비범하게 작은 예수로 살아갈 수 있었던 것이다. 우리의 일상 속에서 예수 그리스도의 비범함은 언제, 어떻게 나타나게 되는가?

크리스천은 하나님의 통치를 믿을 때 비범해진다

제2차 세계대전 당시 히틀러는 기세등등하게 천하를 호령하며 교회와 크리스천을 위협했다. 종교 개혁의 요람인 대부분의 독일 교회들은 그에게 백기 투항했다. 그러나 독일 다수의 교회가 히틀러의 손에 넘어가고 있을 때 '아니오'(Nein/No)라고 외치던 소수의 무리가 있었다. 그들은 이렇게 말했다. "히틀러, 당신은 틀렸습니다. 우리는 정부의 말이 아니라 예수 그리스도를 따르는 자들입니다." 칼 바르트(Karl Barth)와 본회퍼는 이렇게 생명을 걸고 비범한 '고백교회'를 만들어 신앙의 순결을 유지했다. 한마디로 독일의 양심이 되었던 것이다. 다른 한편, 망명한 국가에서 그들과 뜻을 같이한 어느 민족주의 작가는 다음과 같이 외쳤다. "히틀러와 나치 당원들이 통치하는 곳은 결코 독일이 아니다. 지금 내가

서 있는 이곳이 바로 독일이다." 얼마나 멋진 자의식인가? 나는 이 말을 한국 교회에 맞추어 바꾸고 싶다. "교회나 건물이 아닌 지금 내가 서 있는 곳이 하나님 나라입니다"라고 말이다. 오늘날 크리스천들에게도 이러한 비범함과 담대함이 있어야 하지 않을까?

바벨론 포로 이후의 유대인들은 메시아가 곧 오신다는 사실을 굳게 믿고 있었다. 그와 함께 하나님 나라가 임할 것이라는 사실을 믿고 있었다. 언젠가 메시아가 오시는 그날에는 이방인의 손에서 자신들을 구원하고 하나님 나라가 회복될 것이라는 것도 잘 알고 있었다. 이런 상황에서 한 바리새인이 예수님께 나아와 그 주제에 대해 질문하기 시작했다. "하나님 나라는 어떻게 임하는 것입니까"라고 묻자 예수님은 "하나님 나라는 눈으로 볼 수 있게 오는 것이 아니며, 그 나라는 여기 있다고 저기 있다고도 말할 수 없다"(눅 17:20-37)고 말씀하셨다. 일반적으로 한 나라의 모습은 눈으로 볼 수 있는 것으로 이해하기 쉽다. 세상 나라는 대통령을 비롯해 다양한 내각과 정부 조직을 갖추고 있기 때문이다. 그러나 예수님은, 하나님 나라는 그와 같은 것이 아니라고 말씀하시며 그 나라는 '여기 있다', '저기 있다'라고 말할 수 없다는 것을 명백하게 대답하셨다. 그것은 때와 장소를 넘어서는 하나님의 초월적인 통치라고 가르쳐 주신 것이다. 때로 빈 강의실에서 지치고 불안한 대학생이 공부를 내려놓고 엎드리는 기도의 자리나, 치열한 일터 현장에서 자신의 한계를 느낀 나머지 텅 빈 사무실에서 홀로 큐티하는 직장인의 마음이나, 하루 종일 독박 육아로 지친 몸을 이끌고 외로워하는 엄마들이 기도할 힘도 없어 은혜를 갈구할 때 그곳에 친히 찾아와 주시는 하나님의 임재처럼 말이다.

하지만 오늘날 크리스천들도 그와 같은 질문에 오해할 때가 많은 것이 사실이다. 교회를 하나님 나라로 생각하다 보니 공간과 건물을 지나치게 중요시하기까지 한다. 하지만 신구약 성경에서 '교회'(에클레시아)를 가리킬 때 그것을 '건물'로 이해한 적은 단 한 번도 없다. 오히려 교회는 '하나님 나라의 백성', '사람' 내지 '모임'을 뜻하는 것으로 일관되게 표현하고 있다. 왜냐하면 하나님 나라를 건물로 생각하는 순간 복음이 축소되고, 좁은 구원론에 갇힌 복음은 그 의미가 제대로 드러날 수 없기 때문이다. 그렇게 되면 교회는 아주 오래된 소금 통에 갇혀 버리는 신세가 되어 버린다. 그러나 하나님 나라를 주권으로 이해하는 경우, 하나님이 함께하시면 언제, 어디서나 하나님의 임재를 느낄 수 있다.

크리스천은 자신이 서 있는 곳에서 하나님 나라를 경험한다

또 예수님은 바리새인의 "하나님 나라가 어디에 임하는가"라는 질문에 하나님 나라는 이미 '너희 안에 있다'라고 대답하셨다(눅 17:21). 이 구절의 '너희 안에'란 구체적으로 무엇을 의미하는가? 첫째는, '너희 마음에', '너희 안에', '너희 가운데'라고 번역이 가능하다. 하지만 '너희 마음 안에'라고 해석할 경우 하나님 나라를 자칫 시간과 공간의 좁은 개념으로 국한시킨다는 약점이 있다. 그리고 '너희 안에'라는 말을 '크리스천 개인'과 '마음'에 그리고 '교회 안에'라고 해석하게 되면 포괄적인 하나님 나라를 축소시켜 버리는 결과를 낳을 수도 있기에 이는 적절하지 못한 해석이다.

두 번째 가능성은, '너희 안에'라는 의미를 영어 전치사 'Within'이라고 번역할 수 있다. 그런데 이러한 해석을 하면 또 다른 문제가 발생하게 된다. 이 질문을 한 사람은 바리새인인데, 어떻게 메시아를 믿지 않는 바리새인들에게 하나님 나라가 임할 수 있는가라는 의문이 들게 된다. 따라서 이것은 문맥상 적절한 해석이라 보기 어렵다.

세 번째 가능성은, '너희 가운데'라는 번역이 될 수 있다. 이것이 가장 타당한데, '너희 가운데'라는 번역이 하나님 나라를 주권 개념으로 말하고 있기 때문이다. 만일 '하나님 나라의 주권'으로 해석하게 되면, 아무리 바리새인들이 예수님을 부정한다 하더라도 메시아가 함께 있기 때문에 '하나님 나라가 너희 가운데 있다'고 말할 수 있게 된다는 뜻이다. 또 이러한 해석은 혹시 그들이 복음을 듣고 그곳에 하나님의 통치가 임하는 것으로 볼 수 있기에 가장 바람직한 해석이라고 할 수 있다. 이러한 하나님 나라는 현재적 통치와 주권 개념을 가장 잘 드러내고 있다. 그 하나님 나라의 주권은 먼 미래의 천국에서 누리는 생활이 아니라, 현재적 삶과 일상생활 속에서 우리와 함께하고 있는 것이다.

크리스천은 장차 완성될 하나님 나라를 고대한다

바리새인과 대화를 마친 예수님은 제자들에게 종말론적 하나님 나라에 대해 계속 설명을 이어 가신다. 예수님이 가져오신 하나님 나라는 현재적이기도 하지만, 동시에 미래적이기도 하다. 그 나라는 하나님의 통치로 이미 시작되었으나, 아직 다 완성되지 않은 것이라 가르치셨다.

여기서 우리는 크리스천과 유대인이 믿는 종말론은 서로 유사하지만 근본적인 차이가 있음을 알 수 있다. 본래 유대인들은 하나님 나라를 미래에 일어날 종말론적 사건으로 내다보았다. 그래서 '하나님의 날'은 구약에서 종종 '인자의 날'로 표현되어 미래적 사건임을 암시하기도 했다. 그러나 예수 그리스도는 새 언약을 성취하고 그 나라와 뜻을 십자가 위에서 완성하셨다. 예수 그리스도가 하나님의 아들이시기에 그분에게서 하나님 나라가 이미 시작되었고, 장차 완성될 것이다. 유대인들이 믿는 종말론은 이 세계를 '이 세대'(this age)와 '오는 세대'(age to come)로 단순하게 구분하지만, 하나님 나라는 역사 속에 들어와 '이미'와 '아직' 사이에 창조적 긴장 관계를 만들어 내었다. 먼 미래가 아니라 지금 그리스도 안에서, 여기서도 맛볼 수 있도록 말이다. 이것은, 예수 믿는 자의 천국은 죽어서 가는 나라일 뿐 아니라 내가 하나님을 주인으로 모신 곳이 현재적 하나님 나라임을 말해 주고 있는 것이다.

크리스천은 믿음으로 구원을 받았으나 그 나라의 백성이 되어 영원한 나라를 미리 앞당겨 보게 되었다. 하지만 전체적인 하나님 나라는 아직 완전히 완성되지 않았다. 지금도 궁극적 완성을 향해 확장되어 가고 있다. 그래서 예수께서 다시 선악 간에 심판주로 오시게 될 것임을 성경은 약속하고 있다. 이러한 크리스천의 삶은 종말론적 긴장 가운데 있음을 말해 준다. 이것은 과거 유대인들로서는 감히 상상도 할 수 없는 패러다임이었다. 그래서 예수님은 제자들에게 유대인들이 고대하는 다른 종말론과 다른 메시아를 기대하지 말라고 경고하신다. 오히려 당신을 통해 그 나라의 통치 안에 들어가라고 말씀하신다. 그래서 신약성경은 이러한 크리스천의 삶을 다양한 이미지로 묘사하고 있는 것이다. 예컨대 '나그네'와 '거류민'과 '순례자'와 '이중 국적자'처럼 말이다(벧전 2:11).

이제 크리스천은 믿음의 연합으로 하나님 나라를 이 땅에서도 얼마든지 누릴 수 있게 되었다. 그렇다면 왜 하나님은 당신의 나라를 다 완성하지 않고 미완으로 남겨 두셨을까? 왜 하나님 나라가 긴장 관계를 형성하게 만드셨을까? 그것은 지금이 선교의 시대요, 은혜의 때이기 때문이다. 이는 성경이 왜 구원받은 백성에게 미래적 하나님 나라가 임할 구체적 시기와 때를 알려 주지 않고 있을까라는 질문과도 연결되어 있다. 왜냐하면 죄 많은 인간은 그날과 그때를 알려 주어도 제대로 믿을 수 없고, 악용될 소지가 있기 때문이다. 생각해 보라. 누군가 주의 날의 시기와 때를 정확히 안다고 해서 과연 경건하게 살 수 있을까? 오히려 그는 오늘내일 죄를 즐기며 방탕하게 살다가 그때를 놓치게 될 수도 있지 않을까? 차라리 하나님 안에 거하며 모든 것을 주님께 맡겨 드리는 것이 가장 안전하다고 할 수 있을 것이다. 지금까지 얼마나 많은 사람이 미래적 하나님 나라를 예언하며 사회를 무법천지로 만들어 버렸는지 상상해 보라. 그 폐해는 이루 다 말할 수 없을 정도다. 두 세계 사이에서 깨어 있기 가장 좋은 방법은 그분의 통치 안에서 그분의 가르침에 순종하며 사는 길 외에는 다른 방도가 없다. 이런 의미에서 다음의 도식은 하나님 나라의 제자도에 관해 매우 중요한 이미지를 보여 준다.[72]

---

72 장흥길, 《하나님 나라 선포의 관점으로 읽는 하나님의 구원 이야기》(서울: 한국성서학연구소, 2015), p. 33, 《신약성경의 종말론》(서울: 한국성서학연구소, 2016), pp. 15-32; 안용성, 《로마서와 하나님나라》, p. 88. 안용성은 복음서의 내러티브를 순서적으로 읽을 때 성육신, 십자가, 장사되심, 부활, 부활 후 현현, 주 되심, 종말의 심판 순서로 개관하고 있다. 그 가운데 한국 교회의 성도들이 쉽게 간과하는 부분은 십자가의 죽음과 부활이 아니라, 부활 후 주님이 되시어 우리와 성령 안에서 동행하시는 것이 신앙생활에서는 매우 중요한 하나님 나라의 주 되심(Lordship) 개념임을 강조하고 있다. 그는 이 책에서 사영리 복음 전도의 다이어그램과 기존 신학의 복음 이해의 한계가 여기에 있다고 날카롭게 지적하고 있다. 그것을 결국 하나님 나라 복음이 필요한 당위성으로 주장하고 있는데, 나는 전적으로 그의 견해에 동의한다.

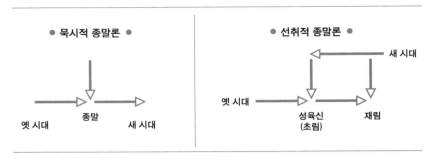

유대교와 기독교의 종말론

정리하면, 하나님이 크리스천에게 요구하시는 삶은 믿음 안에서 하나님의 온전한 통치를 경험하는 것이다. 그러한 사람은 풀타임으로 하나님을 의지하고 매 순간 자기 뜻을 부정하며 주님의 십자가를 지고 살아가게 된다. 그들은 날마다 믿음의 갈등이 나타날 때 하나님의 절대 주권을 신뢰한다. "누구든지 자기 목숨을 구원하고자 하면 잃을 것이요 누구든지 나와 복음을 위하여 자기 목숨을 잃으면 구원하리라"(막 8:35)라는 예수님의 말씀처럼 어떤 삶이 보다 가치 있고 의미 있는지를 지혜롭게 선택하게 된다(눅 14:25-33). 이 세상에서 가장 중요한 것은 생명(목숨)이지만, 영원한 생명(영혼)을 더 가치 있는 것으로 생각한다. 그러한 사람은 나그네 의식을 가진 천국의 노마드(nomad)로 살아간다(히 11:13; 벧전 2:11). 이 세상에 부귀영화의 성을 쌓지 않고 영원한 하나님 나라를 위해 새 길을 만든다. 그것이 하나님이 우리에게 요구하시는 전방위적 크리스천의 삶이다.

선교사 레슬리 뉴비긴(Lesslie Newbigin)은 인도에서 약 40년간 사역했다. 그러나 그가 인도에서 사역을 마치고 영국으로 돌아왔을 때 자신을 파송한 국가가 선교지보다 더 세속화된 것을 보고 큰 충격을 받았다. 성경의 권위는 땅에 떨어지고, 그들은 마치 물질적이고 쾌락 중심적인 이교도들 같아 보였다. 내세에 대한 소망을 잃어버린 영국의 교회들은 타 종교에 건물이 팔려 넘어가면서 클럽과 술집으로 변화되어 갔다.

어떻게 자신을 파송한 교회와 나라가 한순간에 세속화되었을까를 고민하면서 내린 결론은, 선교의 개념에 문제가 있다는 것이었다. 콘스탄티누스 황제의 로마 제국 기독교가 생기기 전에는 제도화된 선교가 없었다. 오로지 크리스천의 자발적 순종과 삶이 전부였다. 그들에게 선교란 일상과 삶 그 자체일 뿐 다른 어떤 것도 아니었다. 하지만 기독교가 국교화되고 제도화되며 시작한 선교는 교회 기관을 통해 타 문화권에 어느 특정한 선교사만을 파송해 왔다. 여기서 레슬리 뉴비긴이 깨달은 점은, 하나님의 선교란 지역 교회가 선교사를 파송하는 모델로서가 아닌, 하나님이 선교의 주체이심을 새롭게 인식한 것이었다. 그래서 모든 교회가 서 있는 시대와 모든 장소가 선교지이며 선교사를 필요로 한다는 개념에 도달하게 되었다.

선교학자들은 최근 이러한 그의 견해를 차용해 '선교적 교회', '선교적 삶'이라는 선교 신학으로 발전시켜 나갔다. 즉 초대 교회에 있어 선교란 교회의 목표가 아닌 그들의 삶이며 존재 양식이었다는 것을 재발견해 낸 것이다. 교회론과 선교학에 레슬리 뉴비긴이 남긴 중요한 공헌은 선교적 교회론을 새롭게 정립시켜 주었다는 점이다. 동시에 이러한 통찰은 아브라함 카이퍼(Abraham Kuyper)가 제시한 하나님 나라의 영역 주권 개념과도 밀접한 연관이 있기에 하나님 나라의 제자도에 중요한 토대를 제공하고 있다. 그가 깨달은 하나님 나라의 선교는 모든 크리스천,

모든 지역 교회가 하나님으로부터 부르심을 받고 어디론가 보내심을 받았다는 것이다. 레슬리 뉴비긴은 비단 목회자나 전문 선교사만이 아니라 모든 크리스천의 삶도 선교적 교회의 사명이 동일하다고 본다. 하나님은 우리를 창조하고, 부르며, 보내기도 하시는 분이듯이 "아버지께서 나를 보내신 것같이 나도 너희를 보내노라"(요 20:21)라는 구절을 근거로 다원주의 시대에 교회가 나아갈 방향을 제시하고 있다. 이것은 이 책에서 주장하고 있는 풀타임 크리스천의 삶과도 궤를 같이하고 있다.[73] 왜냐하면 우리 시대에 하나님 나라의 도전은 이미 교회뿐 아니라 창조 세계의 질서와 생태 환경과 기후까지, 우리의 일상으로 그 범위를 확대시키고 있기 때문이다. 이 범위와 영역 안에는 오늘날과 같이 빠르게 변하는 초연결 시대와 온라인 세상은 말할 필요도 없이 세대 갈등, 이념의 대립, 계층과 양극화, 인종과 혐오, 불공정과 성차별, 창조론과 진화론, 동성애 등의 문제를 바라볼 때 하나님 나라의 관점에서 '재정렬'(rearrangement)되어야 함을 요구하고 있다.[74]

하나님은 인간이 만든 제도나 사람의 생각에 갇혀 계시는 분이 결코 아니다. 앞으로 하나님은 겨자씨 모략처럼 이 모든 영역과 일상생활 속

---

73 이 책을 쓰는 데 있어 가장 많은 통찰력을 얻었던 것은 단연코 켄 가이어(Ken Gire)와 마이클 프로스트(Michael Frost), 아브라함 카이퍼의 책들이다. 이러한 책들은 하나님 나라의 지평과 가능성들을 우리의 생각보다 훨씬 크게 조망해 주고 있다. 켄 가이어, 《영혼의 창》(서울: 두란노, 2003); 마이클 프로스트, 《일상, 하나님의 신비》(서울: IVP, 2002); 기독교적 세계관으로는 아브라함 카이퍼, 《아브라함 카이퍼의 영역주권》(군포: 다함, 2020); 기독교학술원 편, 《영역주권론의 오늘날 의미》(서울: 기독교학술원, 2022), pp. 14-53. 김영한 교수의 '영역주권의 오늘날 의미'는 기독교 세계관이란 무엇인지를 이해하는 데 큰 유익을 주고 있다.

74 이상훈, 《리프레시 처치, 팬데믹 이후의 교회를 찾다》(서울: 교회성장연구소, 2022); 케빈 리, 《온라인 사역을 부탁해》(서울: 두란노, 2021), 이 밖에도 수많은 기독교 서적들이 포스트 코로나 이후 달라진 목회 환경의 이해를 돕기 위해 쏟아져 나오고 있는데, 이 책에 모두 일일이 열거할 수 없을 정도다.

으로 크리스천들이 침투해 들어가 선교적 삶을 살아 내기를 원하신다. 천국에 갈 때까지만이 아니라 지금 여기서 우리의 존재 방식과 삶의 양식을 통해 하나님은 우리의 왕이 되기를 원하신다. 자신이 속한 곳에서 소금과 빛으로 살아 내는 것이 전방위 크리스천의 삶이 되는 것이다.

　더 이상 교회는 교회 안의 제자도가 아니라 하나님 나라에로의 보내심으로 요청받고 있다. 닫힌 교회로서가 아니라 열린 교회로서 말이다. 다음 그림은 하나님이 온 우주의 통치자이며 선교의 주체가 되심을 선교적 교회와 세상 속에서 영역 주권이라는 렌즈를 통해 매우 잘 보여 주고 있다.[75] 이는 우리 시대의 교회가 세상과 어떤 관계를 맺어야 하는지 크리스천의 정체성에 많은 암시를 주고 있다. 이러한 다원화된 사회 속에서는 교회가 황제의 권위 내지 값싼 승리주의로서가 아니라 겸손히 하나님 사랑과 이웃 사랑을 실천하며 살아가야만 선교의 열매들이 나타나게 될 것이다.[76]

하나님의 선교와 영역 주권

75 박영호, 《다시 만나는 교회》(서울: 복있는사람, 2020), pp. 182-183.
76 마이클 프로스트, 《성육신적 교회》, pp. 273-294에서는 교회가 어떻게 미래 사회와 지역 사회에서 더 낮은 자의 자세로 선교를 감당해야 하는지에 대해서 기술하고 있다.

3부에서는 풀타임 크리스천의 삶의 특징에 대해 살펴보았다. 풀타임 크리스천은 하나님 나라의 제자도를 의미한다. 앞에서 파트타임 크리스천은 부분적으로 하나님을 신뢰하기에 아직도 삶의 주도권이 자신의 것이라고 믿는 자들이었다. 그래서 하나님을 신뢰하지 못했다. 하프타임 크리스천의 모습은 하나님을 신뢰하지만 동시에 세상의 욕심을 내려놓지 못하는 이중적 모습이라고 설명했다. 하지만 신실하신 하나님은 온전한 믿음을 갖게 하기 위해 우리를 광야로 인도하시며, 이러한 부족한 모습을 회복시키기 위해 예수 그리스도를 이 세상에 보내 주셨다. 죄로 인해 우리가 할 수 없는 하나님의 의를 십자가에서 이루어 주신 것이다. 그러므로 이제 우리가 할 일은 내가 무엇을 하는 것이 아니라, 하나님이 행하신 일에 연합하기만 하면 된다. 이것을 성경에서는 '은혜'라고 표현했다. 하나님 나라 안에서 살아가는 비범한 풀타임 크리스천은 교회 안에서만이 아니라 일상 속에서 하나님 나라의 주권을 인정하고 매일 은혜 아래 살아가야 한다.

이제야 내가 누구인지 알았습니다

지난 2개월의 안식월은 정말 꿈같은 시간이었다. 그 특별한 시간이 없었더라면 평생 동안 십자가 앞에서 나의 내면세계를 제대로 들여다보지 못했을지도 모른다. 거기서 지나온 인생의 나이테들을 자세히 살펴보며 나의 삶을 복기해 보았다. 때로는 롤러코스터 같은 파트타임처럼, 때로는 방향 감각을 상실해 배회하던 하프타임처럼 살았다. 그러나 언제 그랬느냐는 듯 다시 비상해서 솟구쳐 날아오르던 풀타임 크리스천의 모습을 재발견하게 하셨다. 위대한 창조주의 손길에서 이 세 자아는 서로 다른 인격이라기보다 나라는 동일 인물이었다는 사실에 소스라쳐 놀라게 되었다. 왜냐하면 구원은 사건이면서도 하나님과의 관계성이기 때문이다. 내가 어떤 크리스천이 될지는 하나님과 주님의 통치를 얼마나 신뢰하며 기뻐하는가에 달려 있었다. 그 절대 주권을 인정하는 정도에 따라 하나님은 나의 진정한 왕이 되어 주셨다.

나는 진정한 크리스천이 되고 난 뒤 한 가지 분명한 사실을 깨닫게 되었다. 그러한 크리스천이라면 결코 한두 시간의 예배 출석만으로는 만족할 수 없다. 계속 그분을 알고 싶고, 사랑하고 싶어진다. 또한 그러한 크리스천이라면 교회 안에서 잠깐 거룩한 척하다가 축도가 끝나면 세상으로 나가 자기 마음대로 살아갈 수 없다. 하나님의 일 좀 한다고 교회에서 생색내거나, 헌금을 드리는 것을 대단한 자랑으로 일삼지도 않는다. 왜냐하면 참된 크리스천이란 그의 소유 전부를 이미 주님께 드린 자들이기 때문이다. 이러한 자들의 믿음은 교회를 얼마나 오래 다녔는가가 자부심이 될 수 없다. 지적으로 하나님을 얼마나 많이 배웠는가도 소용없다. 오직 하나님과의 인격적인 관계 속에 살아 있는 믿음만이 중요할 뿐이다. 그저 예수님 한 분이면 충분하다.

하나님을 사랑하게 되면 사실 크리스천은 하나님을 위해 자신이 얼마나 열심히 사역하고 큰 이름을 남겼는지는 크게 중요하지 않다. 왜냐하면 하나님이 모든 것을 하셨고, 모든 것이 하나님의 은혜이기 때문이다. 하지만 은혜를 벗어나게 되면 나의 옛 자아가 꿈틀거리며 살아나기 시작한다. 이때부터 신앙생활에 불평이 생기고, 주님께 드린 헌신과 믿음을 계산하기 시작한다. 그리고 나의 권리와 소유권을 주장하고 싶어 한다. 외모와 조건, 인간적인 공로와 인정을 중요시하기 시작한다. 그래서 우리는 외면적인 생활보다 내면적인 세계에 민감해야 하며, 그 소리에 귀 기울여야 한다. 이것이 믿음의 선배들이 초심을 잃지 않았던 풀타임 크리스천의 삶의 비밀이었다.

언젠가 성도들과 함께 제주도 모슬포교회를 방문한 적이 있다. 이기풍 목사님이 평양장로회신학교를 1회로 졸업한 뒤 파송되어 첫 번째로 세워진 교회였다. 오랜 역사를 지닌 교회답게 많은 역사적 기록과 유품이 전시되어 있었다. 그때 내 눈에 가장 먼저 들어온 것은 이기풍 목사님의 아내였던 윤함애 사모님의 유언 내용이었다. 살아생전 막내딸인 이사례 권사에게 남긴 것을 그녀가 손으로 다시 옮긴 내용이었는데, 읽을수록 가슴이 뛰었다. 이 유언은 믿음의 거인이 일평생 남편 이기풍 목사님과 함께 당시 우리나라에서 가장 척박한 제주도 선교와 목회의 길을 걸으며 터득한 크리스천의 내면세계를 보여 주기에 특별한 울림이 있었다. 그 유언은 다음과 같다.

실구리안에 기록되었던 어머니의 유언의 말씀들

세상과 짝하지 마라. 5분 이상 예수님을 잊지 마라 … 상대방이 네 인격을 어떠한 방법으로 무자비하게 짓밟고 천대와 멸시를 하더라도 십자가에 매달리신 예수님만 바라보며 끝까지 참아라. 네가 세상을 떠난 후에 심판대에서 예수님께서 판가름을 해 주실 것이다. 그러므로 날마다 참으며 네가 네 자신을 죽여라. 네가 죽어지지 않을 때 남을 미워하게 될 것이다. 남을 용서하지 못할 때 예수님도 너를 용서하지 않으실 것이다. 나를 제일 미워하는 사람을 용서할 수 있는 사람이 참 그리스도인이다. 신자의 무기는 감사와 인내와 사랑과 겸손이다. 감사는 축복을 열고 닫는 자물쇠이기 때문이다. 성령 충만하지 못하면 겸손할 수가 없다. 겸손하지 못할 때 성령님은 너를 외면하실 것이다. 제일 무서운 것은 신앙의 교만이다.

서기 2002년 8월 막내딸 이사례 씀

　

5분 이상 예수님을 잊지 말라는 것은 정말 5분을 넘기지 말라는 뜻일까? 아마도 그 뜻은 아닐 것이다. 그 말은 평생 주님과 함께 그분의 통치 아래에서 살라는 말일 것이다. 하나님이 아닌 것에 한순간도 우리의 말이나 귀나 보는 것들을 빼앗기지 말고 오직 영적 시선을 주님에게 고정시키라는 말씀일 것이다. 이것이 매일 일상 속에서 부딪히는 수많은 영적 싸움에서 승리할 수 있는 비결이었던 것이다. 그녀의 5분은 24시간 풀타임 크리스천의 영성이지 않고 무엇이었겠는가? 우리가 이 세상에서 주님과 동행하려면 5분 이상 예수님을 잊지 않는 길밖에 없다. 행여 다른 유혹과 시험이 있을지라도, 빨리 깨닫고 돌이켜 십자가로 돌아오라는 말씀이다. 어떤 시험이 몰려온다 하더라도 예수님처럼 십자가 위에서 우리의 옛 사람을 죽이고 하나님의 뜻인 십자가의 길을 감내할 때 비로소 부활하신 주님처럼 마침내 승리하게 된다는 것이다. 왜냐하면 하나님이 보호해 주시기 때문이다. 그렇지 않으면 우리는 세상에서 낙심하고 패잔병처럼 살아가게 된다. 사소한 일과 무가치한 일에 온통 영향을 받을 수밖에 없고, 주님 손에서 벗어나 언제라도 질그릇과 같이 깨지기 쉬운 존재가 되어 버릴 수밖에 없다.

나는 이것이 복음서에서 주님이 가르쳐 주신 하나님 나라의 제자도의 결정체라고 생각한다. 또한 그것만이 우리의 내면세계와 크리스천다움을 결정짓는 중요한 요소라고 믿어 의심치 않는다.

이 책을 마무리하며 아주 오래전에 보았던 영화 한 편을 소개하고자 한다. 베르나르도 베르톨루치(Bernardo Bertolucci) 감독이 만든 〈마지막 황제〉(The Last Emperor)는 청나라의 '마지막 황제'인 푸이(Puyi)의 삶을 그리고 있다. 그는 역사상 가장 어린 나이에 중국의 황제가 되었다. 하지만 그가 황제로 등극한 지 얼마 못 되어 세계의 질서는 급변하고 있었다. 세계열강들의 침략으로 청나라는 한순간에 주권을 잃어버리게 된다. 자금성에 갇혀 버린 비운의 황제 푸이는 격랑의 역사 속으로 빠져들고, 국민당, 공산당, 괴뢰 정부, 일본 제국과 다른 나라들에 차례대로 주권을 빼앗기는 수모를 겪고 말았다.

마침내 세계대전이 종식되고 새로운 시대를 맞이했지만 그는 또 잔재 청산의 명분으로 죄인의 신세로 전락해 감옥에 갇혀 있게 된다. 새로운 중국이 성립되고 마침내 사면이 되었을 때 그가 자유인의 몸으로 바라본 세상은 과거와 전혀 다른 사회로 변해 있었다. 봉건 사회가 철폐되고, 황제조차 일반 서민들과 같이 평범한 한 공민으로 살아가게 되었다. 그가 실제로 거주하며 머물렀던 창춘 위만황궁박물관에는 이런 글귀가 새겨져 있다. "황제로 태어나 시민이 되기까지(From Emperor to Citizen) 마지막 황제 푸이."

한 개인의 삶이 어떻게 이처럼 파란만장할 수 있을까? 보통 사람의 머리로는 도저히 생각할 수 없는 개인의 삶을 다룬 베르톨루치 감독은 마지막 장면을 이렇게 처리하며 영화를 마무리하고 있다. 공휴일에 자금성에 가족과 함께 놀러 온 어린아이가 옛 황제의 자리에서 천진난만하게 장난치며 노는 모습에 늙은 푸이는 옛 모습을 떠올리며 깊은 상념에 잠기게 된다. 과거 어린 황제와 지금 어린이의 모습을 동일화하면서 한때 천하를 호령하던 자신도 평범한 인간에 지나지 않음을 알게 되자 자신을 새롭게 인식하게 된다는 내용이다. 그때 그는 여태껏 한 번도 경험해 보지 못한 자유와 기쁨을 만끽하게 된다. 그리고 너무 기뻐서 덩실덩실 춤을 추며 얼굴에는 미소가 가득하게 된다. 이제야 비로소 자신이 누구인지 알게 되었기 때문이다.

이 영화를 보며 나의 모습과 한국 교회가 동시에 생각났다. 자신이 누구인지를 정확히 이해하지 못하면 우리의 신앙은 롤러코스터를 타기 마련이다. 그러나 하나님 안에서 자신의 정체성을 발견한 자는 놀라운 영적 자유와 기쁨을 맛볼 수 있다. 그런 의미에서 이 영화는 우리가 하나님이 아닌 다른 것에서 정체성을 찾으려다 삶의 위기를 맞이하지는 않았는지 확인할 수 있어 좋았고, 어쩌면 우리가 회복해야 할 크리스천과 교회의 정체성을 암시하고 있어 더욱 좋았다.

과연 다가올 사회는 어떤 교회와 어떤 크리스천을 기대하고 있을까? 정확히 알 수는 없지만, 적어도 특권 의식에 사로잡힌 교회나 도덕적 우월 의식을 가진 크리스천의 모습이 아닌 것은 분명할 것이다. 오히려 예수님의 성육신을 닮은 지극히 평범하지만 비범한 삶을 기대하고 있지는 않을까?